普通高等院校"十二五"规划教材

U0497762

企业战略管理

基础与案例

Q

Qiye Zhanlüe Guanli
Jichu yu Anli

主　编　曹小英
副主编　王相平　宋宝莉

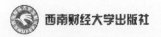

西南财经大学出版社

图书在版编目(CIP)数据

企业战略管理基础与案例/曹小英主编. —成都:西南财经大学出版社,2016.8

ISBN 978 - 7 - 5504 - 2573 - 6

Ⅰ.①企⋯　Ⅱ.①曹⋯　Ⅲ.①企业战略—战略管理—高等学校—教材　Ⅳ.①F272

中国版本图书馆 CIP 数据核字(2016)第 185442 号

企业战略管理基础与案例

主　编:曹小英

副主编:王相平　宋宝莉

责任编辑:李特军

责任校对:傅倩宇

封面设计:墨创文化

责任印制:封俊川

出版发行	西南财经大学出版社(四川省成都市光华村街55号)
网　址	http://www.bookcj.com
电子邮件	bookcj@ foxmail.com
邮政编码	610074
电　话	028 - 87353785　87352368
照　排	四川胜翔数码印务设计有限公司
印　刷	郫县犀浦印刷厂
成品尺寸	185mm×260mm
印　张	13
字　数	300 千字
版　次	2016 年 8 月第 1 版
印　次	2016 年 8 月第 1 次印刷
印　数	1— 2000 册
书　号	ISBN 978 - 7 - 5504 - 2573 - 6
定　价	28.00 元

前　言

　　企业战略管理是工商管理专业的一门必修课。目前，企业战略管理课程教学偏重于理论教学，案例教学改革不到位，教学效果不理想。本书在对企业战略管理基础理论介绍的基础上，侧重大量的企业案例分析，有利于提高课程教学效果。本书具有较强的实用性和可读性，适用于高等院校工商管理类各专业本科学生学习使用，也可以作为 MBA 教材以及企业管理人员培训与自学者使用教材。

　　本书由西华大学曹小英担任主编。全书包括基础理论篇与企业案例篇两大部分，共分为 13 章。其中，第 1 章由曹小英和宋宝莉编写；第 2 章由曹小英和许娜编写；第 3 章由宋宝莉和许娜编写，第 4 章由王相平和干佳颖编写，第 5 章由王相平和杜静编写，第 6 章由牟绍波和杨雯睿编写，第 7 章由黄雷和郑杲奇编写，第 8 章由曹小英和范柳编写，第 9 章由牟绍波和杨洋编写，第 10 章由王相平和简相伍编写，第 11 章由曹小英和杨雯睿编写，第 12 章由曹小英和杨洋编写，第 13 章由曹小英、罗剑和陈明月编写。全书由曹小英统稿和定稿。

　　在编写本书的过程中，编者参阅了大量中外文献资料，在此对文献作者和译者表示衷心感谢！由于编者水平有限，不足之处，恳请广大读者批评指正。

编　者

2016 年 1 月

目 录

第一部分 基础理论篇

第一部分
基础理论篇

第 1 章　企业战略管理概论

1.1　战略

1.1.1　战略的内涵

（1）战略的定义

战略（strategy）一词最早是军事方面的概念。在西方，"strategy"一词源于希腊语"strategos"，意为军事将领、地方行政长官。在中国，战略一词历史久远，"战"指战争，略指"谋略""施诈"。春秋时期孙武的《孙子兵法》被认为是中国最早对战略进行全局筹划的著作。

彼得·德鲁克在《管理的实践》（1954）一书中提出："战略就是管理者找出企业所拥有的资源并在此基础上决定企业应该做什么。"德鲁克的战略定义强调了企业经营者必须识别和找出自己所拥有的资源是什么，并根据自身的资源特点来确定企业的经营方向。

钱德勒（Alfred Chandler）在《战略与结构：工业企业史的考证》（1962）一书中认为战略是决定企业的基本长期目标，以及为实现这些目标所采取的行动和进行分配资源。该定义被认为是最早用于商业领域里的战略定义。

安索夫（Igor Ansoff）在《公司战略》（1965）一书中认为战略是企业为了适应外部环境，对目前从事的和将来要从事的经营活动而进行的战略决策。

明茨伯格（Herry Mintzberg）认为战略是由五个"P"组成的，即战略是一种计划（plan），一种策略/手法（ploy）、一种方式/模式（pattern），一种定位（position），一种期望（perspective）。

企业战略是企业在市场经济竞争激烈的环境中，在总结历史经验、调查现状、预测未来的基础上，为谋求生存和发展而做出的长远性、全局性的谋划或方案。具体地讲，企业战略就是要确定企业与外部环境的关系，规划企业所要从事的经营范围、成长方向和竞争对策，合理地组织企业结构和分配企业的全部资源，从而获得某种竞争优势。

（2）战略的特征

一是全局性。凡属需高层次谋划和决策，有要照顾各个方面和各个阶段性质的重大的、相对独立的领域，都是战略的全局。全局性表现在空间上，整个世界、一个国家、一个战区、一个独立的战略方向，都可以是战略的全局。全局性还表现在时间上，贯穿于指导战争准备与实施的各个阶段和全过程。战略的领导者和指挥者要把注意力摆在关照全局上面，胸怀全局，通观全局，把握全局，处理好全局中的各种关系，抓住主要矛盾，解决关键问题；同时注意了解局部，关心局部，特别是注意解决好对全局有决定意义的局部问题。

二是方向性。战争是政治的继续，具有很强的政治目的。任何战略都反映一个国家或政治集团利益的根本的目标方向，体现它们的路线、方针和政策，是为其政治目的而服务的，具有鲜明的目标方向。

三是预见性。预见性是谋划的前提，决策的基础。在广泛调查研究的基础上，全面分析、正确判断、科学预测国际国内战略环境和敌友关系以及敌对双方战争诸因素等可能的发展变化，把握时代的特征，明确现实的和潜在的斗争对象，判明面临威胁的性质、方向和程度，科学预测未来战争可能爆发的时机、样式、方向、规模、进程和结局，揭示未来战争的特点和规律，是制定、调整和实施战略的客观依据。

四是谋略性。战略是基于客观情况而提出的克敌制胜的斗争策略。它是在一定的客观条件下，变被动为主动，化劣势为优势，以少胜多，以弱制强，乃至不战而屈人之兵的重要方法。运用谋略，重在对战争全局的谋划。制定战略强调深谋远虑，尊重战争的特点和规律，多谋善断，料敌定谋，灵活多变，高敌一筹，以智谋取胜。

（3）战略的作用

企业如果没有战略，就好像没有舵的轮船，只会在原地打转。有人做过统计，有战略的企业和没有战略的企业在经营效益上是大不相同的。一些企业现在没有战略或者没有明确的战略，经济效益也很不错。然而，经济效益来自于企业管理者很好的思考，并不等于企业管理者真的没有战略，就像很多著名的企业一样，企业的良好效益离不开高层管理人员对企业的形势所做的充分的分析，所以说企业管理者是有战略的，只是没有明确地提出，或者说战略没有写在纸上。对于战略，最根本的问题是要考虑到环境和市场的变化。企业战略的主要作用如下：

企业战略是决定企业经营活动成败的关键因素。也就是说，决定企业经营成败的一个极其重要的问题，就是看企业经营战略的选择是否科学，是否合理。或者说，企业能否实现高效经营的目标，关键就在于对经营战略的选择，如果经营战略选择失误，那么企业的整个经营活动就必然会满盘皆输。所以企业经营战略实际上是决定企业经营活动的一个极其关键的和重要的因素。

企业战略是企业实现自己的理性目标的前提条件。也就是说，企业为了实现自己的所谓生存、盈利、发展的理性目标，就必须要首先选择好经营战略，经营战略如果选择不好的话，那么最后的结果就可能是企业的理性目标难以实现。目标有赖于战略，战略服务于目标，这是贯穿于企业的全部经营活动的一个重要规律，因而企业经营战略是企业目标得以实现的重要保证。

企业战略是企业长久高效发展的重要基础。也就是说，企业要长久高效发展，一个极其重要的问题，就是要对自己的经营战略做出正确的选择。如果经营战略选择失误了，那么其结果必然是：即使是企业在某一段时间里具有较强的活力，但是最终却很难成为百年老店，只不过是一种过眼烟云式的短命企业。

企业战略是企业充满活力的有效保证。在现实经营活动中，企业具有活力的一个关键性因素，就是企业要有效地发挥自己的比较优势，而比较优势的发挥，则在于自己对经营战略的选择，即在经营战略中充分体现自己的比较优势。也就是说，一个企业有什么样的比较优势，就应该发挥自己的比较优势，并在经营战略中充分体现自己的比较优势。如果一个企业选择了不能体现自己比较优势的经营战略，那么这个企业最后肯定会完蛋，根本谈不到高效发展的问题。

企业战略是企业及其所有企业员工的行动纲领。一个企业的负责人按照什么准则来安排企业的日常经营活动？只能是依据企业经营战略，企业的日常经营活动必须要服从于自身的经营战略，任何人都不能随意更改企业已经决定的经营战略。由此可见，如果企业没有一个作为行动纲领的经营战略，那么就会出现企业领导人拍脑袋随意改变企业的经营活动战略的情况，从而使得企业的经营活动没有一个有效的约束。

1.1.2　战略的层次

1. 公司战略

公司战略是企业的战略总纲，是最高管理层指导和控制企业一切行为的最高行动纲领。从企业经营发展的方向到各经营单位之间的协调以及资源的充分利用到整个企业的价值观念、企业文化的建立，都是公司战略的内容。公司战略与企业的组织形态有着密切的关系，它规定了企业使命和目标、企业宗旨和发展计划、整体的产品或市场决策以及其他重大决策。

2. 竞争战略

竞争战略是在公司层战略的指导下，就如何在某个特定的市场上成功开展竞争制定的战略计划。战略业务单位是指其产品和服务有着不同于其他战略业务单元（SBU）的外部市场，从事多元化经营的公司往往拥有多个战略业务单位。竞争战略关注在特定市场、行业或产品中的竞争力。

3. 职能战略

职能战略是为贯彻、实施和支持公司战略与竞争战略而在企业特定的职能管理部门制定的战略。职能战略的重点是提高企业资源的利用效率，使企业资源利用效率最大化和成本最小化。职能战略的侧重点在于：一是怎样贯彻事业部发展的战略目标；二是职能目标的论证及其细分化；三是确定职能战略的战略重点、战略阶段和主要战略措施；四是战略实施中的风险分析和应变系统设计。

1.2 战略管理

1.2.1 战略管理的内涵

（1）战略管理的定义

早期的学者对战略管理的认识是从战略的概念构建开始的。安索夫最初提出了战略管理的概念，倾向于把战略管理视为一个过程，而且是一个根据战略实施情况不断修正目标与方案的动态过程。企业战略管理是企业为实现战略目标，制定战略决策，实施战略方案，控制战略绩效的一个动态管理过程，是一系列制定战略和执行战略的决策和行动，是一个连续过程。战略管理有助于管理者思考和回答这样一些战略问题：组织目前的状况如何，处于一个什么样的位置，组织想达到什么目标，竞争环境正在发生哪些变化，其趋势是什么，采取哪些行动有助于组织目标的实现？企业通过战略管理，有助于经理们明确组织的发展方向、发展重点、行为方式、资源配置的优先次序以及组织如何作为一个整体而有效运作，从而更好地实现战略目标。

（2）战略管理的特征

首先，战略管理是一种高层次管理。战略管理并不是由某一固定的部门负责的日常工作，而是由企业高层管理者负责的对企业长期发展或事关全局的问题的掌控和运作。

其次，战略管理是一种系统管理。战略管理是对整个企业所有事物的系统管理，涵盖了企业管理的所有方面，在服务于企业整体目标的宗旨下进行整体的协调和配置，是对企业整个系统的管理。

再次，战略管理统率其他管理。其他管理将服务和统一于企业的战略管理，与战略管理匹配、保持一致，任何与企业的战略管理相矛盾的其他管理活动都是不可接受的。

最后，战略管理是动态性管理。企业战略管理的目标就是使企业内部因素与企业的外部环境相适应，而企业的外部环境因素是不断变化的，因此，战略管理活动也要适当进行调整。

1.2.2 战略管理的过程

企业战略管理过程包括确立企业使命与目标、企业内部环境分析、企业外部环境分析、企业战略制定、战略评价与战略选择、战略实施、战略控制与变革七个阶段。如图 1-1 所示。

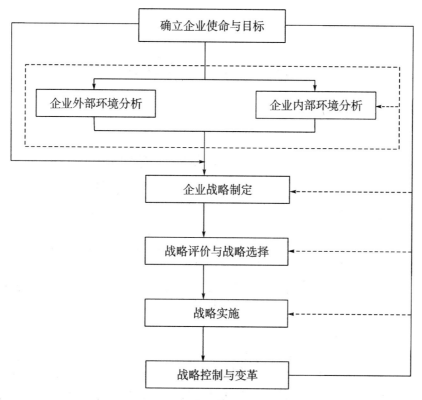

图 1-1　战略管理的过程

资料来源:．宋宝莉. 企业战略管理 ［M］. 成都：西南财经大学出版社，2015.

思考题：

1. 战略的含义和特点是什么？
2. 战略管理是什么？
3. 战略管理的过程包括哪些？

第2章 企业战略环境

2.1 外部宏观环境分析

2.1.1 政治法律环境

政治法律环境是指对企业经营活动具有实际和潜在影响的政治力量以及有关法律、法规等。政治环境包括国家的政治制度、权力机构、颁布的方针政策、政治团体和政治形势等因素。法律环境包括国家制定的法律、法规、法令以及国家的执法机构等因素。政治和法律因素是保障企业生产经营活动的基本条件。

2.1.2 经济环境

经济环境，是指构成企业生存和发展的社会经济状况及国家的经济政策，包括社会经济结构、经济体制、发展状况、宏观经济政策等要素。通常衡量经济环境的指标有国内生产总值、就业水平、物价水平、消费支出分配规模、国际收支状况，以及利率、通货供应量、政府支出、汇率等国家货币和财政政策等。经济环境对企业生产经营的影响更为直接具体。

2.1.3 社会环境

社会环境是指企业所处的社会结构、社会风俗和习惯、信仰和价值观念、行为规范、生活方式、文化传统、人口规模与地理分布等因素的形成和变动。这些因素关系到企业确定投资方向、产品改进与革新等重大经营决策问题。影响和制约企业经营活动的文化素质和条件以及人口统计特征等，包括一个国家或地区的社会性质、人们共享的价值观、人口状况、教育程度、风俗习惯和宗教信仰等各个方面。从影响企业战略制定的角度来看，社会文化环境可分解为文化、人口两个方面。

文化环境对企业的影响是间接的、潜在的和持久的，文化的基本要素包括哲学、宗教、语言与文字、文学艺术等，它们共同构筑成文化系统，对企业文化有重大的影响。人口因素对企业战略的制定有重大影响。人口总数直接影响着社会生产总规模；人口的地理分布影响着企业的厂址选择；人口的性别比例和年龄结构在一定程度上决定了社会需求结构，进而影响社会供给结构和企业生产；人口的教育文化水平直接影响着企业的人力资源状况。

2.1.4　技术环境

技术环境是指企业所处的环境中的科技要素及与该要素直接相关的各种社会现象的集合，包括国家科技体制、科技政策、科技水平和科技发展趋势等。一个企业不但要关注那些引起时代革命性变化的发明，而且还要关注与企业生产有关的新技术、新工艺、新材料的出现和发展趋势及应用前景。技术环境是企业决定战略方向时需要考虑的问题，影响到企业能否及时调整战略决策，以获得新的竞争优势。

2.1.5　外部环境分析方法

外部因素评价矩阵（External Factor Evaluation Matrix，简称 EFE 矩阵）为外部环境分析提供了一种很好的评估方法，其做法是从机会和威胁两个方面找出影响企业未来发展的关键因素，根据各个因素影响程度的大小确定加权系数，再按企业对各关键因素的有效反应程度对各关键因素进行评分，最后算出企业的总加权分数。通过 EFE 矩阵，企业可以把自己所面临的机会与威胁汇总出来描述出企业的全部吸引力。基于 EFE 矩阵分析企业外部环境的过程如下：

一是列出在外部分析过程中确认的关键因素。因素总数在 10~20 个之间；因素包括影响企业和所在产业的各种机会与威胁；首先列举机会，然后列举威胁；尽量具体，可能时采用百分比、比率和对比数字。

二是赋予每个因素以权重。数值由 0.0（不重要）到 1.0（非常重要）；权重反映该因素对于企业在产业中取得成功的影响的相对大小；机会往往比威胁得到更高的权重，但当威胁因素特别严重时也可得到高权重。确定权重的方法：对成功的和不成功的竞争者进行比较，以及通过集体讨论而达成共识；所有因素的权重总和必须等于 1.0。

三是按照企业现行战略对关键因素的有效反应程度为各关键因素进行评分，分值范围 1~4。4 代表反应很好，3 代表反应超过平均水平，2 代表反应为平均水平，1 代表反应很差。评分反映了企业现行战略的有效性，因此它是以公司为基准的；步骤 2 的权重是以行业为基准的。

四是用每个因素的权重乘以它的评分，即得到每个因素的加权分数。

五是将所有因素的加权分数相加，以得到企业的总加权分数。无论 EFE 矩阵包含多少因素，总加权分数的范围都是从最低的 1 到最高的 4，平均分为 2.5。高于 2.5 则说明企业对外部影响因素能做出反应。EFE 矩阵应包含 10~20 个关键因素，因素数量不影响总加权分数的范围，因为权重总和永远等于 1。

2.2　内部微观环境分析

内部微观环境是企业内部与战略有重要关联的因素，是企业经营的基础，是制定战略的出发点、依据和条件，是竞争取胜的根本。资源与核心能力是企业的内部环境因素，共同构成了企业竞争优势的基础。企业内部环境分析的目的在于掌握企业历史和目前的状况，明确企业所具有的优势和劣势。该分析有助于企业制定有针对性的战略，有效地利用自身资源，发挥企业的优势；同时避免企业的劣势，或采取积极的态度改进企业劣势。

2.2.1 资源分析

企业资源分为有形资源、无形资源和人力资源。有形资源一般是指在企业财务报表上能够查到的比较容易确认和评估的一类资产，包括企业财力资源、物力资源、市场资源和环境资源等资源；企业无形资源是指企业不能从市场上直接获得，不能用货币直接度量，也不能直接转化为货币的那一类经营资产，包括技术资源、信誉资源、文化资源和商标等；企业人力资源是指组织成员向组织提供的技能、知识以及推理和决策能力，又称人力资本。企业能投入到经营活动中的资源是有限的。企业资源分析要从全局来分析、把握企业各种资源的数量、质量、配置等情况的现状、未来需求以及与理想的差距。企业资源的现状和变化趋势是企业制定总体战略和进行经营领域选择时最根本的制约条件。企业有效创造竞争力源泉，在很大程度上取决于所拥有的资源。企业在进行资源分析的时候，还需要特别注意企业的无形资源，如技术资源、信誉资源、文化资源和商标等；另外，企业在进行资源分析的时候，除了要对各种资源要素进行分析外，还应考察各种资源的组合与配置情况，各种资源与目标的差距和利用潜力等内容。

2.2.2 核心能力分析

目前，越来越多的企业把拥有核心能力作为影响企业长期竞争优势的关键因素。核心能力的概念是1990年美国学者普拉哈拉德和英国学者哈默在《哈佛商业评论》上发表的《公司核心能力》一文中提出的，他们认为核心能力是"组织中的积累性学识，特别是关于如何协调不同的生产技能和有机结合多种技术流派的学识"。企业核心能力是一个复杂和多元的系统，是企业最核心的能力，具有价值优越性、异质性、难以模仿性、难以替代性等特征，主要包括以下几个方面的能力：一是研究开发能力，该能力是为增加知识总量以及用这些知识去创造新的应用而进行的系统性创造活动，包括基础研究、应用研究和技术开发三项；二是创新能力，该能力表现为创新主体在所从事的领域中善于敏锐地观察原有事物的缺陷，准确地捕捉新事物的萌芽，提出大胆新颖的推测和设想，进行认真周密的论证，拿出切实可行的方案，并付诸实施；三是组织协调能力，该能力涉及企业的组织结构、战略目标、运行机制、企业文化等多个方面，突出表现在企业有坚强的团队精神和强大的凝聚力，即个人服从组织，局部服从全局，齐心协力，积极主动，密切配合争取成功的精神。

企业核心能力分析是从企业组织的本质和目标出发，从不同角度对核心能力进行层次分解，将核心能力落脚到企业各个管理职能领域和经营管理业务活动中。企业核心能力分析过程如下：

第一，要建立企业核心能力的识别体系与企业绩效的评价指标，涉及相互关联的两方面指标体系内容的建立。一是有关企业核心能力的评价指标体系。如何识别、评价企业的核心能力，需要有一套全面、科学的指标。没有这套指标的建立，就不能判断企业核心能力的差异，使基于核心能力制定的经营战略无法操作。二是指标对企业绩效的衡量。这套指标用于测度运用核心能力理论制定和选择企业战略行为的结果。现在企业战略管理中逐渐重视关于可持续竞争优势的衡量、知识管理的衡量、无形资产的测量等，基本上反映了这种研究和发展趋势。

第二，单纯从战略管理领域角度看，需要构建一个关于企业核心能力的类似于波特建立的"五种力量分析模式"那样的操作性强的战略分析框架，使得对企业核心能力的分析有一套科学的程序。

第三，需要探讨产业特性与企业核心能力的关系，分析企业所处的产业差异对企业核心能力所具有的重大影响，分析产业规模、产品特点、技术进步、市场结构、竞争程度、进入和退出壁垒等对企业核心能力培养和形成进而对企业战略的制定的影响，寻求规律性的东西，指导企业根据所处的产业特性辨识和培育核心竞争力，寻求经营战略的正确基点。

第四，从企业核心能力角度解释现代企业的战略行为。现代企业的战略选择，如跨国经营战略、战略联盟、兼并战略、多角化经营战略、差异化战略等，可以从企业核心能力角度进行评定。对这些企业日常采用的战略行为进行分析，一方面可以归纳出这些战略的适用条件，从而指导企业进行科学的战略选择，另一方面也为企业已有的战略选择提供了新的评价和判断方法。

2.2.3 内部环境分析方法

对企业内部因素的优势和弱势进行分析评价的结果以矩阵形式表现出来，形成内部因素评价矩阵（Internal Factor Evaluation Matrix，IFE）。基于 IEF 矩阵分析内部环境的过程如下：

一是列出在内部分析过程中确定的关键因素。确定 10~20 个内部因素，包括优势和弱势两方面的，首先列出优势，然后列出弱势，要尽可能具体，要采用百分比、比率和比较数字。

二是给每个因素以权重，其数值范围由 0.0（不重要）到 1.0（非常重要）。权重标志着各因素对于企业在产业中成败的影响的相对大小。无论关键因素是优势还是弱势，对企业绩效有较大影响的因素就应当得到较高的权重。所有权重之和等于 1.0。

三是为各因素进行评分。1 分代表重要弱势；2 分代表次要弱势；3 分代表次要优势；4 分代表重要优势。值得注意的是，优势的评分必须为 3 或 4，弱势的评分必须为 1 或 2。评分以公司为基准，而权重则以产业为基准。

四是用每个因素的权重乘以它的评分，即得到每个因素的加权分数。

五是将所有因素的加权分数相加，得到企业的总加权分数。

无论 IFE 矩阵包含多少因素，总加权分数的范围都是从最低的 1 到最高的 4，平均分为 2.5。总加权分数大大低于 2.5 的企业的内部状况处于弱势，而分数大大高于 2.5 的企业的内部状况则处于强势。IFE 矩阵应包含 10~20 个关键因素，因素数量不影响总加权分数的范围，因为权重总和永远等于1。

思考题：

1. 企业外部环境分析方法是什么？
2. 如何对企业内部环境进行分析？
3. 如何进行核心能力分析？

第 3 章　企业战略目标

3.1　企业使命

3.1.1　企业使命的内涵

企业使命是指企业战略管理者确定的企业生产经营的总方向、总目的、总特征和总体指导思想，是对企业的经营范围、市场目标等的概括描述，包括企业哲学和企业宗旨，反映了企业管理者的价值观和企业力求为自己树立的形象，揭示了本企业与同行其他企业在目标上的差异。企业使命是企业的一种根本的、崇高的责任和任务，是对企业目标的构想。企业使命具有导向性、激励性、稳定性等特征。企业使命为企业的发展指明方向，是企业战略制定的前提以及企业战略的行动基础。

3.1.2　企业使命的陈述

有效的使命陈述一般包括如下九个方面：

一是客户：谁是企业的客户以及他们在哪里？

二是产品或服务：企业提供的产品或服务是什么？

三是市场：企业在哪些地理和市场范围竞争？

四是生存、增长和盈利：企业是否努力实现业务的增长和良好的财务状况？

五是员工：企业是否视员工为宝贵的资产？企业应该如何看待员工？

六是观念：企业用来指引成员的基本价值观、信念和道德倾向是什么？

七是技术：企业的生产技术如何？是否是最新的？

八是公众形象：企业试图塑造的大众形象如何？企业是否对社会、社区和环境负责？

九是自我认知：什么是企业的独特能力和主要竞争优势？

3.2　企业愿景

3.2.1　企业愿景的内涵

愿景是对企业未来乐观而又充满希望的陈述，是企业战略家对企业前景和发展方向的一个高度概括的描述。愿景体现企业的核心价值观和战略使命，并为企业发展提供动力。个人头脑里都有一个希望，这实际上就是愿景。看公司的愿景，即企业未来发展的蓝图，有这样几个方面的考虑：发展的方向、界定业务、执行计划的能力、顾客的需求。愿景有助于企业管理者审视企业发展的方向，明确企业发展的方针。企业中员工共同心愿的远景，能激发出强大的力量，使每个员工都渴望能够归属于一项重要的任务、事业或使命。

3.2.2 建立愿景的原则

一是宏伟原则。一个愿景要能够激动人心，就不能是普通的和平凡的，而必须具有传奇色彩。远大的愿景一旦实现，便意味着组织中个人的一种自我实现。愿景规划的真正意义在于，通过确立一种组织自我实现的愿景，将它转化为组织中每个人自我实现的愿景。

二是振奋原则。表达愿景的语言必须振奋、热烈，能够感染人。共同愿景越令人振奋，就越能激励员工，影响他们的行为。愿景规划给人鼓励，为人们满足重要需求、实现梦想增添了希望。

三是清晰原则。愿景还必须清晰、逼真、生动。愿景是一种生动的景象描述，例如，福特表达了他的愿景——"我要为大众生产一种汽车，它的价格如此之低，不会有人因为薪水不高而无法拥有它，人们可以和家人一起在上帝赐予的广阔无垠的大自然里陶醉于快乐的时光"，非常形象生动。

3.3 企业战略目标

战略目标是企业使命的具体化，是企业追求的较大目标。战略目标指明公司的未来业务和公司前进的目的地，可为公司提出一个长期的发展方向，使整个组织的一切行动都有一种目标感。在制定企业战略之前，首先要明确组织的战略目标，在此基础上才能更大程度地实现其目标，最终达到实现企业使命和最大程度实现企业愿景的目的。

3.3.1 战略目标的内涵

企业战略目标是企业在一定的时期内，为实现其使命所要达到的长期结果，是在一些最重要的领域对企业使命的进一步具体化。它反映了企业在一定时期内经营活动的方向和所要达到的水平，既可以是定性的，也可以是定量的，比如竞争地位、业绩水平、发展速度等。与企业使命不同的是，战略目标要有具体的数量特征和时间界限，一般为3~5年或更长。正确合理的战略目标，对企业的经营具有重大的引导作用。企业战略目标具有宏观性、长期性、相对稳定性、全面性、可分性、可接受性、可检验性、可挑战性等特征。

3.3.2　战略目标的内容

战略目标是企业使命和愿景的具体体现，主要内容包括：在行业中的领先地位、企业规模、竞争能力、技术能力、市场份额、销售收入和盈利增长率、投资收益率以及企业形象等。战略目标会因企业使命的不同而不同，决策者应从以下几个方面考虑企业战略目标的内容。

一是盈利能力。用利润、投资收益率、每股平均受益、销售利润等来表示。

二是市场。用市场占有率、销售额或销售量来表示。

三是生产率。用投入产出比率或单位产品成本来表示。

四是产品。用产品线或产品的销售额和盈利能力、开发新产品的完成期来表示。

五是资金。用资本构成、新增普通股、现金流量、流动资本、回收期来表示。

六是生产。用工作面积、固定费用或生产量来表示。

七是研究与开发。用花费的货币量或完成的项目来表示。

八是组织。用将实行变革的项目来表示。

九是人力资源。用缺勤率、迟到率、人员流动率、培训人数或将实施的培训计划数来表示。

十是社会责任。用活动的类型、服务天数或财政资助来表示。

思考题：

1. 企业使命陈述一般包括哪些内容？
2. 企业愿景的内涵是什么？
3. 企业战略目标内容包括哪些？

第4章 公司战略

4.1 成长型战略

成长型战略是指一种使企业在现有的战略水平上向更高一级目标发展的战略。它以发展作为自己的核心向导，引导企业不断开发新产品，开拓新市场，采用新的管理方式、生产方式，扩大企业的产销规模，增强企业竞争实力。在实践中，成长型战略分为集中增长型战略、一体化战略、多元化战略等多种类型。

4.1.1 集中增长型战略

集中增长型战略是指企业充分利用现有产品或服务的潜力，强化现有产品或服务竞争地位的战略。增长型战略主要包括三种类型：市场渗透战略、市场开发战略和产品开发战略。随着消费需要的多样性，业务种类的增多，没有哪一个企业能成功地解决所有用户的所有问题，只有为某一特定范围的市场提供适用的产品的企业才能成为市场上的领先企业。

1. 市场渗透战略

市场渗透战略是指企业通过更大的市场营销努力，提高现有产品或服务现有市场份额的战略，其主要实现途径包括提高现有顾客的使用频率、吸引竞争对手的顾客和潜在用户购买现有产品，具体措施包括：增加销售人员、增加广告开支、采取多样化的促销手段或加强公关宣传。市场渗透战略主要适用于以下五种情况：一是企业产品或服务在现有市场中还未达到饱和；二是现有用户对产品的使用率还可以显著提高；三是整个产业的销售在增长，但主要竞争者的市场份额在下降；四是历史上销售额与营销费用高度相关；五是规模扩大能够带来明显的竞争优势。

2. 市场开发战略

市场开发战略是指将现有产品或服务打入新市场的战略。市场开发战略的成本和风险也相对较低。实施市场开发战略的主要途径包括开辟其他区域市场和其他细分市场。市场开发战略主要适用于以下几种情况：一是存在未开发或未饱和的市场；二是可得到新的、可靠的、经济的和高质量的销售渠道；三是企业在现有经营领域十分成功；四是企业拥有扩大经营所需的资金和人力资源；五是企业存在过剩的生产能力；六是企业的主业属于正在迅速全球化的产业。

3. 产品开发战略

产品开发战略是通过改进或改变产品或服务以增加产品销售量的战略。产品开发战略的实施途径包括开发新的产品性能、型号、规格和质量差异。实施产品开发战略通常需要大量的研究和开发费用。产品开发战略适用于以下几种情况：一是企业产品具有较高的市场信誉度和顾客满意度；二是企业所在产业属于适宜创新的高速发展的高新技术产业；三是企业所在产业正处于高速增长阶段；四是企业具有较强的研究和开发能力；五是主要竞争对手以类似价格提供更高质量的产品。

4.1.2　一体化战略

一体化战略是将独立的若干部分加在一起或者结合在一起成为一个整体的战略，其基本形式有纵向一体化和横向一体化。纵向一体化，即向产业链的上下游发展，可分为向产品的深度或业务的下游发展的前向一体化和向上游方向发展的后向一体化；横向一体化，即通过联合或合并获得同行竞争企业的所有权或控制权。

1. 纵向一体化战略

纵向一体化是指生产或经营过程相互衔接、紧密联系的企业之间实现一体化，按物质流动的方向又可以划分为前向一体化和后向一体化。

（1）前向一体化战略

前向一体化是指企业获得对分销商的所有权或控制力的战略。推动前向一体化战略的有效形式是特许经营。有效的前向一体化战略应当遵循以下基本准则：一是企业当前的分销商要价太高，或者不大可靠，或者不能及时满足企业分销产品的要求；二是企业可以利用的合格分销商非常有限，以至于进行前向一体化的企业能够获得竞争优势；三是企业当前参与竞争的产业增长迅速，或者可以预期获得快速增长；四是企业拥有开展新的独自销售自身产品所需要的资金和人力资源；五是获得生产高稳定性的优势；六是企业当前的分销商或零售商获利丰厚。

（2）后向一体化战略

后向一体化是指企业获得对供应商的所有权或控制力的战略。有效的后向一体化战略应当遵循以下基本准则：一是企业当前的供应商要价太高，或者不可靠，或不能满足企业对零件、部件、组装件或原材料等的需求；二是供应商数量少而企业的竞争者数量却很多；三是企业参与竞争的产业正在高速增长；四是企业拥有开展独自从事生产自身需要的原材料这一新业务所需要的资金和人力资源；五是获得保持价格稳定的优势；六是企业当前的供应商利润空间很大；七是企业需要尽快获取所需资源。

（3）纵向一体化战略的风险

一是不熟悉新业务领域所带来的风险；

二是纵向一体化，尤其是后向一体化，一般涉及的投资数额较大且资产专用性较强，加大了企业在该产业的退出成本。

2. 横向一体化战略

横向一体化是指与处于相同行业、生产同类产品或工艺相近的企业实现联合，形成一个统一的经济组织，从而达到降低交易费用及其他成本、提高经济效益的目的。实质是资本在同一产业和部门内的集中，目的是扩大规模、降低产品成本、巩固市场地位。横向一体化应当遵循以下基本准则：一是企业可以在特定的地区或领域获得垄断，同时又不会被指控为对于削弱竞争有"实质性的影响"；二是企业在一个呈增长态势的产业中竞争；三是可以由此借助规模经济效应的提高为企业带来较大的竞争优势；四是企业拥有成功管理业务规模得到扩大的企业所需要的资金和人力资源；五是竞争者因缺乏管理人才，或者因为需要获得其他企业拥有的某些特殊资源而陷入经营困境之中。

4.1.3 多元化战略

多元化战略是指企业同时经营两种以上基本经济用途不同的产品或服务的一种发展战略。最早研究多元化主题的是美国学者安索夫（H. I. Ansoff）。他于 1957 年在《哈佛商业评论》上发表的《多元化战略》一文中强调多元化是"用新的产品去开发新的市场"。多元化的实质是拓展进入新的领域，强调培植新的竞争优势和壮大现有领域。

1. 相关多元化战略

根据现有业务与新业务之间"关联内容"的不同，相关多元化又可以分为同心多元化与水平多元化两种类型。

（1）同心多元化。企业利用原有的技术、特长、经验等发展新产品，增加产品的种类，从同一圆心向外扩大业务经营范围。同心多元化的特点是原产品与新产品的基本用途不同，但有着较强的技术关联性。

（2）水平多元化。企业利用现有市场，采用不同的技术来发展新产品，增加产品种类。水平多元化的特点是现有产品与新产品的基本用途不同，但存在较强的市场关联性可以利用原来的分销渠道销售新产品。

2. 不相关多元化战略

不相关多元化战略是指企业通过收购、兼并其他行业的业务，或者在其他行业投资，把业务领域拓展到其他行业中去，新产品、新业务与企业的现有业务、技术、市场毫无关系，增加新的与原有业务不相关的产品或服务的经营战略。也就是说企业既不以原有技术也不以现有市场为依托，向技术和市场完全不同的产品或劳务项目发展。这种战略是实力雄厚的大企业集团采用的一种战略。企业在选择不相关多元化战略时，要谨慎行事，切忌盲目。许多事实说明，如果多元化战略决策不当或实施不力，不仅会导致新业务的失败，还可能影响已有业务的发展甚至殃及整个企业的前途。

4.2 稳定型战略

4.2.1 稳定型战略的内涵

稳定型战略是指企业遵循与过去相同的战略目标，保持一贯的成长速度，同时不改变基本的产品或经营范围，是对产品、市场等方面采取以守为攻，以安全经营为宗旨，不冒较大风险的一种战略。实行稳定型战略的前提条件是企业过去的战略是成功的。对于大多数企业来说，稳定型战略也许是最有效的战略。

4.2.2　稳定型战略的类型

（1）无变化战略。无变化战略似乎是一种没有战略的战略。采用它的企业可能是基于以下两个原因：一是企业过去的经营相当成功，并且企业内外环境没有发生重大的变化；二是企业并不存在重大的经营隐患，因而企业战略管理者没有必要进行战略调整，或者害怕战略调整会给企业带来利益分配和资源分配的困难。采用无变化战略的企业除了每年按通货膨胀率调整其目标以外，其他都暂时保持不变。

（2）维持利润战略。这是一种以牺牲企业未来发展来维持目前利润的战略。维持利润战略注重短期效果而忽略长期利益，其根本意图是渡过暂时性的难关，因而往往在经济形势不太景气时被采用，以维持过去的经营状况和效益，实现稳定发展。

（3）暂停战略。在一段较长时间的快速发展后，企业有可能会遇到一些问题使得效率下降，这时就可采用暂停战略，即在一段时期内降低企业的目标和发展速度。例如在采用并购发展的企业中，往往会在新收购的企业尚未与原来的企业很好地融合在一起时，先采用一段时间的暂停战略，以便有充分的时间来重新实现资源的优化配置。

（4）谨慎实施战略。如果企业外部环境中的某一重要因素难以预测或变化趋势不明显，企业的某一战略决策就要有意识地降低实施进度，步步为营，这就是所谓谨慎实施战略。比如，某些受国家政策影响比较严重的行业中的企业，在面临国家的一项可能的法规公布之前，就很有必要采用谨慎实施战略，一步步稳固地向前发展。

4.3　紧缩型战略

4.3.1　紧缩型战略的内涵

紧缩型战略是指企业从目前的战略经营领域和基础水平收缩和撤退。与稳定战略和增长战略相比，紧缩型战略是一种消极的发展战略，也可以说紧缩型战略是一种以退为进的战略。一般而言，企业实施紧缩型战略只是短期的，其根本目的是使企业捱过风暴后转向其他的战略选择。有时，只有采取收缩和撤退的措施，才能抵御竞争对手的进攻，避开环境的威胁和迅速地实行自身资源的最优配置。

4.3.2　紧缩型战略的类型

（1）适应性紧缩战略

企业为适应外界环境而采取的一种战略，包括经济衰退、行业进入衰退期、对企业产品或服务的需求减小等。其适用条件：企业已预测到或感知到外界环境对企业经营的威胁，并且企业采用稳定型战略尚不足以使企业顺利对付不利的外界环境。

（2）失败型紧缩战略

企业因经营失误造成企业竞争地位虚弱、经营状况恶化，只有采用紧缩才能最大限度地减少损失，保存实力。其适用条件：企业出现重大的内部问题，如产品滞销、财务状况恶化等。

（3）调整型紧缩战略

此策略的动机是为了谋求更好的发展机会，使有限的资源得到更有效的配置。其适用条件是：企业存在一个回报更高的资源配置点。

思考题：

1. 成长型战略有哪些类型？
2. 稳定型战略的内涵是什么？

第 5 章　竞争战略

5.1　成本领先战略

5.1.1　成本领先战略的内涵

成本领先战略也称低成本战略，是指用较低的成本赢得竞争优势的战略，企业用很低的单位成本价格为敏感用户生产标准化的产品。当成本领先的企业的价格相当于或低于其竞争厂商时，它的低成本地位就会转化为高收益。尽管一个成本领先的企业是依赖其成本上的领先地位来取得竞争优势的，而它要成为经济效益高于平均水平的超群者，则必须与其竞争厂商相比，在产品别具一格的基础上取得的价值相等或价值近似的有利地位。成本领先战略的成功取决于企业日复一日地实施该战略的技能。

从顾客的角度来看，成本领先战略是努力通过降低顾客成本以提高顾客价值的战略，它可以使企业获得两个优势。第一，如果行业的企业以类似的价格销售各自的产品，成本领先因为有低成本优势，它可以得到比其他企业更高的利润，从而增加企业价值。第二，如果随着行业的逐渐成熟，行业内企业展开价格战的时候，成本领先者可以凭借其低成本坚持到最后，直到其他企业入不敷出的时候，它仍然还可能获得利润，因而具有持久竞争优势。

5.1.2　成本领先战略的适用条件

实行成本领先战略的适用条件包括：①现有竞争企业之间的价格竞争非常激烈；②企业所处产业的产品基本上是标准化或者同质化的；③实现产品差异化的途径很少；④多数顾客使用产品的方式相同；⑤消费者的转换成本很低；⑥消费者具有较大的降价谈判能力。

企业实施成本领先战略，除具备上述外部条件之外，企业本身还必须具备如下技能和资源：①持续的资本投资和获得资本的途径；②生产加工工艺技能；③认真地劳动监督；④设计容易制造的产品；⑤低成本的分销系统；⑥培养技术人员。

5.1.3　实施成本领先战略应注意的问题

第一，成本领先者提供的产品和服务必须是"标准的"，至少不应当被顾客视为是低档次的，否则成本领先者就很难使自己的价格保持在市场平均价格的水平上。第二，技术的变化可能会使成本领先者赖以形成竞争优势的经验曲线效应化为乌有。第三，成本领先战略在全球市场应用的时候可能会受到来自其他国家低劳动力成本和汇率变动等其他因素的冲击。第四，成本领先战略易遭到竞争者的模仿。第五，成本领先战略由于关注成本而容易忽视顾客需求的变化。第六，原材料和能源的价格的变化，可能使该战略遭受严重打击。这些都是企业实施成本领先战略时应注意的问题。

5.2 差异化战略

5.2.1 差异化战略的内涵

差异化战略，又称差别化战略或标新立异战略，是指企业针对大规模市场，通过提供与竞争者存在差异的产品或服务以获取优势的战略。差异化战略包括产品差异化战略、服务差异化战略、人事差异化战略、形象差异化战略。差异化化战略具有如下特点：用特色降低用户对价格的敏感性，获取较高的价格；可以回避与竞争对手的正面竞争，运用自己的特色赢得顾客；有利于建立市场壁垒，顾客的忠诚和形成优势的成本代价使竞争对手难以模仿。

5.2.2 差异化战略的适用条件

差异化战略的适用条件包括：企业具有强大的生产营销能力，产品设计和加工能力，很强的创新能力和研发能力，具有从其他业务中得到的独特技能组合，得到销售渠道的高度合作。在实行差别化战略时还需要注意研究与产品开发部门和市场营销部门之间的密切协作，重视主观评价和激励而不是定量指标，创造良好的氛围以吸引高技能工人、科技专家和创造性人才。

5.2.3 实施差异化战略应注意的问题

首先，是如何维持差异化的形象。在这里，竞争者模仿是一个重要问题，除非差异化的企业能够不断地差异化，否则模仿都将会把差异化战略企业拉回到成本竞争上来，而这恰恰是差异化战略的劣势。因此，差异化战略必须时刻关注市场的变化、技术的变化和模仿者的竞争，努力建立不可模仿的独特能力。

其次，要处理好差异化与市场份额之间的矛盾。实现产品差异化有时会与争取占领更大的市场份额相矛盾。强化差异化与扩大市场份额往往是二者不可兼顾。强调差异化会造成成本的居高不下，如广泛的研究、产品设计、高质量的材料或周密的顾客服务等，因而实现产品差别化将意味着以丧失领先的成本地位为代价。

5.3　集中化战略

5.3.1　集中化战略的内涵

集中化战略，又称集中一点战略，是指集中满足细分市场目标的战略，又称提供满足小用户群体需求的产品和服务的战略。一般选择对替代品最具抵抗力或竞争对手最弱之处作为目标市场。集中化战略的优点是：有利于实力小的企业进入市场；有利于避开强大的竞争对手；有利于稳定客户，企业的收入也相对比较稳定。缺点是：企业规模不易扩大，企业发展速度较慢；不易抵抗强大的竞争对手来细分市场的竞争。集中化战略是主攻某个特定的顾客群、某产品系列的一个细分区段或某一个地区市场。按照迈克尔·波特的观点，成本领先战略和差别化战略都是雄霸天下之略，而集中化战略则是穴居一隅之策。其间原因是，对一些企业而言，由于受资源和能力的制约，它既无法成为成本领先者，又无法成为差别化者，而是介于其间。按波特的看法，这种介于两种基本战略之间的企业由于上不能差别化，下不能成本领先，因此也就不能获得这两种战略所形成的竞争优势。波特将其看作是失败的战略。波特同时指出，如果这种企业能够约束自己的经营领域，集中资源和能力于某一部分特殊顾客群，或者是某个较小的地理范围，或者是仅仅集中于较窄的产品线，那么，企业也可以在这样一个较小的目标市场上获得竞争优势。换言之，集中化战略就是对选定的细分市场进行专业化服务的战略。

5.3.2　集中化战略的适用条件

企业选择集中化战略，必须考虑如下的适用条件：具有完全不同的用户群；在相同的目标市场群中，其他竞争对手不打算实行重点集中的战略；企业的资源不允许其追求广泛的细分市场；行业中各细分部分在规模、成长率、获得能力方面存在很大的差异。

5.3.3　实施集中化战略应注意的问题

第一，集中化战略者由于产量和销量较小，生产成本通常较高，这将影响企业的获利能力。因此企业必须在控制成本的基础上，加强营销活动。

第二，集中化战略的利益可能会由于技术的变革或顾客需要的变化而突然消失，因此企业必须密切注视市场信号的变化。

第三，选择集中化战略的企业始终面对成本领先者和差别化战略者的威胁，因此企业在产品和服务的质量与价格上注意保持优势，注意培养忠诚度。

思考题：

1. 分析三种基本竞争战略的内涵。
2. 分别阐述成本领先、差异化和集中化战略的适用条件。

第6章　合作战略

6.1　并购战略

6.1.1　并购的内涵

并购是指一个企业购买另一个企业的全部或部分资产或产权，从而影响、控制被收购的企业，以争强企业的竞争优势，实现企业经营目标的行为。并购的目的在于实现利润最大化、优势互补、风险共担、克服行业壁垒、实行多元化战略和加强市场力量。

6.1.2　并购的类型

1. 按并购涉及的行业性质划分

按并购涉及的行业性质可以把并购划分为横向并购、纵向并购和混合并购。

（1）横向并购。它是指处在同一行业，生产同类产品或采用相近生产工艺的企业之间的并购。实质是资本在同一产业和部门内集中，这种并购有利于迅速扩大生产规模，提高市场份额，增强企业的竞争力。

（2）纵向并购。它是指生产或经营过程中具有前向或后向关联的企业之间的并购。其实质是通过处于同一产品不同阶段的企业之间的并购实现纵向一体化。这种并购除了可以扩大生产规模，节约管理费用外，还能够促进生产过程诸环节的密切配合，优化生产流程。

（3）混合并购。它是指处于不同产业部门、不同市场，且这些产业部门之间的生产技术没有多大联系的企业之间的并购。它可以降低一个企业长期处于一个行业所带来的风险，并使企业技术、原材料等各种资源得到最大程度的利用。

2. 按是否通过中介机构划分

按并购是否通过中介机构，可以把企业并购分为直接收购和间接收购。

（1）直接收购。它是指收购企业直接向目标企业提出并购要求，双方经过磋商，达成协议，从而完成收购活动。如果收购企业对目标企业的部分所有权提出要求，目标企业可能会允许收购企业取得目标企业新发行的股票；如果是全部产权要求，双方可以通过协商，确定所有权的转移方式。在直接收购情况下，双方可以密切配合，因此相对成本较低，成功的可能性较大。

（2）间接收购。它是指收购企业直接在证券市场上收购目标企业的股票，从而控制目标企业。由于间接收购方式很容易引起股价的大幅上涨，还可能引起目标企业的强烈反应，因此这种方式会导致收购成本上升，增加收购的难度。

3. 按并购双方的意愿划分

按企业并购双方的并购意愿，可划分为善意并购和恶意并购。

（1）善意并购。收购企业提出收购要约后，如果目标企业接受收购条件，这种并购称为善意并购。在善意并购下，收购价格、方式及条件等可以由双方高层管理者协商并经董事会批准。由于双方都有合并的愿望，所以这种方式的成功率较高。

（2）恶意并购。如果收购企业提出收购要约后，目标企业不同意，收购企业若在证券市场上强行收购，这种方式称为恶意收购。在恶意收购下，目标企业通常会采取各种措施对收购进行抵制，证券市场也会迅速对此做出反应，通常是目标企业的股价迅速上升。因此，除非收购企业有雄厚的实力，否则很难成功。

4. 按支付方式划分

按并购支付方式的不同，可以分为现金收购、股票收购、综合证券收购。

（1）现金收购。它是指收购企业通过向目标企业的股东支付一定数量的现金而获得目标企业的所有权。现金收购在西方国家存在资本所得税的问题，这会增加收购企业的成本，因此在采用这一方式时，必须考虑这项收购是否免税。另外，现金收购会对收购企业的资产流动性、资产结构、负债等产生不利影响，所以应当综合考虑。

（2）股票收购。它是指收购企业通过增发股票的方式获取目标企业的所有权。采用这种方式，收购企业可以把出售股票的收入用于收购目标企业，企业不需要动用内部现金，因此不至于对财务状况产生影响。但是，企业增发股票，会影响股权结构，原有股东的控制权会受到冲击。

（3）综合证券收购。它是指在收购过程中，收购企业支付的不仅仅有现金、股票，而且还有认股权证、可转换债券等多种形式。这种方式兼具现金收购和股票收购的优点，收购企业既可以避免支付过多的现金，保持良好的财务状况，又可以防止原有股东控制权的转移。

5. 按收购资金来源划分

按收购资金来源渠道的不同，可分为杠杆收购和非杠杆收购。无论以何种形式实现企业收购，收购方总要为取得目标企业的部分或全部所有权而支出大笔的资金。收购方在实施企业收购时，如果其主体资金来源是对外负债，即是在银行贷款或金融市场借贷的支持下完成的，就将其称为杠杆收购。相应地，如收购方在实施企业收购时，其主体资金来源是自有资金，则称为非杠杆收购。

6.1.3 并购的程序

1. 目标企业分析

为了全面了解目标企业是否与本企业的整体发展战略相吻合，目标企业的价值如何，以及其经营中的机会与障碍，在并购之前，必须对其进行全面的分析，从而决定是否进行收购、可接受的收购价格以及收购后如何对其整合。审查过程中，可以先从外部获得有关目标企业各方面的信息，然后再与目标企业进行接触，如果能够得到目标企业的配合，获得其详细资料，则可对其进行周密分析。分析的重点一般包括行业、法律、运营和财务等方面。

2. 目标企业的价格评估

在企业并购实施过程中，并购双方谈判的焦点是目标企业并购价格的确定。而企业并购价格确定的基础就是并购双方对目标企业价值的认定。目标公司的价值评估工作十分复杂，目前对目标公司的价值评估来用三种方法进行，即净值法、市场比较法及净现值法。

净值法是指以目标公司净资产的价值作为目标公司的价值，净值法是估算公司价值的基本依据。这种方法一般在目标公司已不适合继续经营或并购方主要目的是获取目标公司资产时使用。

市场比较法是以公司的股价或目前市场上已有成交公司的价值作为标准来估算目标公司的价值。有两种标准用来估算目标公司的价值；一种是以公开交易公司的股价为标准；另一种是以相似公司过去的收购价格为标准。

净现值法是预计目标公司未来的现金流量，再以某一折现率将其折现为现值作为目标公司的价值。这一方法适用于希望被并购公司能继续经营的情况。

3. 并购资金筹措

在企业并购中，并购公司需要支付给目标公司巨额资金，因此筹资成为企业并购中的一个重大问题，目前一般的筹资方式有内部筹资、借款、发行债券、优先股融资、可转换证券融资和购股权证融资等。

4. 企业并购的风险分析

并购风险与并购收益相伴而生，并购在为企业带来巨大收益的同时，也增加了各种风险，如果不予以关注和控制，将会增加并购失败的概率，极大地抵减并购企业的价值。因此，并购企业必须高度重视并购实施过程中的各种风险，尽量避免和减少风险，将风险消除在并购实施的各个环节中，最终实现并购的成功。并购实施过程中的风险是多种多样的，除政治风险、自然风险外，一般来说，还存在法律风险、市场风险、战略风险、管理风险、营运风险、财务风险、信息风险和反收购风险等。

5. 并购后的整合

并购企业通过一系列程序取得了目标企业的控制权，只是完成了并购目标的一半，在并购完成之后，并购企业必须要对目标企业进行整合，使其与企业整体战略协调一致，这是更为重要的并购任务。如果整合不顺利，或阻力很大，也可能使整个并购归于失败。整合内容包括：战略整合、业务整合、制度整合、组织人事整合和企业文化整合。因此，企业高层领导者，一定要认识并购后的企业整合的重要意义。

6.2 联盟战略

6.2.1 联盟的内涵

联盟也称战略联盟，是两个或两个以上的企业或跨国公司为了达到共同的战略目标而采取的相互合作，共担成本、风险，共享经营手段，甚至利益的联合行动。战略联盟是具有共同利益企业之间以互补性资源为纽带，以契约形式为联结，组成的紧密或松散型的战略共同体。企业战略联盟的目的在于实现产品交换、共同学习和获得市场力量。

6.2.2 联盟的类型

按照联盟成员之间的依赖程度划分，可以分为股权式联盟和契约式联盟。

1. 股权式联盟

股权式联盟分为两种：一种是对等占有型战略联盟，另一种是相互持股型战略联盟。对等占有型战略联盟是指双方母公司各拥有 50% 的股权，建立合资企业。相互持股型战略联盟是指各成员为巩固良好的合作关系，长期地相互持有对方少量的股份。

2. 契约式联盟

（1）技术交流协议。联盟成员间相互交流技术资料，通过知识的学习来增强企业竞争实力。

（2）合作研究开发协议。联盟成员分享各成员间的科研成果，共同使用科研设施和生产设备，在联盟内注入各种资源，共同开发新产品。

（3）生产营销协议。联盟成员共同生产和销售某一产品。

（4）产业协调协议。联盟成员建立全面协作与分工的产业联盟体系，一般多见于高技术企业中。

股权式联盟依双方出资多少有主次之分，且对各方的资本、技术水平、市场规模、人员配备等有明确规定，股权多少决定着发言权的大小；契约式联盟中，各方一般处于平等和相互依赖的地位，在经营中各方保持其独立性。

6.2.3 联盟的管理

1. 联盟的人力资源管理

一是寻找正确的领导者。联盟的成功在很大程度上依赖于管理合作企业的主管人的性格和领导品质。合作企业中存在固有的冲突，关键是企业经理层如何学会平衡这些冲突。对企业领导者而言，平衡合作企业的利益与母公司的目标是一个相当困难的问题。高层的工作通常没有清楚的界线，因此有更大的解释自由和回旋余地，这使高层管理者的角色、责任、决策过程更加复杂。例如，在合作企业的董事会上，联盟的健康与繁荣是第一任务，但在单独一方的公司战略会议上，情况并不一定是这样。高级企业经理们必须能处理这两种压力。

二是建立一个团结的经理队伍。以团队战略来实施管理的总经理的能力，取决于能否为管理班子招募到合适的经理人员。不是每一位经理都适合于同来自不同国家文化和公司文化的合作伙伴紧密合作的。一方面，公司需要挑选有能力去推进合作企业业务的经理；另一方面，这些经理必须有必要的外交手腕来有效处理不同联盟伙伴间微妙的关系和互动性。在寻找有才能的联盟经理时，一些跨国公司应集中注意寻找以下人员：通晓文化的技术人员、具有上进心的经理、善于听取意见的人、符合合作企业条件的经理以及受双方尊重的联络人员。

三是合作企业的职工安排。一般来说，合作企业的员工来自三个地方：合作总部、外部和子公司。企业可从总部抽调员工作为联盟的职员；也可在当地子公司的员工中挑选到联盟公司的员工，这样可节省总部人事变动的费用。使用子公司的员工，公司可以在其全球战略中关键的三方——母公司总部、当地子公司的业务点及其联盟中创造连续的交流和合作。

2. 联盟的信任管理

在联盟伙伴之间的合作过程中，由于联盟内部的管理权关系模糊不清，合作伙伴关系的双重性以及相互关系格局的复杂多变，联盟成员之间很难建立持久的信任关系。为此必须通过在联盟成员之间构建信誉机制，使合作伙伴间保持稳固而持久的信任关系，从而提高联盟的绩效并推动联盟关系的发展。

联盟方如果为了眼前的短期利益或局部利益而采取机会主义行为时，不仅会招致对方的报复，最终还将会失去合作伙伴对自己的信赖；甚至在同行业中有损自身的声誉，为其未来的发展蒙上一层"阴影"，这对于企业来说是得不偿失的。

3. 联盟的文化协同

联盟成员之间只有设定共同的价值观、工作作风和文化观念才能顺利推进合作进程。联盟产生分歧的主要原因是文化的差异，所以任何公司都需要花更多的时间去了解其他联盟成员的组织结构、文化传统和个人动机等。

一是要塑造共同的价值观。联盟产生分歧的重要原因常常是文化的差异，企业文化差异主要是指企业在长期经营过程中，往往容易形成独特的"企业个性"，不同企业有着不同的价值观和行为方式。而一旦结成联盟，由于合作伙伴分属不同的企业文化，在合作中难免发生管理方式甚至价值观的碰撞，致使联盟效率低下。杜邦与菲利浦在光盘生产上的合作并没有取得成功，从而未能形成足够合力与日本企业展开竞争，其主要原因就是文化上的冲突导致合作进程非常缓慢。因而联盟伙伴在合作过程中，应努力塑造共同的价值观和经营理念，并逐步统一双方不同的管理模式和行为方式。

二是要树立双赢的合作观念。互惠互利的信念是联盟伙伴真诚合作的基础，只有通过合作双赢才能保证企业联盟关系的持续发展。在通常的竞争关系中，总是零和博弈，一方所得到的正是另一方所失去的，反之亦然。而企业之间通过组建战略联盟，只要合作成功，各方都是赢家，联盟成员间是一种正和博弈关系。因此必须转变惯常的思维方式，树立双赢的合作观念，保持双方持久的合作热情，才能最终提高联盟的绩效。

三是要进行经常性的沟通和交流。联盟内的人员来自不同企业，有着不同的文化和习惯。能否使其保持良好的协作关系，并充分发挥其创造力，是提高联盟效率的关键。即联盟既要保持原先组织的创造性，但同时又要强调协调一致的组织性。为了顺利实现联盟的目标，必须创造条件使联盟各方克服语言、习惯、价值观、思维方式等方面的障碍。如法国艾尔卡和日本 NEC 在生产卫星电视天线时由于语言不通，双方都误以为对方负责生产相应的部件，等到产品模型做好时才发现这一疏漏，幸亏及时补救，才避免重大损失。出此可见重视语言文化和行为习惯沟通的必要性和重要性。所以，应鼓励人员间进行广泛、频繁的交流和沟通，花更多的时间去了解其他联盟成员的组织结构、文化传统及员工的行为方式等。

四是要强调团队文化。企业联盟实际上是一个合作团队，合作是参与方共同的义务，因而要求形成目标一致的团队文化，这种文化不是以牺牲合作伙伴利益来服从整体目标，而是应用系统工程全面地考虑局部目标与整体目标的关系，并在项目实施中通过随时协调、沟通，达到局部目标与整体目标的一致。为此应在联盟过程中充分沟通信息、加强协调，促进团队文化的形成。

五是要建立和谐的人际关系。和谐的人际关系往往有助于形成良好的合作氛围。在企业联盟的管理过程中，来自不同企业的管理人员之间通过建立良好的人际关系，可增强彼此在合作过程中的信任感。管理人员之间的个人情谊和相互信任能使他们在工作中协调一致，减少矛盾和摩擦。这种私人关系网可以在公司之间形成一种非正式的管理网络，它能有效地解决联盟双方在合作过程中所产生的种种问题。因为合作各方不可能制定一个完备的合作协议，在协议执行过程中，总会面临许多不确定性和利益冲突，而和谐的人际关系常常可以在相互沟通中化干戈为玉帛。

思考题：

1. 并购战略的含义是什么？类型有哪些？
2. 联盟战略的类型包括哪些？
3. 如何加强联盟管理？

第 7 章　战略选择

7.1　基于 SWOT 分析法的战略选择

7.1.1　SWOT 分析法简介

SWOT 分析法是竞争情报分析常用的方法之一。所谓 SWOT（态势）分析，就是将与研究对象密切相关的各种主要内部优势因素（Strengths）、弱点因素（Weaknesses）、机会因素（Opportunities）和威胁因素（Threats），通过调查罗列出来，并依照一定的次序按矩阵形式排列起来，然后运用系统分析的思想，把各种因素相互匹配起来加以分析，从中得出一系列相应的结论（如对策等）。

SWOT 分析法是竞争情报分析的基础和总纲。不管是对企业本身或是对竞争对手的分析，SWOT 分析法都能较客观地展现一种现实的竞争态势；在此基础上，指导企业竞争战略的制定、执行和检验；且对总的态势有所了解后，才有利于运用各种其他分析方法对竞争对手和企业本身进行更好的分析与规划。

SWOT 分析法是一种能够较客观而准确地分析和研究一个企业（单位）现实情况的方法。利用这种方法，企业可以从中找出对自己有利的、值得发扬的因素，以及对自己不利的、应该去避开的东西，发现存在的问题，找出解决办法，并明确以后的发展方向。根据这个分析，企业可以将问题按轻重缓急分类，明确哪些是目前急需解决的问题，哪些是可以稍微拖后一点儿的事情，哪些属于战略目标上的障碍，哪些属于战术上的问题。该方法很有针对性，有利于领导者和管理者在企业（单位）的发展上做出较正确的决策和规划。企业进行 SWOT 分析时，主要从环境分析、SWOT 矩阵构造、战略制定与选择等方面开展。

7.1.2　环境分析

运用各种调查研究方法，分析出公司所处的各种环境因素，即外部环境因素和内部能力因素。外部环境因素包括机会因素和威胁因素，它们是外部环境对公司的发展有直接影响的有利和不利因素，属于客观因素，一般归属为经济的、政治的、社会的、人口的、产品和服务的、技术的、市场的、竞争的等不同范畴；内部环境因素包括优势因素和弱点因素，它们是公司在其发展中自身存在的积极和消极因素，属主动因素，一般归类为管理的、组织的、经营的、财务的、销售的、人力资源的等不同范畴。在调查分析这些因素时，不久要考虑到公司的历史与现状，而且更要考虑公司的未来发展。

7.1.3 SWOT 矩阵的构造

将调查得出的各种因素根据轻重缓急或影响程度等排序方式，构造 SWOT 矩阵，如表 7-1 所示。在此过程中，将那些对公司发展有直接的、重要的、迫切的、久远的影响的因素优先排列出来，而将那些间接的、次要的、少许的、不急的、短暂的影响因素排列在后面。

表 7-1   SWOT 矩阵表

	优势（Strength）	劣势（Weakness）
内部环境	产权和技术 产品 良好的财务 高素质的管理人员 公认的行业领先者 ……	设备老化 产品范围太长 营销能力较弱 成本高 企业形象一般 ……
	机会（Opportunity）	威胁（Threat）
外部环境	纵向一体化 市场增长迅速 能争取到新的用户群 有可能进入新的市场领域 可以增加互补产品 ……	竞争压力增大 政府政策不利 用户需求正在转移 新一代产品已经上市 ……

7.1.4 战略选择

在完成环境因素分析和 SWOT 矩阵的构造后，便可以制订出相应的行动计划。制订计划的基本思路是：发挥优势因素，克服弱点因素，利用机会因素，化解威胁因素；考虑过去，立足当前，着眼未来。运用系统分析的综合分析方法，将排列与考虑的各种环境因素相互匹配起来加以组合，得出一系列公司未来发展的可选战略，如图 7-1 所示。

最小与最小组合（WT 战略），即着重考虑弱点因素和威胁因素，目的是努力使这些因素都趋于最小。

最小与最大组合（WO 战略），即着重考虑弱点因素和机会因素，目的是努力使弱点趋于最小，使机会趋于最大。

最大与最小组合（ST 战略），即着重考虑优势因素和威胁因素，目的是努力使优势因素趋于最大，使威胁因素趋于最小。

最大与最大组合（SO 战略），即着重考虑优势因素和机会因素，目的在于努力使这两种因素都趋于最大。

图 7-1　SWOT 矩阵图

可见，WT 战略最为悲观，是处在最困难的情况下不得不采取的战略选择；WO 战略和 ST 战略苦乐参半，是处在一般情况下采取的战略选择；SO 战略最理想，是处在最为顺畅的情况下十分乐于采取的战略选择。

由于具体情况所包含的各种因素及其分析结果所形成的对策都与时间范畴有着直接的关系，所以企业在进行 SWOT 分析时，可以先划分出一定的时间段分别进行 SWOT 分析，最后对各个阶段的分析结果进行综合汇总，并进行整个时间段的 SWOT 矩阵分析。这样，有助于分析的结果更加精确。

7.2　基于 SPACE 矩阵分析法的战略选择

7.2.1　SPACE 矩阵分析法简介

战略地位与行动评价矩阵（简称 SPACE 矩阵）主要用于分析企业外部环境及企业应该采用的战略组合。

SPACE 矩阵的四个象限分别表示企业采取的进取、保守、防御和竞争四种战略模式。矩阵的两个数轴分别代表了企业的两个内部因素——财务优势（FS）和竞争优势（CA）；两个外部因素——环境稳定性（ES）和产业优势（IS）。这四个因素对于企业的总体战略地位是最为重要的，如图 7-2 所示。

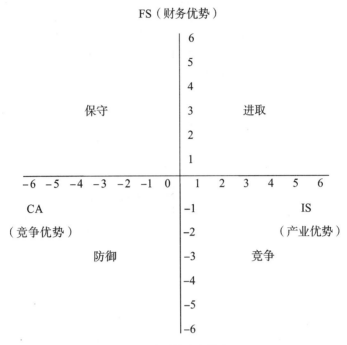

图 7-2 战略地位与行动评价矩阵

矩阵的轴线可以细分包含多种不同的变量，具体如表 7-2 所示：

表 7-2　　　　　　　　　　战略地位与行动评价矩阵变量表

财务优势（FS）	环境稳定性（ES）
——投资收益 ——杠杆比率 ——偿债能力 ——流动资金 ——退出市场的方便性 ——业务风险	——技术变化 ——通货膨胀 ——需求变化性 ——竞争产品的价格范围 ——市场进入壁垒 ——竞争压力 ——价格需求弹性
竞争优势（CA）	产业优势（IS）
——市场份额 ——产品质量 ——产品生命周期 ——客户忠诚度 ——竞争能力利用率 ——专有技术知识 ——对供应商和经销商的控制	——增长潜力 ——盈利能力 ——财务稳定性 ——专有技术知识 ——资源利用 ——资本密集性 ——进入市场的便利性 ——生产效率和生产能力利用率

7.2.2　SPACE 矩阵的构造

（1）选择构成财务优势（FS）、竞争优势（CA）、环境稳定性（ES）和产业优势（IS）的一组变量。

（2）对构成 FS 和 IS 的各变量给予从 +1（最差）到 +6（最好）的评分值。而对构成 ES 和 CA 的轴的各变量给予从 -1（最好）到 -6（最差）的评分值。

（3）将各数轴所有变量的评分值相加，再分别除以各数轴变量总数，从而得出 FS、CA、IS 和 ES 各自的平均分数。

（4）将 CA 和 IS 平均分数相加，并在 X 轴上标示出来；将 FS 和 ES 的平均分数相加，并在 Y 轴上标示出来。

（5）从 SPACE 矩阵原点到 X 轴、Y 轴数值的交叉点画一条向量，这一向量所在的象限就表明了企业可以采取的战略类型：进取、竞争、防御或保守。

7.2.3　战略选择

向量出现在 SPACE 矩阵的进取象限时，企业正处于一种绝佳的地位，可以利用自己的内部优势和外部机会选择自己的战略模式，如市场渗透、市场开发、产品开发、后向一体化、前向一体化、横向一体化、多元化经营等。

向量出现在保守象限意味着企业应该固守基本竞争优势而不要过分冒险，企业更适宜采取市场渗透、市场开发、产品开发和集中多元化经营等保守型战略。

当向量出现在防御象限时，意味着企业应该集中精力克服内部弱点并回避外部威胁，防御型战略包括紧缩、剥离、结业清算和集中多元化经营等。

当向量出现在竞争象限时，表明企业应该采取竞争性战略，包括后向一体化战略、前向一体化战略、市场渗透战略、市场开发战略、产品开发战略及组建合资企业等。

思考题：

1. 如何构造 SWOT 矩阵？
2. 如何构造 SPACE 矩阵？

第8章　战略实施

8.1　战略实施概述

8.1.1　战略实施的内涵

战略实施是为实现企业战略目标而对战略规划的执行，是要将战略落到实处，将战略付诸行动，把公司战略、竞争战略和职能战略中所确定的事项从总体上做出安排。战略实施是战略制定的后续工作，即企业选定了战略以后，必须将战略的构想转化成战略的行动。也就是说，战略实施是将选择好的战略方案转化成战略行动的过程。战略实施通常要经历战略发动、战略计划、战略运作、战略控制与评估等四个阶段。

战略实施要依靠三方面的工作：一是战略导向管理整合，也就是以战略为出发点，对现行管理机制进行调整，使管理机制与战略相协调，使管理机制成为战略实现机制；二是战略导向人力资源整合，也就是以战略为出发点，对现行人力资源队伍进行调整，使人力资源与战略相适应；三是战略预算，就是将战略目标、战略项目及相应的资源配置用数量化指标表示出来，并协调平衡。总之，战略实施要在战略导向上做好管理机制整合、人力资源整合、投资项目和预算的整合，要相互配合，相互协同，不能各自为政。

8.1.2　战略实施的原则

（1）统一性原则

统一性原则就是统一指挥和统一领导。企业高层管理者通常是战略的制定者，他们对战略有着深刻的理解和认识且掌握着大量的信息。当战略实施中出现问题时，他们会从企业整体利益出发去解决问题，避免各个部门因片面的追求本部门的利益而给企业整体利益带来损害。另外，统一性原则使上下级的行动保持协调一致，有效地应对由于环境不确定性所带来的问题。此外，统一性原则使各个部门责任更加明确，保证战略计划有效地执行。

（2）权变原则

企业经营战略的制定是基于一定的环境条件假设的，在战略实施中，事情的发展与原先的假设有所偏离是不可避免的，战略实施过程本身就是解决问题的过程，但如果企业内外环境发生重大的变化，以至于原定的战略的实现不可行时，显然需要把原定的战略进行重大的调整，这就是战略实施的权变问题。其关键就在于如何掌握环境变化的程度。如果环境发生并不重要的变化就修改了原定的战略，就容易造成人心浮动，带来消极后果。企业缺少坚韧毅力，最终只会一事无成。但如果环境确实已经发生了很大的变化，仍然坚持实施既定的战略，将最终导致企业破产，因此关键在于如何衡量企业环境的变化。

（3）有效沟通性原则

所谓有效的沟通，是指信息发出方对信息进行有效的编码，通过一定的媒介把信息传递给信息的接收者，使得发出方的信息与接收方信息达到完全一致。沟通是上下级和同级之间联系的桥梁。上级对战略计划的有效传达，在战略实施过程中至关重要。同时，下级对环境因素的变动和战略执行的情况要及时向上级反馈。

8.2 组织结构、文化与战略的关系

8.2.1 组织结构与战略的关系

组织结构是组织为实现共同目标而进行的各种分工和协调的系统。组织结构的功能在于分工和协调，是保证战略实施的必要手段。战略与组织结构是相互联系、彼此影响的。战略与组织结构匹配度越高，则战略实施的效率就越高并且更加有效。组织结构既服务于战略的实施也制约着战略的实施。

（1）组织结构服从于战略

在探索战略与结构的关系方面，钱德勒在其经典著作《战略和结构》中，首次提出组织结构服从战略的理论。战略的变化必然要求组织结构做出相应的变化。钱德勒（A. D. Chandler）在研究美国杜邦、通用汽车和标准石油等公司的战略与组织结构的演变过程中，发现组织结构随着战略变化而变化。他认为，新的战略实施会给企业管理带来一些新问题，如导致组织绩效水平的下降。要提高组织绩效，就必须建立新的相适应的组织结构，促使战略目标实现，如图 8-1 所示：

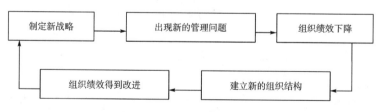

图 8-1 组织机构服务于战略

（2）组织结构制约着战略

学术界普遍认为战略的变化将导致结构的变化，结构的重新设计又能促使战略的有效实施。有些学者则认为组织结构不仅随着战略的变化而变化，同时也会影响战略。在实践中，组织结构的变化会受到组织内外部环境的制约，并不是无限地随着战略的变化而变化。在战略随环境变化的同时，组织结构也对战略起到一定的制约作用。

在经济发展时，企业不可错过时机，要制定出与发展相适应的竞争战略与发展战

略。战略制定出来以后，要正确认识组织结构有一定反应滞后性的特性，不可操之过急。但是，结构反应滞后时间过长将会影响战略实施的效果，企业应努力缩短结构反应滞后的时间，使结构配合战略的实施。

8.2.2　企业文化与战略的关系

在企业战略管理中，企业文化与企业战略的关系主要表现在以下三个方面：

（1）优秀的企业文化是企业战略获得成功的重要条件。

优秀的企业文化能够突出企业的特色，形成企业成员共同的价值观念，而且企业文化具有鲜明的个性，有利于企业制定出与众不同的、克敌制胜的战略。

（2）企业文化是战略实施的重要手段。

企业战略制定以后，需要全体成员积极有效地贯彻实施，正视企业文化的导向、约束、凝聚、激励及辐射等作用，激发员工的热情，统一企业成员的意志及欲望，为实现企业的目标而努力奋斗。

（3）企业文化与企业战略必须相互适应和相互协调。

企业战略制定以后需要与之相配合的企业文化的支持，如果企业原有的文化与新的战略存在很大的一致性，那么新战略实施就会很顺利。如果原有的企业文化与新制定的战略有冲突，则新战略的实施就会遇到困难，这时需要变革企业文化使之适应新战略的需要。但是，一个企业的文化一旦形成以后，要对企业文化进行变革难度很大，也就是说企业文化具有较大的刚性，而且它还具有一定的持续性，在企业发展过程中会逐渐得以强化。因此，从战略实施的角度来看，企业文化要为企业战略实施服务，又会制约企业战略的实施。当企业制定了新的战略要求企业文化与之相配合时，企业的原有文化变革速度非常慢，很难马上对新战略做出反应，这时企业原有的文化就有可能成为实施新战略的阻力。因此，在战略管理的过程中，企业内部新旧文化的更替和协调是保证战略顺利实施的重要条件。

8.3　战略实施模式

战略实施的模式包括指挥型、变革型、合作型、文化型和增长型五种，各具特色，企业要选择最适合自身发展的模式。

指挥型战略实施模式是集权型的战略实施模式，即所有战略规划方面的问题，全部由总裁或董事会来决定，其他任何人不得越权。

变革型战略实施模式就是通过一系列的变革来实施战略，如建立新的组织机构，新的信息系统，变更人事，甚至是兼并或合并经营范围等，并采用激励手段和控制系统以促进战略实施。

合作型战略实施模式充分发挥集体的智慧，所有高层管理人员从战略实施一开始就承担有关的战略责任，对战略的实施做出各自的贡献。

文化型战略实施模式运用企业文化的手段，不断向企业全体成员灌输战略思想，建立共同的价值观和行为准则，使所有成员在共同的文化基础上参与战略的实施活动。

增长型战略实施模式通过鼓励员工的首创精神，调动员工的工作积极性和主动性，以企业效益的增长为员工自身的奋斗目标。

8.4　战略实施过程

8.4.1　发动阶段

战略实施是一个自上而下的动态管理过程，即战略规划及目标是在企业高层管理者达成一致后，再向中层和基层传达并实施的，因此战略实施的首要之事就是战略实施的发动。战略实施发动以将企业战略愿景变为员工的实际行动为基础，宣贯新的愿景、新的战略、新的思想、新的理念，使员工认识到实施战略的必要性和迫切性，调动员工实现企业战略的热情和积极性。

8.4.2　计划阶段

制订战略实施计划是为了有计划性、有针对性、有步骤性、有目的性地实施战略规划。战略实施计划可以从很多维度来制订，如时间维度、组织维度和业务维度等。每个维度的计划都要涉及战略计划的全部内容。选取越多的维度，战略实施计划的制订就越为全面，员工对于战略实施计划的理解就越深入，战略实施的运作就越容易。

8.4.3　运作阶段

战略实施的运作阶段是在战略实施发动的基础上，按照战略实施计划的要求和内容一步一步实现战略规划的阶段。可以说，战略实施的运作阶段是战略实施的核心阶段，是战略实施得以体现其本质内涵的阶段。在这一阶段，企业表现的好坏直接影响其战略实施考核的结果。因此在战略运作阶段要严格遵从战略实施的原则，按照最适合企业发展的战略实施模式来按步骤完成战略实施计划。

思考题：

1. 组织结构与战略的关系有哪些？
2. 企业文化与战略如何匹配？
3. 战略实施过程包括几个阶段？

第 9 章　战略控制

9.1　战略控制的内涵

　　战略控制是指在企业战略的实施过程中，检查企业为达到目标所进行的各项活动的进展情况，评价实施企业战略后的企业绩效，把它与既定的战略目标与绩效标准相比较，发现战略差距，分析产生偏差的原因，纠正偏差，使企业战略的实施更好地与企业当前所处的内外环境、企业目标协调一致，使企业战略得以实现。

　　企业战略实施的控制是企业战略管理的重要环节，控制能力和效率的高低决定了战略行为能力的高低。控制能力强、效率高，则企业高层管理人员可以做出较为大胆的、风险较大的战略决策。而且战略实施的控制和评价可为战略决策提供重要的反馈，帮助战略决策者明确哪些是符合实际的、正确的，有助于提高战略决策的适应性和水平。同时，战略实施的控制可以促进企业文化等企业基础建设，为战略决策奠定良好的基础。

9.2　战略控制的特征

9.2.1　适宜性

　　判断企业战略是否适宜，首先要判断这个战略是否具有实现公司既定的财务和其他目标的良好的前景。因此，适宜的战略应处于公司希望经营的领域，必须具有与公司的哲学相协调的文化，如果可能的话，必须建立在公司优势的基础上，或者以某种人们可能确认的方式弥补公司现有的缺陷。

9.2.2　可行性

　　可行性是指公司一旦选定了战略，就必须认真考虑企业能否成功的实施，公司是否有足够的财力、人力或者其他资源、技能、技术、诀窍和组织优势，换言之，就是企业是否有有效实施战略的核心能力。如果在可行性上存在疑问，就需要将战略研究的范围扩大，并将能够提供所缺乏的资源或能力的其他公司或者金融机构合并等方式包括在内，通过联合发展达到可行的目的。特别是管理层必须确定实施战略要采取的初始步骤。

9.2.3　可接受性

可接受性强调的问题是：与公司利害攸关的人员，是否对推荐的战略非常满意，并且给与支持。一般来说，公司越大，对公司有利害关系的人员就越多。要保证得到所有的利害相关者的支持是不可能的，但是，所推荐的战略必须经过最主要的利害相关者的同意，而在战略被采纳之前，必须充分考虑其他利害相关者的反对意见。

9.2.4　多样性和不确定性

战略具有不确定性。公司的战略只是一个方向，其目的是某一点，但其过程可能是完全没有规律的，因此这时的战略就具有多样性。同时，虽然经营战略是明确的、稳定的且是具有权威的，但在实施过程中由于环境变化，企业必须适时对战略进行调整和修正，因而也必须因时因地地提出具体控制措施，因为战略具有多样性和不确定性。

9.2.5　弹性和伸缩性

战略控制中如果过度控制，频繁干预，则容易引起消极反应。因而针对各种矛盾和问题，战略控制有时需要认真处理，严格控制，有时则需要适度的、弹性的控制。只要能保持与战略目标的一致性，就可以有较大的回旋的余地。所以战略控制中只要能保持正确的战略方向，企业应尽可能地减少干预实施过程，尽可能多地授权下属在自己的范围内解决问题，对小范围、低层次的问题不要在大范围、高层次上解决，这样才能够取得有效的控制。

9.3　战略控制的类型

基于控制时间，战略控制通常分为事前控制、事中控制和事后控制三种类型。

（1）事前控制

事前控制是指在战略行动成果尚未实现之前，对战略行动的结果趋势进行预测，并将预测结果与预期结果进行比较和评价，如果发现可能出现战略偏差，则提前采取预防性的纠偏措施，使战略实施始终沿着正确的轨道推进，从而保证战略目标的实现。由于通过预测发现战略行动的结果可能会偏离既定的标准，因此，管理者必须对预测因素进行分析与研究。一般有三种类型的预测因素：一是投入因素，即战略实施投入因素的种类、数量和质量将影响产出的结果；二是早期成果因素，即依据早期的成果，可预见未来的结果；三是外部环境和内部条件的变化。事前控制对战略实施中的趋势进行预测，对其后续行动起调节作用，能防患于未然，是一种卓有成效的战略控制方法。

（2）事中控制

事中控制是指在战略实施控制中，要对战略进行检查，对照既定的标准判断是否适宜；如果发现不符合标准的行动就随时采取措施进行纠偏。这种方式一般适用于实施过程标准化、规范化的战略项目。事中控制的具体操作有多种形式：一是直接领导，即管理者对战略活动进行直接指挥和指导，发现差错及时纠正，使其行为符合既定标准；二是自我调节，即执行者通过非正式、平等的沟通，按照既定标准自行调节自己的行为，以便和协作者有效配合；三是共同愿景，即组织成员对目标、战略宗旨认识一致，在战略行动中表现出一定的方向性、使命感，从而达到和谐一致、实现目标。

（3）事后控制

事后控制是指在战略结果形成后，将战略行动的结果与预期结果进行比较与评价，然后根据战略偏差情况及具体原因，对后续战略行动进行调整修正。这种控制方式的重点是要明确战略控制的程序和标准，把日常的控制工作交由职能部门人员去做，即在战略计划部分实施之后，将实施结果与原计划的标准相比较，由企业职能部门及各事业部门定期地将战略实施结果向高层领导汇报，由领导者决定是否有必要采取纠正措施。事后控制的具体操作主要有两种方式：一是联系行为，即对员工的战略行动的评价与控制直接同他们的工作行为联系起来，员工较易接受，并能明确战略行动的努力方向，使个人行为导向和企业经营战略导向接轨；同时，通过行动评价的反馈可以修正战略实施行动，使之更加符合战略的要求；通过行动评价，实行合理的分配，从而强化员工的战略意识。二是目标导向，即让员工参与战略行动目标的制定和工作业绩的评价，使他们既可看到个人行为对实现企业战略目标的作用和意义，又可从工作业绩的评价中看到成绩与不足，从中得到肯定和鼓励，为战略推进增添动力。

9.4　战略控制的层次

战略控制的层次是指由于制定战略控制的人员在企业中处于不同位置而产生的战略控制分级，分为组织控制、内部控制和战略控制三种形式。每种形式都需要完成企业的使命，实现企业的目标。

（1）组织控制。在大型企业里，战略管理的控制可以通过组织系统层层加以控制。企业董事会的成员应定期审核企业正在执行的战略，测试它的可行性，重新考虑或修正重大的战略问题。企业的总经理和其他高层管理人员则要设计战略控制的标准，也可以指定计划人员组成战略控制小组来执行一定的控制任务。

（2）内部控制。内部控制是指在具体的职能领域里和生产作业层次上的控制。生产作业的管理人员根据企业高层管理人员制定的标准，采取具体的内部行动。内部控制多是战术性控制。

（3）战略控制。战略控制是指企业对已经发生或即将发生战略问题的部门，以及对重要战略项目和活动所进行的控制。这种控制比内部控制更为直接和具体。例如，在研究开发、新产品和新市场、兼并和合并等领域里，战略控制发挥着重要的作用。

9.5 战略控制的过程

战略控制的过程可以分为五个步骤，即确定目标、制定战略评价标准、衡量战略实施效果、评价战略实效差异、采取纠正措施（如图 9-1 所示）。

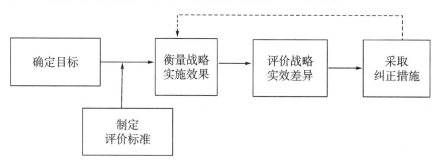

图 9-1 战略控制过程

（1）确定目标。明确企业的战略总目标及具体的阶段目标，并将其分解到下层，以便协调和检查。

（2）制定战略评价标准。评价范围应包括各级公司及部门，衡量标准包括定性的和定量的。战略标准是进行战略控制的首要条件。评价标准可采用定量和定性相结合的方式。无论是定量还是定性指标，都必须与企业的发展过程做纵向比较，还必须与行业内平均水平及业绩优异者进行横向比较。

（3）衡量战略实施效果。标准是衡量战略绩效的工具，衡量绩效的关键是及时获取有关工作成果的真实信息。工作成果是战略在执行过程中实际达到目标水平的综合反映。通过信息系统把各种战略目标执行的信号汇集起来，这些信号必须与战略目标相对应。要获取实际的准确成果，必须建立管理信息系统，并采用科学的控制方法和控制系统。建立报告和联系等控制系统，这是战略控制的中枢神经，是收集信息并发布指令所必需的，对企业战略的实施是必不可少的。具体可通过口头汇报、书面汇报、直接观察等方式取得信息，以此衡量实际战略业绩。

（4）评价战略实效差异。评价战略实施绩效是将实际的成果与预定的目标或标准进行比较，即对收集到的信息资料与既定的行业衡量标准和战略目标进行比较和评价，找出成效与标准之间的差距及产生的原因。通过比较会出现三种情况：一种是超过目标和标准，即出现正偏差，在没有做特定的要求的情况下，出现正偏差是一种好的结果；第二种是正好相等，没有偏差，这也是好的结果；第三种是实际成果低于目标，出现负偏差，这是不好的结果，应该及时采取措施纠偏。

（5）采取纠正措施。如实施结果达不到预定的目标与要求，则应采取相应的措施进行纠正。纠正的方法包括：加大战略实施的投入力度，调整组织结构和人事，强化企业文化建设，协调与外部的关系。如果上述手段收效甚微，则要重新审查战略本身是否适合，是否需要进行战略调整。

9.6　战略控制的工具

　　绩效的测量与评价是战略控制的基础。如何从战略角度对组织绩效做全面评估，一直是困扰管理者的难题。许多企业有这样的经历：费心尽力制定出来的战略，长期得不到有效实施，变成案头的一堆废纸。为什么制定好的战略被束之高阁了？一方面，一些企业认为战略是一个虚的东西，另一方面，一些企业不知道如何实施战略。但是战略实施真的有那么困难吗？平衡计分卡的出现，使这个难题在一定程度上得到了解决，为企业的战略决策者提供了一个极佳的工具。

　　平衡计分卡（The Balanced Card，BSC）是 20 世纪 90 年代初由哈佛商学院的罗伯特·卡普兰（Robert Kaplan）和诺朗诺顿研究所（Nolan Norton Institute）所长、美国复兴全球战略集团创始人兼总裁戴维·诺顿（David Norton）提出的一种绩效评价体系。平衡计分卡被《哈佛商业评论》评为 75 年来最具影响力的管理工具之一，它打破了传统的单一使用财务指标衡量业绩的方法。

　　卡普兰和诺顿认为传统的财务会计模式只能衡量过去发生的事情，却无法评估组织前瞻性的投资。正是基于这样的认识，平衡计分卡从四个角度审视自身业绩：学习与成长、内部流程、顾客、财务。如图 9-2 所示：

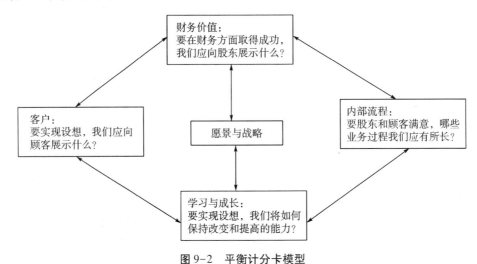

图 9-2　平衡计分卡模型

　　在平衡计分卡的评估体系中，财务绩效只是其中的一个部分，顾客、流程、学习与成长这些重要的战略要素在此得到了充分重视。平衡计分卡的核心思想就是通过财务、客户、内部流程及学习与成长四个方面的指标之间相互驱动的因果关系展现组织的战略轨迹，实现绩效考核——绩效改进及战略实施——战略修正的战略目标过程。

　　平衡计分卡之所以称之为"平衡"计分卡，是因为平衡计分卡反映了财务、非财务衡量方法之间的平衡；长期目标与短期目标之间的平衡；外部和内部的平衡；结果和过程的平衡；管理业绩和经营业绩的平衡等多个方面的平衡关系。在实践中，平衡计分卡的操作流程如下：

（1）以组织的共同愿景与战略为内核，运用综合与平衡的哲学思想，依据组织结构，将公司的愿景与战略转化为下属各责任部门（如各事业部）在财务、顾客、内部流程、学习与成长四个方面的具体目标（即成功的因素），并设置相应的四张计分卡。

（2）各责任部门分别在财务、顾客、流程、学习与成长四个方面设计对应的绩效评价指标体系，这些指标不仅与公司的战略目标高度相关，同时兼顾和平衡公司长期和短期目标、内部与外部利益，综合反映战略管理绩效的财务与非财务信息。

（3）由各主管部门与责任部门共同商定各项指标的具体评分规则。一般是将各项指标的预算值与实际值进行比较，对应不同范围的差异率，设定不同的评分值。以综合评分的形式，定期考核各责任部门在财务、顾客、内部流程、学习与成长四个方面的战略执行情况，及时反馈，适时调整战略偏差，或修正原定目标和评价指标，确保公司战略得以顺利与正确地实行。借着对四项指标的衡量，组织得以用明确和严谨的手法来诠释战略。这种方法，不仅保留了传统上对过去的财务指标的衡量，还兼顾了对促成财务目标的其他绩效指标的衡量；在支持组织追求业绩之余，也监督组织的行为，兼顾学习与成长，使组织得以把产出（outcome）和绩效驱动因素（performance driver）串联起来。

应用"平衡计分卡"在具体实践中应该注意以下几个关键点：

（1）对未来而不是过去进行管理；

（2）聚焦于因果关系，建立连接战略的系统；

（3）对建立的平衡计分卡制订具体行动计划，保证战略的实施；

（4）针对实际、简单灵活，保证可操作性。

思考题：

1. 战略控制有几种类型？

2. 战略控制的层次有哪些？

3. 平衡计分卡的作用及操作流程是什么？

第二部分
企业案例篇

第 10 章　汽车企业案例

案例 1　众泰汽车成功秘诀

任何企业家都希望实现高增长，这表明领导才能得到市场认可。众泰汽车董事长吴建中做到了。2015 年上半年，众泰汽车累计销售 101 018 辆，创历史新高，同比增长 43.86%，远高于自主品牌 7% 的平均增长率。

在市场低迷时，众泰汽车却取得超高增速，这份成绩令人羡慕。面对这样的成绩，吴建中的脸上挂满了喜悦，在接受采访的过程中，记者却也感受到吴建中的一丝忧虑。

一、推行"一机两翼"战略

2014 年，众泰汽车与时俱进地提出了"一机两翼"平台化发展战略；"一机"即众泰汽车的核心竞争力也即产品力，"两翼"则是指建立高标准化的供应商和务实高效的营销平台。在"一机两翼"战略的推动下，众泰汽车与上汽、宝钢、博世、三菱、现代、莲花、江森、德赛西威、伟巴斯特、ABB、PPG 等知名品牌建立战略合作关系，并积极推进"机器换人"战略，引入机器人生产线，通过车间的全自动化让生产的各个环节精准到位，保障产品品质。如今，众泰 T600、Z300、Z500 等战略车型均为众泰汽车树立了品质派的正面形象，众泰汽车的千辆故障率更是达到了合资车的水平。

随着"一机两翼"平台化战略的实施，众泰汽车已实现了产品力的全面提升；截至 2014 年年底，众泰汽车已陆续推出了 A00 级平台众泰 Z100、云 100、众泰 E20，A 级车平台众泰 Z300，B 级车平台众泰 T600、Z500 等各平台车型，基本完成了产品矩阵序列的布局。2014 年众泰汽车在中国品牌遭遇十二连降的背景下，以 23.8% 的高增长逆袭，为中国品牌打了一场漂亮的翻身仗，成绩的取得主要得益于"一机两翼"战略的实施。

截至 2014 年年底，众泰已有 500 家一级经销商，1 000 家二级经销商，此外，众泰还积极地开拓国外市场，目前在全球范围内 80 多个国家和地区都有众泰经销商的身影。不仅如此，众泰 A 级 SUV 经销商招募也已经全面展开，按照众泰汽车标准分不同等级，并进行统一化管理。

二、稳步增长有"秘诀"

每个成功的企业都有"秘诀"，有些成功者不愿意说，但吴建中是个心直口快的人，他向记者分享了心得。

吴建中说："众泰汽车的高增长，主要得益于集团'一机两翼'平台化竞争战略的稳步推进，一手抓供应商平台、一手抓营销平台，有了坚实的两翼，众泰汽车才能飞起来，飞得更快、更高。"

在"一机两翼"战略指导下，众泰汽车先后推出 Z300 新视界版，T600 旗舰版，新能源纯电动云 100，品质派性能中级车 Z500、T600 2.0T 等，满足三四线城市细分市场需求。目前，众泰汽车已形成了由 SUV 引领，轿车和新能源车同步发展的众泰汽车"三大战队"。

吴建中说："我们针对经销商还积极构建'五星服务'评级体系，通过优质的服务提高消费者对众泰汽车的品牌印象和口碑。我认为产品力、品牌力、营销力、渠道力、服务力的全面提升，才是众泰汽车取得当下成绩的基础，无疑也是奠定未来市场根基的关键。"

三、不惧合资品牌价格下探

近段时间，合资品牌不断推出新车型，纵览这些上市车型不难发现一个共同现象，价格普遍调低，形成了明显的价格下探趋势。面对合资品牌价格下探，吴建中并不惧怕。

吴建中说："合资品牌为什么要价格下探？这说明自主品牌已经取得了相当大的进步，消费者对自主品牌越来越认可了。合资品牌价格下探鞭策着自主品牌向高品质、高水准的方向发展。"

自主品牌经过多年发展，已拥有一定的用户基础，形成了一定的品牌忠诚度，这是自主品牌产品力向上突围的表现。吴建中说："自主品牌的优势是有产品创新主动权，近年来 SUV 的自主突破就是自主品牌产品调整能力强于合资品牌的体现。"

记者采访过许多消费者，他们普遍认为在同一价位上，自主品牌能为用户提供更多的产品附加值，如众泰大迈 X5 具有大空间、高配置、强劲动力等多重优势。

在很长一段时间内，无论是进口车还是合资品牌都格外重视北上广等市场，对三四线城市消费者的重视相对不足。众泰汽车很早就注意到三四级市场的消费潜力，并且扎根于此，不断深耕，建立了完备的销售与服务体系。

吴建中说："网络建设规模将对市场销量起到关键作用，众泰汽车已经搭建了完善的市场网络，具有'区位优势'。现在许多合资或者进口品牌也在渠道下沉。市场外围环境总是变化的，有些趋势可以预测，有些则不能。"

不可否认，三四线市场的消费习惯与大城市有很大的区别，合资或进口品牌要摸索出规律还需要花相当长时间。有一位业内专家告诉记者，即使合资或进口品牌调查清楚三四线市场的消费习惯，它们自身的局限性也会对营销带来束缚，反而是自主品牌更容易施展拳脚。

四、公布产品规划，全面发力市场

2015 年前 9 个月，众泰汽车累计销售新车约 14 万辆，完成 2015 年全年销量目标20 万辆的七成，这在国内汽车市场整体走低的背景下，可谓表现优异。而这样的成绩，与众泰汽车密集的产品发布密不可分。

众泰集团总裁金浙勇介绍，2015 年众泰汽车相继发布 Z700、T600 2015 款、大迈 X5、S21 和新能源 E30、E200 等 6 款新车。"未来，众泰汽车还将推出 T700、B12、E01、E02、Z500 纯电动汽车和大迈 X7 等车型，全面发力汽车市场。而众泰 S 系列后续也将保持年度推出 2 款新产品或升级车型上市。"

对此，众泰汽车工程研究院院长刘慧军也透露，2016 年第三季度将推出 S 系列第二款车，该车将是一款定位中型 SUV 市场的 5 座车型。随着产品规划的公布，众泰汽车对于终端销售也寄予了更高的希望，金浙勇表示："按照规划，众泰将在 2016 年实现年销 30 万辆目标，并于 2018 年完成年销 50 万辆的目标。"

五、锁定年轻消费群体

有调查显示，目前"80 后""90 后"消费者的购车量占整个购车总量的比例已经达到 50%，未来几年，这一比例还将超过 60%，年轻消费人群已经成为汽车市场的消费主力。为此，根据市场需求变化，众泰汽车推出年轻专属车系——众泰 S 系列。

众泰集团品牌总监徐洪飞介绍，众泰 S 系列首款车型采用了系列"S"+类别"R"+数字"7"的命名方式。据众泰 S 事业部总经理谷明霞介绍，众泰 SR7 长宽高分别为 4 510、1 835 和 1 610 毫米，轴距 2 680 毫米，搭载 1.5T 涡轮增压发动机，匹配 CVT 或五速手动变速器，其最大功率为 110 千瓦，扭矩为 198 牛·米。此外，该车还搭载电子手刹、电动全景天窗、12 英寸超大中控液晶屏、先进车载互联系统、自动空调、智能遥控钥匙等科技配置，并配备了 ESC 电子车身稳定系统、HAC 坡道辅助系统、胎压监测系统等安全配置。

值得一提的事，为体现其年轻理念，众泰 SR7 还将提供定制服务，不仅可提供多种不同颜色选择，同时消费者可自由选择内饰配色、座位颜色、轮毂等各类配件。

六、实施"口碑+体验式"的创新品牌营销模式

1. 触"电"营销提升品牌知名度

2014 年，众泰汽车继 2010 年以亿元中标央视一套黄金广告资源后，再次斥巨资开启了与央视主流媒体的合作。2015 年 7 月，众泰 Z300、T600 等车型相继亮相央视一套及十三套的《焦点访谈》和《天气预报》等特 A 级黄金时段。高密度、多频次的广告投放，进一步巩固提升了众泰汽车品牌影响力，通过大平台、大投入，努力实现从"制造众泰"迈向"品牌众泰"，从"中国众泰"迈向"世界众泰"的跨越。

2015 年一季度，众泰汽车巨资赞助江苏卫视王牌节目《超级战队》，直接将主打产品搬上舞台，而在多项比赛中，众泰汽车的各种特性、优势无缝对接植入到竞技项目中，不仅证明了中国品牌的造车水准和品质，更在世界吉尼斯纪录上留下了"中国众泰"的光辉印迹，使品牌影响力得到全面提升。

2. 公益事业品牌为美誉度提升助力

众泰汽车一直把支持慈善公益事业当作应尽的社会责任，将服务社会公益事业、关注社会困难群体作为一项重要工作内容，将"回报社会"写入企业宗旨。多年来，

吴建中始终不曾忘记一个企业家应该担负的社会责任，在时间轴的每一个重要节点下，都留下了众泰汽车播撒的爱心。

2014年，众泰汽车积极响应浙江省政府"五水共治"号召，带头捐款百万元，带动社会共同参与"五水共治"；同时，在整车流程中高度重视环保用水和高效用水。吴建中鼓励广大众泰员工，积极谋求实现高效和环保用水的企业健康发展之道，为美丽浙江贡献一份企业人的清洁大爱。"饮水思源，不忘初心"，2015年，众泰汽车加大公益慈善事业的开展力度，成立众泰汽车公益事业品牌，从节能环保、关爱环卫工人和留守儿童、爱心助教、成立社会公益基金等方面开展相关活动，将公益慈善事业作为众泰汽车的重要事业，努力打造众泰汽车公益品牌形象，传递爱心，永无止境！

3. 口碑营销增强忠诚度

品牌，需要积淀，需要传播，更需要巩固。众泰汽车在十年品牌的越至道路上，以"一机两翼"平台化战略为引导，2014年，众泰汽车不断优化销售服务网络，针对所有授权经销商和服务商制定、建设并完善"五星服务体系"的售后标准。在产品热销的同时，塑造良好的众泰汽车服务形象和服务品牌，提升众泰汽车品牌的美誉度，得到了消费者广泛赞誉，打造中国品牌，赢得一路好朋友。

通过健全服务流程、开展星级评定、持续进行技能培训、完善管理机制、实施"双向外出"服务等措施来打造五星级标准，提供"私人管家和定制式"贴心服务。

4. 体验式营销助推产品销量

众行中国，一路一带。2014年至2015年，众泰T600开启了以"众行中国"为主题的"再走丝绸之路""高原行""问茶之道"三次长途路测体验，开创了汽车品牌体验营销的创新模式，不仅成为众泰T600品质检测的一种拉练，更是通过"一路一带"，将车队一路的行进与不同区域的营销工作进行带动。而众泰T600在翻山越岭、长途奔袭中所体现出的卓越性能，也通过媒体和社会舆论的持续发酵，在消费人群中口口相传。

资料来源：http://www.cnautonews.com/xw/gdft/201509/t20150914_423816.htm

http://info.xcar.com.cn/201504/news_1788586_1.html

思考题：

1. 你认为众泰"口碑+体验式"品牌营销模式成功之处在哪里？

2. 众泰汽车实施"一机两翼"战略的启示有哪些？

案例2　吉利品牌战略转型

整个2014上半年，吉利汽车都处于主要产品升级周期及持续进行的营销系统改革之关键节点。7月底，吉利汽车研发的新帝豪上市，被市场人士视为重振吉利汽车销售的"杀手锏"。新帝豪不仅承担着提高吉利汽车销量的重任，还承担着更重要的任务——品牌整合。

一、品牌回归统一

早在 2014 年 4 月，吉利便发布了新的品牌构架：取消现有的吉利帝豪、吉利英伦和吉利全球鹰三个子品牌，将它们划入不同的产品线，所有新产品以吉利品牌系列面市，并悬挂统一的新标识。

这意味着在三个子品牌消失后，吉利会将已经打造许久的"GEELY"品牌作为未来公司的母品牌，并采用全新的品牌 LOGO。三个原有的品牌名称则转变为产品序列名称，重新布局品牌战略，新帝豪便是新品牌战略中的第一款产品。

车企过去往往会把体系下面的名字多线发展，即便奔驰这样的品牌，也在重新梳理自己的品牌体系和车型。在吉利汽车最新的理解里，品牌不在多少，而在于强不强，让消费者记住最重要。吉利从过去比较分散的品牌战略转变成一个拳头打出去，更能集中优势资源打造一个品牌。这种聚焦不仅仅在传播层面，在产品层面也可以真正做到打磨好单品，然后通过整合的渠道推送。

三个品牌的合并就像是此前张开的手掌变成握紧拳头出击，从前三个品牌三条战线的人员可以集中起来完成一件事，这对于企业的营销成本也是一种节约。

二、吉利汽车新品牌构架

1. 新 LOGO

新标识以帝豪 LOGO 为基础，融入了原有吉利 LOGO 的蓝色，所有新车包括改款车都将使用全新 LOGO。

2. 产品布局

吉利汽车将依托 KC、FE 以及和沃尔沃联合开发的中级车模块化架构为基础，开发和升级"KC、帝豪、远景、金刚、熊猫"等几大系列产品（分别对应从中型到微型车），根据市场需求，不同系列将拥有不同产品类型。而现有的吉利老平台都将逐步被淘汰，被新平台所取代。

3. 销售渠道整合

目前吉利汽车正在针对具体经销商的情况进行能力的优化，目标是建立一张最优质的经销商网络。在渠道规模上，通过对原有三个品牌网点的整合，吉利将会建立起 600 家全新的吉利品牌店面。

三、吉利汽车市场战略回顾

从以价格为主导、以产品为主导到以品牌为核心。

1. 入市：造老百姓买得起的好车

吉利汽车于 1997 年进入轿车制造领域，以"造老百姓买得起的好车"为品牌主张。

发展初期的主要特点：价格主导——吉利汽车进入汽车行业时，城市化进程加快，经济型轿车市场需求旺盛，价格居高不下。吉利汽车以成本导向为主要竞争策略，获取消费者认可，获得了发展机会。

2. 转型：注重产品品质

2007年5月，吉利汽车开始战略转型，从价格取胜战略转向技术领先战略，以海外收购和国际车展的宣传促进新品牌形象传播。

此时品牌发展的主要特点：产品主导——改变品牌主张，提升产品价格，垂直替换产品。

3. 品牌规划：多品牌战略

吉利汽车的多品牌战略始于2008年，吉利全球鹰、吉利帝豪、吉利英伦三大子品牌分别于2008年11月、2009年7月和2010年11月发布，销售公司随即成立品牌营销事业部，分别负责三大子品牌的规划与销售工作。

帝豪、全球鹰和英伦三个不同品牌的诉求、目标细分市场、覆盖的目标消费者都有所不同。吉利全球鹰定位为个性化产品，主打时尚、激情设计风格；吉利帝豪则追求豪华、稳健的设计思路；吉利英伦则定位为经典、英伦风，不同品牌的渠道终端相互独立。

4. 新帝豪破解多品牌困局

吉利汽车通过多品牌来占领不同的细分市场，扩大市场占有率。多品牌战略尽管可以帮助企业最大限度地占有市场，但也可能分散企业的资源，增大企业的经营风险。

首先，多品牌战略需要长期的巨大资金投入，其中包括技术研发、不同生产平台、不同品牌传播的投入等，需要企业付出更多的管理成本。其次，多品牌战略不利于集中精力创大品牌：各个品牌面对的都是单个细分市场，意味着很难拥有一款自己的高端车型，因此就很难真正提升自己的品牌，不利于品牌的集中创立。

作为吉利汽车品牌策略回归统一的代表作，2014年7月26日，新帝豪在济南正式上市，共推出两厢、三厢两种版本，2015款车型，售价6.98万~10.08万元。作为吉利旗下的主力车型，可以说老款的帝豪EC7是吉利旗下的一款明星车型，销量一直处于自主品牌紧凑型轿车的前列。此次上市的新帝豪不仅承接了吉利原有的三大子品牌中知名度最高的"帝豪"名称，也被赋予了冲刺销量的艰巨任务。

帝豪曾以五年60万辆、单月销量破两万的业绩促进了吉利的规模提升，如今作为肩负吉利战略转型重任的子品牌，新帝豪要重回两万辆俱乐部，破解自主品牌汽车面临的困局。

资料来源：http://www.vmarketing.cn/index.php? mod=news&ac=content&id=8412

思考题：

1. 吉利是如何实施品牌战略的？

2. 吉利品牌战略存在哪些问题？

案例 3　丰田的本土化战略

一、中长期战略出炉，丰田中国推进本土化经营

2012 年 3 月，丰田中国发布了"云动计划"，这是丰田中国首次根据中国市场特点自主制定的中长期发展规划。根据这一计划，丰田中国将围绕"环保技术、福祉车、商品、服务、事业、社会贡献活动"等六个关键点，加速在中国的事业步伐。同时，其还发布了代表油电混合动力技术潮流的"双擎"概念，这是丰田在丰田章男"中国最重要"的战略决策上，迈出本土化的重要一步，其本土化经营的决心可见一斑。

1. 三步走战略，节能新能源车上位

当前，节能减排是我国汽车工业最为迫切的需求，而混合动力是目前最具备量产条件的新能源技术，节能减排效果明显。丰田不仅是首个在中国市场推出混合动力量产车型的企业，也是中国市场混合动力车型最为丰富的企业之一。

"云动计划"在公布中长期事业发展规划时，明确将新能源车发展列为重点。目标是在 2012 年实现年销量超过 100 万的同时，为节能新能源车的普及打下基础，并计划在 2015 年实现搭载国产混合动力总成的混合动力车在一汽丰田、广汽丰田批量化国产。并最终确定以节能新能源车为主体的事业发展战略，实现节能新能源车型在丰田整体销售中占据 20% 的份额，与之相辅相成的是，丰田旗下将有更多的节能汽车进入中国。

2. 力推混动车，核心技术本土化

混合动力虽然是一项对环境有益的技术，但由于成本过高，汽车企业对此积极性普遍不足。一直以来，丰田始终是中国混合动力市场的主要推动者。2012 年 2 月 22 日第三代普锐斯在中国市场亲民上市，就被市场看作丰田中国力图拉动混合动力消费的努力。此次赋予混合动力以"双擎"这一极具中国特色的名字，表明丰田中国将加大引导消费者的宣传工作。在丰田中国的规划中，未来节能新能源车型将达到其总销量的 20%，这将极大地减少对环境的污染，而这一针对中国市场的类似战略在其他跨国车企那里还未看到。

除了积极推动混合动力发展外，混合动力技术的本土化也被丰田中国提到了非常重要的位置。2011 年 10 月落户江苏常熟的丰田汽车研发中心（中国）有限公司（TMEC），是丰田全球研发体系中最大规模的研发基地，它就承担着此项任务。

3. 多元化新车，重视中国用户需求

在新车型的推出方面，丰田中国也一改以往的稳健低调，表现出更加重视中国用户多元化需求的特点。无论是之前上市的第七代凯美瑞、雷克萨斯 CT200h、第三代普锐斯，还是即将上市的 86 跑车，都体现出丰田重视中国消费者、从中国消费者需求出发的本土化改变。另外，针对中国即将进入老龄化社会的发展趋势以及残障人士等行动不便的消费群体，丰田中国还将积极认真地推动福祉车在中国的发展。

二、"朗世"亮相：一汽丰田本土化新战略

经历过 2012 年持续的"本土化"表态后，丰田对中国市场的新姿态首先在合资公司一汽丰田的 2013 年规划中体现。

3 月 12 日，一汽丰田在上海发布了合资自主品牌战略，宣布合资自主品牌命名为"朗世"，并将在下个月的上海车展亮相首款车型——EV 纯电动概念车型。

与此同时，丰田 2013 年的战略车型，也是其在华首款跑车丰田 86 也在当日宣布由一汽丰田正式引入上市。

酝酿多年的一汽丰田合资自主品牌的发布，只是丰田拟定的加深本土化战略的一部分。作为一汽丰田车型本土化改造的开发平台，一汽丰田再次强调，由一汽和丰田合资的一汽丰田技术开发有限公司已在 2011 年年底成立。

此外，作为三大日系车企中最后在华发布合资自主品牌的成员，丰田在华的另一家合资公司广汽丰田 2012 年年内发布合资自主品牌。

跑车 86 的引入也被认为是丰田实践在华"年轻化"的重要努力。在丰田的本土化战略中，"年轻化"被列为首要关键词。同时，由丰田汽车公司社长丰田章男一手推进的这款"秋明山战车"在 29 年后的重生，也与其两年来不断强调的重塑品牌形象的"Re BORN"（重生）口号相符。

以丰田章男刚宣布的涉及中国管理层在内的大规模人事洗牌为背景，一汽丰田新车型和新品牌的发布，也使得丰田在华本土化战略的主观诚意和客观效果正式进入开考状态。

"经过多年的合作，一汽丰田发展合资自主品牌的时机已经成熟"，一汽丰田常务副总经理田聪明称，合资自主品牌"朗世"的英文为"RANZ"，寓意"开启明朗乐观的人生旅程及创造人性化的汽车世界"。

对于"横置菱形，内为镂空 N 字形"的 LOGO，一汽丰田的官方解释则充满了协作意味："N 代表了 New 和 Natural，预示着一汽集团与丰田公司全新的合作领域、满载希望的未来，以及绿色、环保的研发方向。"

一汽丰田强调，一汽丰田技术研发中心已在 2011 年 11 月升级为一汽丰田技术开发有限公司，由一汽集团与丰田公司合资成立。成立于 2008 年 8 月的技术研发中心最大的成绩是在 2010 年对花冠进行了本土化改进，使其月销量从 4 000 辆跃升为 10 000 辆。

新合资公司将迁出一汽丰田的天津厂区，坐落在天津经济技术开发区，建成后将初步形成产品设计开发、普通汽车试验、新能源汽车试验的能力。其目标被定位为三个层面，首先是满足中国消费者的多元化需求。其次，培育在中国本土研发整车及零部件的能力；同时，推动合资自主品牌的研发水平，最终目标是形成整车开发能力。

不过一汽丰田公关总监马春平表示，该公司目前仍将主要承担一汽丰田引入车型的本土化改造工作。

三、丰田应将在华本土化策略推向纵深

2013 年 3 月 6 日，丰田汽车总部高层经历了一轮大的人事变动，3 名执行副董事和

现任董事长张富士夫退休，内山田竹志被任命为新董事长。丰田总部的人事变动也波及中国市场。次日，丰田中国宣布从 4 月 1 日起对在华高管进行调整，其中丰田中国本部长大西弘致将接替北田真治，出任丰田中国总经理；广汽丰田总经理一职将由丰田常务小林一弘接替小椋邦彦；一汽丰田总经理柴川早人升任常务。

除了一汽丰田总经理"升职加薪"外，另两位总经理被撤换。这个新的人事任命到底要向外界传递什么？丰田章男在接受日本媒体采访时说，过去 4 年充满了各种挑战，"对于丰田来说，现在已经是时候将目光投向未来。"

这个"未来"的关键正是中国市场。虽然丰田章男先生宣称"中国市场最重要"，且诚意十足，但就目前的态势看，丰田在中国市场所要做出的调整还远远没有到位。

业内的评价是，除了日产之外，其他几家日系车企在中国市场发展的真正阻力，不是不确定的政治因素，也不是简单的产品力和销售力，而是本土化策略依然停留在表面。

通用和大众在华的"全价值链"本土化已经收获了成功。日产和现代起亚在经过多年的磨合后，一切以合资公司利益最大化成为企业发展的最高标准，从而形成了强大的合力，助推企业快速成长。

这其中，东风日产被业界公认是中外双方融合度最高的车企，企业制定的"基本法"实现了最大的开放度，对外呈现出源源不竭的活力，对内真正激发出了每一个员工的潜力。尽管丰田也开始在中国设立研发中心，并在丰田中国高管中出现了中方面孔，但就在华合资板块的运营机制看，还是相对封闭和保守的。

无论是广汽丰田还是一汽丰田，每一个重要岗位都设置中外双重管理制度，在中方更擅长的人才使用、渠道拓展，甚至销售政策上都必须经日方管理人员同意方能实施。近些年，由于丰田在华业绩不佳，日方管理人员加速收权，双方的不信任感开始恶化，甚至一度有剑拔弩张的轶闻在业界流转。由此，给企业带来严重的资源能耗，决策力和执行力都大打折扣。

所谓的本土化，不仅仅是在产品设计上迎合中国消费者的审美偏好，也不仅仅是加强中国市场的资源供给，更重要的是实现更多管理人员的本地化，在开放与融合中学会在什么地方收权，在什么地方授权，最大程度地尊重中方合作伙伴的意愿，实现合资公司的利益最大化。唯有此，丰田在中国市场才能真正展示出应有的实力。

早几年，在大众尚处于弱势，丰田车型供不应求的时候，丰田中国一位资深高管在饭桌上戏言，他退休后准备写一本书，题目是丰田是如何倒掉的。他说，丰田的大企业病已经到了非常严重的程度，沉疴难起。今天，在丰田频繁的人事调整背后，到底是人尽其用，还是新一轮派系斗争，我们不得而知。笔者所获悉的是，在丰田合资企业内部的日方管理人员中，谁是谁线上的人已经成为公开的秘密，日方管理人员尚且不能形成合力，企业的决策力真要画一个大大的问号。

值得注意的是，丰田此次高层人事调整还将首次聘任前美国通用汽车副总裁马克·赫根等 3 人担任独立外部董事。有消息称，这是丰田 76 年来首次向外部董事敞开大门。丰田章男说："我们坚信从外界汲取更多意见至关重要。"

对于中国市场而言，丰田章男真正要做的工作是，将本土化策略向纵深推进，而不是仅仅停留在表面上。

资料来源：http://auto.sohu.com/20120322/n338503479.shtml

http://auto.china.com/dongtai/yejie/11012724/20130318/17732015.html

http://auto.sohu.com/20130321/n369694843.shtml

http://news.xinhuanet.com/fortune/2013-03/14/c_124455993.htm

思考题：

1. 本土化战略的优缺点是什么？

2. 丰田在中国实行本土化战略具体表现在哪些方面？

案例 4　长城汽车坚持 SUV 战略

2016 年第一季度，长城汽车总计销售 205 723 辆新车，同比增长了 6.9%。其中哈弗 SUV 车型占据了主导地位，销量较去年同期上涨 9.6% 至 192 357 辆，依旧保持增速，单一车型哈弗 H6 占据了 60% 的销量份额，起到了决定性作用。对此，长城汽车董事长魏建军在接受采访时表示，哈弗 H6 要打造明星车型系列，并针对不同的细分市场，保持绝对的领先地位。

与此同时，长城依旧聚焦 SUV 战略，暂时不会考虑推出轿车产品。对此，长城汽车董事长魏建军表示："大家都在质疑，长城放弃轿车，聚焦到 SUV 上，是不是有很大风险？假如我们有更多的品类，比如轿车、SUV、MPV、商务车，那在竞争中将不占据任何优势。我们把全身心的精力、资源孤注一掷，用专注、专业、专家的态度，聚焦SUV 战略。"

一、关于品牌价值：品牌价值和高中低端品牌应该区别开来，产品创造不了利润的情况下，品牌就没有价值

魏建军：我认为品牌价值和高中低端品牌应该区别开来。在去年，英国品牌价值咨询公司 Brand Finance Plc 根据对品牌价值和品牌内容的考量发布《2015 年汽车品牌百强榜》。长城汽车再次入围榜单，品牌价值上升 15%，占据第 33 位，品牌等级从 A+上升到 AA，我一看我们后边的很多都是宾利之类的大品牌。评比机构怎么来的这个数字？为什么要把长城弄到那么靠前？后来我们才知道，如果一个品牌承载的产品在创造不了利润的情况下，品牌就没有价值，它只能说是高端品牌，但高端品牌并不代表价值；而大众产品并不代表没价值。

所以假如这次哈弗 H6 组合拳我们打出去，也是有预测、预算，直接考虑我们这种降价活动可能会带来什么样的损失，会带来什么样的市场占有率，从我们的战略上来进行评估，应该说我们要是认为能挣到钱的话，要有很好的赢利的话，它的价值是不会变的。我们也看到我们的手机行业，小米卖得很便宜，实际上它赢利也不错。

就如手机、PC 还有家电一样，汽车未来的竞争，就没有内资和外资之分，我看有很多报道对内资产生了压力，实际上我的看法，同样会给外资带来巨大的压力。所以

现在我们有跟外资竞争的资本了，我们经过多年的积累、聚焦培育我们企业的成熟度。也可以这样讲，因为我们是从 2003 年开始，十多年的时间我们打造了我们的市场，实际上现在，以前我们叫产业链，当然时髦的话也叫生态链。所以我认为，我们完全有能力与外资展开竞争。我们的降价这种组合拳的出击，也证明了我们自主品牌的能力。

二、关于中国品牌走出去：自己家门口都打不赢的战役，在别人家门口早就叫外资打垮了

魏建军：中国品牌走出去还需要时间，但是我想告诉大家，就是因为我们家门口有这么多的外资，你要不让外资感觉到非常难受，早就叫外资打垮了，你也走不出去。

我认为全球化是一个比较大的难题，光喊口号不行，最重要的是有实际行动。实际上长城在海外市场随着哈弗品牌在国内地位的巩固，它不断地在消费者当中得到认可。目前海外运营我们更多的是夯实基础，打造品牌价值，并结合当前国际形势，顺势而为。有些报道说长城退出俄罗斯，实际上是以哈弗品牌进行替换，未来哈弗在俄罗斯地区将更有战略性，俄罗斯工厂仍在建设中。

在代理商方面，哈弗注重顾客感受，打造哈弗品牌价值，对经销商选择、门店建设方面都有严格的管理体制。在俄罗斯、澳洲、南非、海湾等地区，我们有自己的哈弗子公司，并在当地打造标杆店、旗舰店，我们自己去运营；在南美，我们要求代理商必须是大经销商，有自己的门店，以此来保证顾客的消费体验。

再一个就是布局我们的研发，海外技术中心。两个目的，一个目的就是有些前沿的技术，一些概念性的工作，在海外能完成一些部分；再一个就是更加了解海外市场。包括欧洲，外国布的点目的都是不一样的。美国我们主要是吸纳人才技术，欧洲、日本也是。

三、关于哈弗 H6：我们要打造一个 Coupe 版的 H6 明星，哈弗 H6 多代并存，保证绝对市场地位

魏建军：哈弗 H6 有四五年的上市时间，总是站在销量第一这个位置上。我们要推出一个新一代产品，打造一个 Coupe 版的 H6 明星。昨天上午刚公布了哈弗 H6 Coupe（1.5T），定价是 122 800~142 800 元。我们用一个更高性价比的外观，具有轿车轿跑车风格的哈弗 H6 Coupe 外形，更符合年轻人新生代的这种造型，开创一个新的细分市场。虽然是 SUV 但也不完全相同。哈弗 H6 Coupe 要比 H6 在底盘上做了一些升级，比如轴距加长、电动转向等，让这款车更加智能，功能方面也提升很多。我们是想打造另一个像哈弗 H6 Coupe 的明星车型，它在技术含量、做工、配置、用材，包括性能方面，像 NVH、像驾驶的性能，高速的指向的精准性都有了质的变化。这个车的性价比都不错，我们对它有很大期待。

哈弗 H6 Coupe 的上市，是在我们的产品规划当中的，这款车还有柴油机版本，共有 2.0L 汽油、2.0L 柴油、手动挡、自动挡、1.5T 的手动挡、自动挡，这样一个规划。这个车从质量、性能这方面，远远超过外资的水平，它才卖 16 万元多，就是 2.0T，最高是 17 万元多，主卖的是 16 万元多。这个价位，而且是紧凑级的车，脱离了消费者对

哈弗认可的价格。所以在推出高动力版本后，我们过年之后开发完成了 1.5T 低动力版本。

我们的 H6 还是要保证绝对市场地位，升级版是 3 月份价格下调，运动版也跟着下来，这样的话就是我们的哈弗 H6 Coupe 占据了运动版的价位。H6 运动版和升级版价格下探之后，我们会把市场面扩大。

四、关于长城汽车服务：中国当下就缺的是信誉，就是诚信，长城的服务理念就是诚信

魏建军：长城汽车每天都要汇报关于产品售后服务、销售环节、售后环境 3 个环节的内容，而所谓的 CRM 系统，也是我们自己在做。现在很多机构的评价，多少会被经销商买通，给自己投票，这非常难控制，所以我们自己去做这个工作。在长城，有专门的负责人，我们认为这些人的工作质量比外面很多机构都要高，而且我们的调查样本比这些机构多，整个管理都是我们自己在做。2015 年的奖项，我们获得了一个哈弗 H6 保值能力第一，一个售后满意度第一，一个经销商满意度第一。

王凤英：实际上我们这几年在为客户提供服务上做了很多工作，现在我们主要的想法就是推出哈弗的精细服务工程，这个工程以日式服务为蓝本来进行哈弗的服务标准的创新，也推动了几届决胜终端来推行这一工作。目前，我们看到最主要的成果，就是哈弗在诚信方面的表现是明显高于其他品牌的。我们对经销商管控建立了非常规范的诚信经营体系，从表现来看，经销商在诚信经营、诚信服务上的表现可以说得到了顾客很高的满意度，这是我们认为非常显著的成果。

另外，在经销商为顾客提供更专业服务、更高质量、更高水平的服务上，我们认为也已经有了很显著的成果，这在客户满意度测量和调查当中，有连续关于经销商对客户提供专业服务，服务提升的连续指标也是非常明显的，三年之内上升了大约 20% 的专业水平满意度指标的维度指数。哈弗接下来将推出更加有品位的服务，让顾客更加惊喜的服务，我们在这方面会做比较多的工作，我们感觉经销商现在心态都很积极，响应度也非常高。我们认为在经销商的服务理念上最大的收获是在服务理念上做到了非常大的改变，或者说我们认为哈弗这个品牌的服务理念实现了我们最初设想的理念创新，我觉得在这点上理念和服务水平、诚心经营的规范性上是显著的，这是高于其他品牌的。

魏建军：实际上汽车服务承载的核心价值就是信誉，就是诚信。去日本购物的消费者，都是初次去的，经常去日本的都是愿意在那个环境里边体验，因为你到那就没有说不放心的时候。中国当下就缺的是信誉，就是诚信，长城的服务理念目标是诚信，所以你的核心价值就是我们怎么着对客户负责，一定要给他惊喜满意。

五、关于聚焦哈弗：孤注一掷，把所有精力集中在一个方向，一定会占绝对优势！

魏建军：在五六年前，长城汽车率先进入 SUV 这个品类市场，大家都在质疑，长城放弃轿车，聚焦到 SUV 上，是不是有很大风险？刚才大家说到 SUV 市场从蓝海变成红海，假如我们有更多的品类，比如轿车、SUV、MPV、商务车，那我们在红海这一轮

竞争当中会什么都留不下。我们把全身心的精力、资源孤注一掷，用专注、专业、专家的态度，用聚焦战略和聚焦理论，来指导我们的发展。

我认为在未来的竞争当中，我们一定会占有绝对性的优势。目前一些报道哈弗 H6 升级版的动作，说价格战的行为，实际上这不需要惊讶，肯定要经过这样一个过程。

现在，我们经过聚焦、大力的投入、全方位的专注 SUV 这一品类，我们产品的性能、外观设计、舒适型、安全性、可靠性，包括节能环保，都不输给外资，可以说外资里面大部分 SUV 也是良莠不齐。我们也拿到了不少数据，除了外观、舒适、NVH、燃油经济性，这些消费者能直接感受到的，其他最重要的数据就是耐久可靠性，就长城汽车现在的可靠性 PPM 值，我们与外资而且是著名外资车企都是持平的，而一般的外资比我们要差很多。

长城做事肯定是比较稳健的，不是那种恶性竞争，一定是在保证持续增长，而且是获得比较好收益的情况下做出的决策。可能大家认为红海来得早一点，我认为长城汽车目前这种质量，代表自主品牌与外资竞争，已经具备了这个能力，如果市场进一步下探，长城汽车还将继续挑战，我们有这方面的能力。

大家看到这两年上市了很多 SUV，但不是推出一款车就代表完成了 SUV 的战略，SUV 需要一个高质量的生态链支撑。曾经有媒体人表扬长城在营销网络方面的执行力，这是经销商对长城的满意度评价，属于长城对经销商管控能力方面。实际上，我们在自主配套方面，也比外资或一些内资有着显著的优势，应该说，长城汽车在整个生态质量方面都要好很多，我认为市场对于这方面会重视。做家电的时候有很多家电，做电脑的时候有很多电脑，做手机的时候也有很多，这都是很正常的事。手机过几年是不是 iphone 还在？这个我认为中国人不见得在这方面输给谁，这是很难预料的。

资料来源：http://info.xcar.com.cn/201604/news_1926095_1.html？zoneclick=101229

思考题：

1. 如何理解品牌战略？
2. 长城汽车如何实施品牌战略？

案例 5　上海汽车迈向全球化

上海汽车集团股份有限公司（以下简称"上汽集团"）是中国历史最悠久、规模最大的汽车生产厂商之一。该集团在中国共有 50 家工厂，生产小轿车、拖拉机、摩托车、卡车、巴士以及汽车零件等（批发与零售），其业务还涉及汽车租赁与融资租赁。上汽集团曾与通用汽车、德国大众公司成功合作，为不断成长的中国汽车市场生产通用汽车和大众汽车；其在 20 世纪 90 年代与 21 世纪初的销售主要来自这些合资企业。事实上，在中国任何大城市都可以发现通用汽车（如通用别克车）以及大众汽车很受欢迎，然而，有些分析认为通用与大众可能太多依赖上汽集团。

上汽集团还持有韩国汽车制造商双龙公司约 51% 的股份，并拥有 Rover25 和 Rover75 车型 K 系列引擎的知识产权。上汽集团从 2007 年开始生产 Rover7（根据中国市场重新设计）。

上汽集团从合作经历中收获颇丰，并拥有许可转让的技术，因而决定生产和促销自有品牌的汽车。中国政府也在强调中国公司发展部分自有品牌的重要性，因为外国品牌占据了大部分中国市场。另外，企业要成为能成功地在全球市场竞争的公司需要拥有自有品牌。在这方面，中国企业的高层管理者喜欢用"自主品牌"这个词来表示自己拥有的品牌。"自主"的意思实际上就是做自己的主人。2007年，上汽集团开始在中国市场上出售自有品牌的汽车荣威（Roewe）。

上汽集团目前是中国排名第三位的汽车公司，它的目标是进入汽车行业的全球前十。为此它树立的目标是在美国汽车市场上进行有效竞争，因为美国市场是世界上最大的汽车市场。上汽集团聘用了通用中国公司前任主席菲利普·墨菲来领导它的上海分公司。

这个目标对上汽集团来说是一个巨大的挑战，因为所有知名汽车制造商都在美国市场展开竞争。现代集团试图加强其在美国市场竞争力的时候也面临这样的挑战，尽管与竞争对手相比现代在相应款型汽车上具有更好的质量和更低的价格，但它并没有在美国夺取到其所期望的市场份额。虽然现在在美国市场的相对排名比2005年略有提高，它的市场份额仍只维持在不到3%。

中国的汽车制造商总体上极少出口，出口到美国的就更是寥寥无几。虽然美国汽车制造商所占的市场份额在过去几年中有所降低，但市场份额大多数被日本汽车制造商夺取，特别是丰田汽车公司。中国汽车出口量在2007年预期达到500 000辆，但主要目标是南美、东南亚和东欧市场。当然，分析师预测中国汽车制造商将会在包括美国在内的国际市场上获得成功，上汽集团很可能是其中的先驱之一。

资料来源：王方华，吕巍. 战略管理 [M]. 2版. 北京：机械工业出版社，2012.

思考题：

1. 企业全球化发展将面临哪些挑战？
2. 上汽集团全球化发展应高度关注哪些问题？

案例6 奇瑞的战略转型

曾经做过10年自主老大的奇瑞，自从走下"神坛"之后，可以说是历尽坎坷，一直在寻求着突破之道。而奇瑞汽车的逆袭，也表明自主阵营正在逐渐走出困境。

统计数据显示，2014年奇瑞集团汽车累计销量达494 824辆，其中，狭义乘用车销量为460 504辆，在国内乘用车企业中排在第13位，在自主品牌企业中位列第三位，较2013年的排名上升了一位。

在2014年总销量（乘用车）中，奇瑞的国内销量为357 585辆，同比增长15.9%，高于2014年国内乘用车整体9.89%的增长率。与此同时，在自主份额遭遇十二连降的境况下，只有长安汽车和奇瑞汽车等少数车企逆势增长，奇瑞更是从2014年3月份开始，实现连续9个月的同比和环比的正增长，这也使得奇瑞去年的增速，大大高于自主品牌乘用车 4.1% 的同比增长率。

　　这样的表现对于奇瑞来说，尤为不易。要知道，曾经做过 10 年自主品牌老大的奇瑞，自从走下"神坛"之后，可以说是历尽坎坷，一直在寻求突破之道。而从 2013 年实施回归"一个奇瑞"品牌战略以来，奇瑞更是进入了转型阵痛期，尹同跃当时放言："宁可销量排名跌出前十，也要完成奇瑞的战略转型。"悲壮之中也表明，奇瑞人已经做好了沦于寂寞后再图雄起的思想准备。

　　在此之后，奇瑞的 iAuto 核心技术平台亮相，四大产品体系架构和命名公布，营销体系整合，奇瑞开始了一系列的改变。与此同步进行的是产品谱系的变革，从 2013 年 7 月首款正向研发体系下的战略车型艾瑞泽 7 上市，到新体系下首款 SUV 车型瑞虎 5 上市，再到 2014 年 11 月艾瑞泽 3 发布，产品阵营渐成规模。

　　具体到车型销量方面，借势 SUV 市场持续不退的极高热度，以及旗下产品在设计、配置、性能等方面的优势，瑞虎 3 和瑞虎 5 两款 SUV 取得了很好的市场表现，成为奇瑞汽车销量最重要的来源。其中，连续月销破万的瑞虎 3，去年累计销量达到 107 319 辆，同比增长高达 37.2%。值得一提的是，瑞虎 3 不但入驻全部 SUV 销量排行榜 TOP10 榜单，而且其去年全年的累计销量，在小型 SUV 细分市场高居头牌。

　　基于全新设计研发体系打造的瑞虎 5，市场业绩同样出色。就在去年 12 月，瑞虎 5 的月销量突破万辆大关，12 460 辆的销量，环比增长 39.1%，在全部 SUV 车型销量排行中位居第 13 名。2014 年，瑞虎 5 的累计销量已达 95 750 辆，成为奇瑞汽车销量构成中新的增长点。

　　与 SUV 产品的高速增长有所区别的是，奇瑞的轿车产品仍处于品牌调整后的爬坡期。其中，旨在提升品牌形象的艾瑞泽 7，虽然销量绝对数不是很高，但全年销量出现了 95.4% 的增长率，还是有着可提升的空间。而去年底推出的艾瑞泽 3，12 月的销量环比上升了 212.5%，这在很大程度上说明，艾瑞泽 3 的产品力，以及经过节能补贴后不足 5 万元的"够真 够朋友"的价格，所形成的颇具竞争力的性价比优势，正在逐步得到消费市场更大范围的认可。

　　作为微车市场的老将，同时也是奇瑞"一个品牌"构架中的重要组成，QQ 去年拿到了超过 6 万辆的定单，在细分市场中也算得上是一个不错的表现。不过，随着国内汽车消费的升级，微型车市场整体呈现萎缩状态，奇瑞 QQ 的销量出现下滑并不意外。好在微车市场的消费群体在流向小型车市场之后，奇瑞 E3 倒是成了受益者之一。去年，奇瑞 E3 全年销量达到了 67 143 辆，出现了惊人的 130.5% 的增长率。当然，这固然与整体市场形势的变化有关，但也与奇瑞 E3 在设计、配置以及性价比等方面的表现，得到市场的肯定有着直接的关系。

　　奇瑞汽车在 2014 年的逆袭，应该是其战略转型起效的一种必然反应，也在很大程度上表明了自主品牌阵营正在逐渐走出困境。在这个过程中，奇瑞汽车除了收获销量的增长外，在产品品质以及结构优化，渠道整合力以及营销创新，售后服务水平等各个层面上，也都获得了显著改善和提升，可以说目前的奇瑞已经踏上了后转型期的上升通道。而诸如长安汽车、吉利汽车、比亚迪汽车和长城汽车等主流自主车企，也在各方面有着令人欣喜的进步与提升。

产品方面，在汽车之家前不久发布的《2014年整车质量报告》中，奇瑞战略转型后新体系下的艾瑞泽、瑞虎系列产品的质量，名列自主品牌榜首。其中瑞虎3的质量成绩位列细分市场自主品牌第1名，全品牌（含合资）小型SUV第2名；瑞虎5的质量成绩位列自主品牌紧凑型SUV产品第1名，全品牌第4名；艾瑞泽7的质量成绩位列自主紧凑型车型第1名。这样的表现，也足以令不少的合资品牌产品汗颜。事实上，不只奇瑞汽车在产品力方面有着明显的提升，其他一些自主车企的表现也可圈可点。比如长安汽车，作为目前自主品牌的领军者，多年以来注重自主研发，构建了"五国九地"的研发格局。这种研发格局为其产品形象的改变以及竞争能力的提高，打下了坚实的基础。长安汽车旗下的逸动、CS35、CS75等主力车型，也都成为整个车市令人关注的明星车型。

在营销层面，自主车企整体上，也已经或正在脱离着之前为追求销量而简单粗暴的手法，与真正意义上的营销的距离正在缩短。比如长安汽车搞得有声有色的"逸动城市任务"，比亚迪汽车对于科技形象的强化，以及长城汽车对SUV市场的深度开发等，都取得了较好的效果。至于奇瑞，转型后，坚持"一切以用户需求为核心"，目前已经形成一套环节完整的销售管理体系，奇瑞汽车的用户满意度因此得以显著提升。在最新的J. D. Power销售满意度（SSI）排名中，奇瑞连续第三年居中国自主品牌第1名，全行业第9名。售后服务满意度（CSI）同样位于自主品牌第1名，行业第6名。

应该说，奇瑞汽车过去一年的表现，代表了自主品牌整体向好的趋势，虽然相对于合资品牌来说，自主品牌的整体竞争力、市场份额还有待于通过多方面的努力，加以进一步的强化，但毕竟已经看到了令人可喜的提高。比如奇瑞的单车售出均价，就已经从2013年的5万元，提升到2014年超过8万元的水平；消费群体在稳固三四线城市的基础上，不断向一二线城市扩展，并且"80后""90后"购车人群比重增加。这些数据，说明包括奇瑞在内的自主品牌，不仅在整体销量上有所提升，产品结构、营销质量也在同步得到优化和提高，而这也让人们对自主品牌的未来，充满了更大的期待。

资料来源：http://www.autohome.com.cn/dealer/201503/25757664.html

思考题：

1. 奇瑞汽车战略转型成功的关键是什么？
2. 奇瑞汽车战略转型的启示有哪些？

案例7　比亚迪的发展战略

比亚迪股份有限公司创立于1995年，是一家拥有IT和汽车两大产业群的高新技术民营企业，业务遍及美国、欧洲、日本、韩国、印度等地。2002年7月31日，比亚迪在中国香港主板发行上市（股票代码：1211. HK）。

2003年，比亚迪从电池产业开始投身汽车产业，并以连续5年超百分之百的速度快速成长，快速成长为新锐民族自主汽车品牌，在整车制造、模具研发、车型开发等方面达到国际领先水平。2010 年，美国《商业周刊》评选出全球"最具创新力企业 50 强"，比亚迪名列世界第八位，中国第一位；全球"科技 100 强"中比亚迪名列第一位。它还被评为国家高新技术企业，获得专利授权 2 362 件。这一系列的数字都代表着比亚迪在短短十年间取得的成就，而这些都源自比亚迪老总王传福的变革理念。

一、从"电池大亨"进军汽车产业

比亚迪创立之初是一个做电池的厂家，专门制造锂离子电池和镍电池，主要客户为诺基亚、摩托罗拉、三星等国际通信业顶端客户群体。王传福表示："当时锂离子电池市场是供不应求的，我们仅靠锂离子电池一项创新，每年就能给公司带来近 10 亿元的纯利润。"他一直奉行"技术是比亚迪迅速发展壮大的根本"这条准则。比亚迪认识到技术的获得不仅靠自己的研发，还要站在巨人的肩膀上，在不侵犯别人知识产权的前提下奉行拿来主义——吸收、改良、创新。到 1997 年，比亚迪已经从一个名不见经传的小企业，成长为一个年销售近亿元的中型企业。3 年间，比亚迪每年都能达到百分之百的增长率。

1997 年，金融风暴席卷了东南亚，全球电池产品价格暴跌 20%～40%，日系厂商处于亏损边缘，但比亚迪的低成本优势越发地凸现。飞利浦、松下、索尼甚至通用也先后向比亚迪发出了大额订单。在镍镉电池市场，比亚迪只用了 3 年时间，便抢占了全球近 40% 的市场份额，比亚迪当之无愧成为镍镉电池领头羊。2003 年比亚迪的镍镉电池产量达到世界第一。

就在同年，全无汽车生产经验的比亚迪以 2.96 亿元收购秦川汽车 77% 的股权，成立了比亚迪汽车有限公司，随后又在西安高新技术产业开发区征地 100 万平方米，修建新厂房，建造西安生产基地。比亚迪正式宣布从"电池大王"进军汽车产业。可以说，比亚迪已经有能力在电池行业立足了，但是为什么还要选择进入汽车产业？这就是王传福的冒险精神和变革精神，然而随后的事实证明，他的这一决定和当初做镍镉电池一样，是完全正确的。

二、金融危机中的产品创新和扩张战略

2008 年金融海啸席卷全球，美国三大汽车巨头深陷危机泥潭，车市面临结构调整、产业升级。然而比亚迪 2009 年上半年的统计数据显示，比亚迪完成汽车销售量 176 795 辆，同比增长 176%。这些成绩都得益于比亚迪多年的经营积累、研发积累和逆市的扩张战略。

在技术和产品方面，比亚迪一直坚持"技术为王、创新为本"的理念，对研发大力投入。2008 年 9 月，在三年没有新产品上市的微型轿车市场，比亚迪率先打破沉默，推出了比亚迪 F0，这对于受到金融危机摧残的汽车产业来讲实属冒险。F0 以时尚、精品、低价著称。从月度销量要突破 8 000 辆到一年内不降价；从制定比 QQ 还低的最低价格到公开宣称单车利润只有 1 000 元，比亚迪 F0 高调出场让微型轿车的领头羊奇瑞 QQ、长安奔奔、长城精灵等措手不及，都大幅度降价来抢占市场。同时 F0 的上市也预示着自主品牌结构裂变、与合资品牌再次决斗的起点。面对两三年没有微型轿车新品

上市的尴尬局面，比亚迪成为"急先锋"，拉开了自主品牌结构性变革的序幕。

在战略方面，比亚迪在2008—2009年采取了扩展战略，进行了连续的收购。2008年10月，比亚迪以将近2亿元收购了宁波中纬6英寸半导体公司，成立"比亚迪半导体有限公司"，其目的就是打造电子产业平台。2009年7月，斥资6 000万元收购了湖南美的三湘客车，而且在西安建设了一个新工厂，用以生产汽车和相关零部件。通过这两个动作，比亚迪产能达到120万辆。

三、汽车产业变革的先驱

比亚迪董事长王传福在2008年中国汽车产业发展国际论坛上发言表示：汽车产业将迎来新的革命，新能源汽车特别是电动车是一个变革，新能源汽车的变革应该体现在以下几个方面：能量转换系统的变革、传统动力系统的变革，电动汽车辅助零部件的变革，还有电动汽车加速变革、汽车智能化的变革。

2008年12月，首款不依赖专业充电站的新能源汽车——比亚迪F0DM双模电动车正式上市。该车的上市，将是对传统燃油汽车的根本颠覆。F0MD双模电动车搭载了全球首创的DM双模混合动力系统，其用电动成本约为使用燃油的1/4。比亚迪F0DM双模电动车的上市，是中国力量第一次在世界汽车技术领域扮演领跑角色，这也意味着比亚迪正大力发展新能源汽车，争做汽车产业变革的先驱。

2009年6月，比亚迪又推出了一款纯电动车——E6，这款电动车使用了很多智能手段，包括刹车系统、车载电话以及各种智能控制。E6的推出又让比亚迪走在了汽车产业变革的前列。业内人士普遍认为，未来10～20年是全球节能和新能源汽车产业格局形成的关键时期。而比亚迪的上述动作使得中国汽车产业逐渐缩小了与汽车发达国家的差距，并最终在新能源汽车的研发与产业化上走在了世界的前列。

资料来源：黄旭. 战略管理——思维与要径［M］. 北京：机械工业出版社，2013.

思考题：

1. 比亚迪进行战略变革的驱动因素是什么？
2. 如何促进比亚迪成功进行战略变革？

案例8　上海大众营销战略

上海大众汽车有限公司成立于1985年3月，是中国改革开放后最早的轿车合资企业，中德双方投资比例各为50%。上海大众总部位于上海安亭国际汽车城，已形成了上海安亭和南京两大生产基地，包括四个整车生产厂、一个发动机厂、一个技术开发中心和一个模具中心的布局，是国内规模最大的现代化轿车生产商之一。

上海大众致力于提供适应中国顾客需求并符合国际标准的汽车，以安全、优质、节能、环保的产品和卓越的服务，提高消费者的生活品质，本着回报社会、造福社会的理念，广泛地参与社会公共事务，科学、教育、文化、卫生及各种社会公益事业。基于大众、斯柯达两大品牌，公司目前拥有十大系列产品，覆盖A0级、A级、B级、

SUV 等不同细分市场。2009 年，上海大众实现全年零售 72.9 万辆、批售 72.8 万辆的业绩，成为 2009 年度中国轿车销量冠军。

上海大众拥有功能完善、具备国际领先水平的技术开发中心及国内第一家为轿车的开发试验而建造的专业试验场，随着 PASSAT 新领驭和 LAVIDA（朗逸）等车型的推出，上海大众的自主开发水平正逐步显现，相关开发工作正逐步纳入大众汽车集团全球开发体系。

随着人们生活水平的不断提高，体育等休闲娱乐活动日渐成为人们生活不可或缺的组成部分，因此，将体育活动中所体现的文化融入企业的产品和品牌，实现体育文化、品牌文化和营销文化三者之间的融合，以引起消费者共鸣，越来越成为企业获取竞争优势的一大法宝。2010 年 6 月的南非无疑是全世界的焦点。对于世界杯这样的体育盛事，热血沸腾的不但有媒体和球迷，更有无数规模与实力不一的企业。他们怀揣同样的梦想，希望能搭上世界杯的顺风车。相关统计资料显示，一个企业想在世界范围内提高自己的品牌认知度，每提高 1%，就需要 2 000 万美元的广告费，但借助大型的体育比赛，这种认知度可提高 10%。然而，真正借一场大型赛事而一举扬名的企业却为数不多，其成功概率可以参考奥运会。据悉，赞助亚特兰大奥运会的企业中，大约只有 25% 的企业得到回报，有些企业只得到一些短期效益，有些企业甚至败走麦城，成功的汽车企业更是屈指可数。作为 2008 年北京奥运合作伙伴之一的上海大众汽车有限公司则是一个经典案例。

一、借奥运华丽转身

不知是巧合，还是共识，上海大众汽车"追求卓越，永争第一"的企业文化理念，从一开始就与"更高、更快、更强"的奥运精神不谋而合。当"共享奥运情，一路卓越心"的主题有机地把奥运精神、企业理念和消费者愿景三者整合在一起以后，一个"为大众提供卓越品质与服务"的汽车企业形象肃然而立。北京奥运会让上海大众汽车完成了从"产品生产型"企业到"营销服务型"企业的华丽转身，从而加强了与顾客的关系，增加了顾客对企业的信任。奥运结束后，权威网络统计数据显示，大众汽车口碑加权指数是 73.99，在众多合作企业中排在了第六位，由此可以看出，大众汽车通过奥运营销赢得了口碑。

二、领跑者+集大成者+长跑者

事实上，若细探上海大众汽车的体育营销历程，不难发现"奥运权益"只是上海大众汽车多年来实施体育营销战略的一部分。像多数汽车企业一样，上海大众最关注的赛事主要有三大类：一是竞技性体育大赛，比如全运会、洲际杯、世界杯、奥运会等，以全面提升企业品牌的社会地位；二是汽车竞技类赛事，如 F1 大赛、拉力赛、房车赛等，以展示品牌的技术实力；三是高档休闲运动赛事，如高尔夫、网球等，以体现品牌的文化内涵。

早在 20 世纪 90 年代，上海大众汽车就开启了中国企业体育营销的先河，它斥资聘请了德国人施拉普纳担任中国足球队的首位洋教练，向国人灌输"豹子精神"的拼搏理念，并在此后多年始终支持中国国家足球队的建设。

营销专家李锦魁表示，体育营销活动一定要有先见之明，必须连续做、长期做，才能成为品牌的有效资产，一次两次的赞助或者冠名无法取得预期效果。而如何契合品牌特质进行体育营销活动，这是厂家在赞助、参与体育赛事前需要解决的一大问题。当赛车运动在中国还处于摇篮期时，上海大众就冠名成立了中国最早的厂商车队——上海大众333车队，利用赛车运动这一平台，将活力四射、积极向上的品牌内涵传递给更多消费者。以POLO和Fabia（晶锐）为例，通过在房车赛、拉力赛上赢得的不凡成绩，其积极进取、勇往直前、性能卓越的品牌形象很快得以深入人心。

三、演绎体育文化和品牌理念

如果企业能够寻找到品牌与体育文化的结合点，将体育所蕴含的文化因素与品牌核心理念联系在一起，从品牌内涵中寻找与体育运动相通的地方，那么，就可以说是找到了操作体育营销的关键。"点对点"的营销活动，可以达到事半功倍的品牌推广效果。如帕萨特高尔夫精英赛，就是通过高尔夫运动高雅、浓郁的文化气息和富有挑战性的特点，来诠释帕萨特"成就明天"的品牌内涵，让每一位用户马上就能联想到与众不同的尊贵感受。

上海大众斯柯达品牌进入中国，秉承了品牌与自行车的百年渊源，在2007年成为了"中国国家自行车队主赞助商"和"中国自行车运动协会战略合作伙伴"，并连续多年为亚洲顶级的"环青海湖国际公路自行车赛"提供赞助。通过自行车运动这个平台，自然地把科技、人文、环保、速度与斯柯达"睿智、魅力、奉献"的品牌理念融为一体，迅速扩大了品牌的知名度和美誉度。

只有当体育活动中体现的文化融入企业的产品和品牌，实现体育文化、品牌文化与营销文化三者的融合，才能引起消费者的共鸣，在公众心目中形成偏好，才能成为企业的一种长期的竞争优势。因此，促进相关的品牌文化和内涵的结合，已成为厂商赞助体育赛事的基础，更是企业品牌成功推广的一大关键。

资料来源：http://auto.sina.com.cn/news/2010-06-11/1647612803.shtml

思考题：

1. 上海大众采用"体育营销"战略的理由是什么？
2. "体育营销"战略成功的关键是什么？

案例9 江淮汽车发展战略

江淮汽车公司近日发布公告称，公司制定了全新的新能源汽车业务发展战略。根据这一战略的部署，到2025年，新能源汽车总产销量将占江淮汽车总产销量的30%以上，形成节能汽车、新能源汽车、智能网联汽车共同发展的新格局。

江淮汽车一直是我国新能源汽车产业的先行者和深耕者，早在2001年就启动了新能源汽车产业化的探索，目前已经迭代开发出五代纯电动轿车产品。代表国内电动轿车最高研发水准的第五代纯电动轿车——IEV5，自今年一季度投放市场以来就一直呈现供不应求的热销状态。

作为国内新能源汽车行业的领军企业，江淮汽车全新发布的新能源汽车发展战略，在很大程度体现着未来国内新能源汽车产业的发展趋势，在汽车行业乃至资本市场上引起了广泛的关注。

一、为什么是"30%"
——看上去略显保守的目标背后，体现的是江淮汽车对质量效益型发展导向的坚守

在国家大力支持新能源汽车加快发展的背景下，近期，国内各大汽车厂商都提出了雄心勃勃的新能源汽车发展规划，多数厂商设定的目标都是到 2020 年实现 20 万～30 万辆的目标。江淮汽车此次发布的战略目标是，到 2025 年，在公司总体产销目标中，新能源汽车占 30% 以上的比重，如果江汽 2025 年产销 100 万辆，那么新能源汽车将达 30 万辆以上。

作为目前在新能源汽车研发和产业化方面处于行业领先地位的企业，为什么确立了这一略显保守的发展目标？

工业和信息化部工业装备司在解读《中国制造 2025》时提出：2020 年，自主品牌纯电动和插电式新能源汽车年销量突破 100 万辆，在国内市场占 70% 以上；到 2025 年，与国际先进水平同步的新能源汽车年销量 300 万辆，在国内市场占 80% 以上。如果这一目标能顺利实现，那么到 2025 年，中国自主品牌新能源汽车的销量将占总销量的 10%～15%，届时江淮汽车在国内新能源汽车上的占有率将达到 10% 左右。作为单一企业来说，这一占有率指标已经不算低，并且与中国新能源汽车产业总体的发展进度相适应。

"目标的设定一定要务实，特别是对目前仍然处于举步维艰阶段的新能源汽车产业来说。"江淮汽车内部人士坦言，新能源汽车仍处于市场导入期，制定发展目标一定不能有"画饼充饥"的心态，而应当聚焦有限目标，在技术创新、产品创新、商业模式创新上找出切实可行的路径，让新能源汽车这一战略性业务，能为企业创造实实在在的口碑和效益，进而逐步成长为为公司抢占未来发展制高点的主导业务。

江淮汽车在新能源业务发展上，已经积累了良好的市场基础，也积淀了独特的技术优势。其自主研发的 IEV5 纯电动轿车自投放市场以来，直接拉动了公司新能源业务的快速成长，6 月份江淮电动汽车销售首度突破 1 000 台，达到 1 015 台，上半年销量突破了 2 600 台，全年有望超过 8 000 台。

正如相关券商研究报告所言，如果生产环节上电池供给瓶颈能在短期内打破，再加上充电设施加速普及，江淮汽车的新能源业务很快就会进入快速放量阶段。为什么这么说？首先，江淮汽车坚持迭代研发，按照"上市一批，开发一批，储备一批"的节奏，公司有能力同时向市场投放多款新能源车型，抢占各个细分市场。其次，江淮汽车坚持乘商并举的新能源发展战略，这是国内其他汽车厂商无法比拟的竞争优势。随着国内城市轻型商用车使用新能源汽车步伐加快，江淮汽车有望在这一市场捷足先登，抢占更大的市场份额。

新能源汽车的放量增长，也为江淮汽车培育了新的盈利增长点。据了解，目前国家对新能源汽车的财政补贴到位非常及时，在这一政策支持下，江淮汽车近期修改了会计准则，将新能源汽车政府补贴收入计入车辆销售的当期损益。这一权责发生制的会计准则，将能够更加真实地反映江淮汽车的实际盈利情况，也充分化解了当期业绩与新能源推广的矛盾，标志着江淮汽车新能源汽车由初期小批量推广试点阶段进入商品化、规模化推广阶段，新能源业务由培育性板块逐渐转向战略性板块。

只有产生效益，新能源业务的发展才是可持续的。显然，江淮汽车并不高调的新能源战略目标背后，更深刻地体现了公司对质量效益型发展道路的坚守。

二、为什么以纯电动为基本技术路线？
——与国家新能源汽车战略取向相符，有利于扩大技术领先优势

在新能源汽车的技术路线上，行业内一直存在争议。很多汽车企业从现状出发，将业务重点偏向于插电式混合动力路线，并将之作为缓解"里程忧虑"的最佳方案。

江淮汽车在公告中明确宣称，将以持续构筑领先的纯电驱动技术优势为基础，重点发展纯电动和插电式混合动力两大技术平台。

首先，纯电动技术路线，与国家发展新能源汽车的战略导向和政策取向高度契合。汽车产业本身具有大规模效应与产业关联带动作用，是战略必争产业。面对日益加大的能源与环境双重压力，汽车产业作为能源消耗大户、环境污染排放的重要来源之一，肩负着节约能源、保护环境等重要责任。基于中国汽车产业发展国情和世界各大国家发展的经验，国家 2012 年明确汽车产业传电驱动战略导向，也就是确定了电动汽车是中国汽车业转型的主导方向，以规避传统燃料汽车与传统混合动力汽车在技术与产业上的不足。前不久，国务院发布的《中国制造 2025》中，更加明确提出"支持电动汽车、燃料电池汽车发展"。江淮汽车坚持走纯电动的基本技术路线，并不断向市场投放纯电动产品，对纯电动汽车技术水平的整体进步以及市场环境的优化都会发挥积极的推动作用。

其次，江淮汽车已经在纯电动技术上积累了核心竞争优势。早在 2002 年，江淮汽车就开始研发铅酸电池版的电动中巴车，安凯客车随后也向市场投放了搭载铅酸电池的第一代纯电城市客车。2009 年，江淮汽车明确提出以"纯电驱动"为主攻方向，并与国内各大高校建立了产学研联盟，初步构建起电动车的核心研发团队。江淮汽车通过广泛集聚创新资源，迅速在纯电动汽车的关键技术领域获得突破，在同悦轿车平台上研制出第一代纯电动轿车，在小批量投放的基础上，不断完善技术和产品，探索出"迭代研发"的开发模型。直到第 5 代纯电动车采用完全正向开发模式，体现了国内电动轿车研发的最新技术水准。

最后，江淮汽车提出打造纯电动和插电式混合动力两大技术平台，这也是顺应节能减排这一汽车产业转型升级大趋势做出的务实选择。国家已经明确提出要求，"到 2020 年，乘用车（含新能源乘用车）新车整体油耗降至 5L/100km，2025 年，降至 4L/100km 左右；到 2020 年，商用车新车油耗要接近国际先进水平，到 2025 年达到国际先进水平。"为适应这一发展目标，江淮汽车已经明确提出打造以"双动力总成"为核

心、自动变速传动的新一代"钻石传动系"，应用于节油率 30%～100% 的不同车型纯电动、插电式和混合动力车型，确保公司走在节能汽车发展的前列，不断巩固扩大技术领先优势。

三、新能源商用车"第一品牌"的底气何来？
——技术、产品、渠道优势万事俱备，把握了抢占市场的先机

江淮汽车在公告中明确宣称，要着力打造新能源商用车第一品牌。作为国内最具竞争力的商用车制造企业之一，江淮汽车有着独特的比较优势和竞争优势支撑这一目标的实现。

首先，在技术创新上，按照江淮汽车的平台化研发战略，3.5 吨以下新能源轻型商用车采用的是目前成熟的纯电动车的平台，而纯电动汽车的研发历经 7～8 年的技术积累，体系逐步成熟，研发力量也在不断壮大。2010 年，江淮汽车成立新能源汽车研究院，当时仅 60 人，目前达 150 余人，业务涉及系统集成、电池、电控、电驱动、试制验证、项目管理、供方协同开发等 7 大领域 23 个业务。2014 年，江淮汽车又在其商用车研究院下设立新能源商用车设计部，更好地将新能源汽车的共性技术与商用车独特的需求结合起来。同时，江淮底盘产品的研发制造一直占据着行业领军地位，在开发电动商用车底盘上具备领先优势。

其次，在产品创新上，目前，江淮汽车正在开发多款新能源商用车型，2015 年年底，纯电动轻卡在 3.5 吨及以下实现底盘平台系列化，2016 年年底，轻客实现整车产品电动系列化。在插电式混合动力上，到 2020 年，将实现所有轻型商用车主销产品全覆盖。

江淮汽车内部人士介绍，目前新能源商用车市场潜力巨大。以快递物流为例，目前各大快递公司的电动三轮车未来都将被电动轻型商用车取代，仅顺丰物流一家就有 30 万辆这样的电动三轮车。目前，公司既积累了技术创新、产品创新优势，又具有传统商用车开辟的渠道优势，下一步公司将加快向市场导入新能源商用车的各类产品，把技术、产品、渠道优势转化为市场优势，抢占"新能源商用车第一品牌"这一制高点。

四、领先优势如何巩固扩大？
——通过资本运作和产融结合进行产业链布局，掌握关键核心技术和资源

江淮汽车公告称，坚持科学规划，系统布局，通过资本运作和产融结合，突出产品实现过程一致性能力建设，强化电池、电机、电控"三大电"及能量回收、远程监控、电动转向等"六小电"的核心零部件产业链建设。

显然，公司对于新能源汽车的发展有着一系列系统性、长远性的布局，而核心要义就在于，进一步巩固扩大在新能源汽车关键技术领域已经初步确立的领先优势。

江淮汽车内部人士介绍，公司在新能源汽车上建立了多层次开发模式，研发体系水平显著提升，研发能力水平进步明显。江汽股份已掌握 BMS、电机、电机控制技术和电池管理技术，形成电转向、电制动、电空调、电仪表和远程服务及能量回收的开

发能力。安凯股份已培育电机、整车控制器等主要部件的开发和制造能力，自主研发的新能源 e 控智能系统，共有 9 大功能模块，以整车控制系统、电机驱动系统和能量管理系统为基础，集合了操控人性化、安全多层化、功能智慧化三大特点，是新能源客车与车联网技术结合的成功典范。

据江淮汽车内部人士透露，下一步江淮新能源汽车更大规模的发展需要强化产业链布局，将通过联合技术攻关、建立产品联盟、加强资本运作等手段，强化对"三大电""六小电"等关键核心技术与产业链资源的掌控。

五、商业模式如何创新？
——以互利共赢、价值共享为准则，为新能源汽车使用者创造更多便利与福利

新能源汽车目前虽然是汽车行业尚未深度开发的"蓝海"，但也会很快转变为竞争激烈的"红海"。而随着新能源汽车产业化步伐的加快，目前以政府补贴拉动销售的局面最终将难以持续，新能源汽车市场最终将由政策拉动转变为市场竞争驱动的常态。如何更快地将产品顺利导入市场，进而分享新能源消费市场快速成长的红利？商业模式创新是重中之重。

目前，多数企业在进行新能源汽车推广时，基本均按传统汽车商业模式开展，客户需要面对多个主体，整体上不利于新能源汽车推广。据江淮汽车内部人士透露，目前江淮纯电动轿车的用户群体以私人购买为主。与行业相比，江淮电动出租车运营受限，模式仍不成熟，租赁等模式也尚未涉及，这也为未来创新发展预留了足够的想象空间。

因此，面对新能源汽车市场化难题，各方需要寻找一个多赢的商业模式。坚持客户导向，以互利共赢、价值共享为准则，为新能源汽车使用者创造更多的便利和福利，才能真正站稳脚跟并不断扩大市场份额。

按照江淮汽车此次公告发布的商业模式创新，其首要突破口就在于，打通、整合产业链价值体系，实现产品提供向一体化服务营销的转变。新能源汽车营销必须要调动主机厂、充电设施等基础设施供应商、车联网服务供应商、金融服务供应商等各种资源，促使产品制造与服务、金融、信息化等深入融合，满足用户在购车用车上的各种需求。同时，将强化互联网思维，以经销商、电商为平台，积极发展"O2O"商业模式，以产品、技术线上咨询和线下体验为突破口，优先布局一线城市、限行限购城市、地方鼓励消费城市，积极拓展政府与商业运营等公共服务领域，并加快发展私人消费市场。

资料来源：http://newenergy.in-en.com/html/newenergy-2243482.shtml

思考题：

1. 你认为江淮汽车发展新能源汽车能成功吗？

2. 江淮汽车实施新能源汽车战略的启示有哪些？

案例 10　长安汽车发展战略

纵观长安汽车过去十年的发展历程：从 2005 年至 2015 年，汽车总销量从 63 万辆增长到 277 万辆，年平均增长率 17.44%；销售收入从 282 亿元增长到 2 445 亿元，年平均增长率 25.95%；利润总额从 7 亿元增长到 232 亿元，年平均增长率 59.64%。自 2006 年开始，长安汽车将第一款中国品牌乘用车投入市场，十年的战略布局，其中国品牌汽车的发展实现了巨大突破，而今长安产销的中国品牌乘用车在行业中居于领先地位。长安汽车在 2009 年被国家列入中国汽车行业第一阵营企业，2015 年其中国品牌销量为 154 万辆，居行业第一。

未来十年，长安汽车制定了 2025 十年规划，共分三个阶段目标：第一步，到 2017 年实现产销规模 333 万辆，其中中国品牌 179 万辆，中国品牌要进入全球排名前 13 位；第二步，到 2020 年实现产销 440 万辆，其中中国品牌 233 万辆，中国品牌进入全球排名前 12 位；第三步，到 2025 年实现产销规模 600 万辆，其中中国品牌 340 万辆，中国品牌进入全球排名前 10 位，由此努力实现向世界一流企业的目标迈进。

2015 年 12 月 15 日，长安汽车 2015 年第 100 万辆乘用车在大本营重庆的工厂正式下线。网通社从长安汽车官方获悉：长安中国品牌乘用车 2015 年累计销量也即将突破 100 万，将成为中国汽车历史上首个产销"双百万"的中国品牌车企。从 2006 年第一款乘用车奔奔上市，长安汽车仅用了 9 年就完成了年产销 100 万辆的突破。"长安将坚持把每年销售收入的 5% 投入用于研发"，长安汽车股份有限公司总裁朱华荣此前表示：未来五年长安还将投入 300 亿元用于产品研发。以百万辆为起点，长安未来将从五大方面入手下好自主乘用车这盘大棋。

2015 年 1～11 月，长安品牌乘用车已累计销售 93 万辆，同比增长 30.3%。12 月 15 日，长安 2015 年第一百万辆乘用车正式下线，销量突破百万也已无悬念。"对长安汽车来说，我们把 100 万辆归为一个新的起点，说明中国品牌只要扎扎实实地做好包括从研发能力、体系提升、服务制造等一系列工作，是有机会在世界汽车工业中立足的。"朱华荣说。

一、新能源提速，推 34 款新车

作为中国品牌的销量冠军，长安的一举一动备受关注。谈及未来长安汽车发展规划，朱华荣表示新能源是重中之重。根据"518"新能源发展战略，未来十年长安汽车将向市场推出 34 款全新新能源产品。其中乘车用占了 5 款之多；MPV 六款、SUV 两款、轿车七款。2015 年，长安已推出首款纯电动车逸动 EV，2016 年新奔奔纯电动版也将投放市场。此外，长安 2016 年年底还将推出首款插电混动产品——逸动 PHEV。

长安的目标是 2025 年新能源车销量累计达 200 万辆。未来，长安将依托全球研发体系，以重庆、北京研发基地为中心，统筹美国和英国中心研发资源，建立 1 500 余人的新能源研发团队，并逐步形成重庆、北京、保定、深圳四大新能源汽车生产基地，为新能源的生产提供充足的产能支持。

二、强化 SUV 体系，"CS" 系列再推 7 款新车

虽然国内新能源车增长势头良好，但在未来很长一段时间内，传统汽车还会是长安的销售主力。2014 年推出的 CS75 在刚刚过去的 11 月，月销量已经过 2 万辆，比上一年同期翻了一倍；CS35 前 11 月也累计销售 15.7 万辆。SUV 已经成为长安乘用车销量重要组成部分。

根据长安汽车规划，CS 系列除了形成 1、3、5、7、9 阵容外，未来还会推出神秘的偶数系列。除了已经推出的 CS35 以及 CS75，CS 系列还将推出 7 款全新车型。此外，长安还有"CX"系列 SUV，继 CX20 之后，该系列第二款产品 CX70 将于明年投放市场。CX70 采用 7 座布局，也是长安推出的首款 7 座 SUV。

三、坚持正向研发，下五年投入 300 亿元

目前，长安已经成为自主品牌的领头羊，但在朱华荣看来，这还远远不够。"只做到国内车企中的一流水准，最终的结局肯定是被淘汰的。"朱华荣表示，长安汽车未来的视野不仅局限于中国市场，而是要放到全球汽车行业竞争格局中去。

作为自主品牌中的"技术派"，长安汽车一直坚持正向研发，截至目前已累计投入 490 亿元。朱华荣承诺长安将坚持把每年销售收入的 5% 投入研发，"长安的做法是，持续地加大自主研发的投入，以科技创新来打造研发的核心能力，这是竞争的关键。"未来五年，长安还将投入 300 亿元用于自主研发，并将培育一万人以上的技术人才团队。

四、开启智能化战略，2025 实现全自动驾驶

在长安未来的研发项目中，智能化是重要方向之一。长安目前已经制定了"654"战略，即搭建 6 大平台，掌握 5 大核心应用技术，分 4 个阶段实现智能化技术的产业化。

其中六大平台分别为：电子电器平台、环境感知及执行平台、中央决策平台、软件平台、测试环境平台、标准法规平台；5 大核心技术为自动泊车核心技术、自适应巡航核心技术、智能互联核心技术、HMI 交互核心技术等。

最终长安汽车将通过四个阶段发展实现全自动驾驶。第一阶段主要技术包括：全速自适应巡航、半自动泊车和智能终端 3.0，目前已经基本完成。第二阶段包括集成式自适应巡航、全自动泊车和智能终端 4.0 等，将于 2018 年完成。第三阶段为有限自动驾驶，包括高速公路全自动驾驶、一键泊车和智能终端 5.0，计划于 2020 年实现。到2025 年，长安汽车将实现真正的自动驾驶。

五、以客户为中心，打造粉丝文化

长安汽车至今已拥有 1 200 万用户。未来长安会由现在的"以产品为中心"转变为"以客户为中心"。2015 年 10 月 31 日，2015 长安汽车首届粉丝盛典在重庆悦来国

际会议中心举行。会上朱华荣宣布，未来五年长安将投入 20 亿元来打造粉丝运营和客户服务。"服务是自主品牌的一大优势，因为我们比跨国公司更了解中国用户的需求。"朱华荣说："长安汽车开粉丝大会，投 20 亿来打造粉丝群体，提出'愉悦体验'的客户经营理念，就是让客户在每一个环节里都有愉悦感，这样才能够提升品牌影响力。"

资料来源：http://auto.news18a.com/news/storys_84535.html

思考题：

1. 长安汽车如何推进战略实施？
2. 长安汽车成功的关键是什么？

第 11 章　白酒企业案例

案例 1　泸州老窖发展战略

一、泸州老窖大单品战略

通过实施"大单品战略",泸州老窖的销售形势已有好转。在公司日前召开的经销商会议上,泸州老窖总经理林锋透露,2015 年"国窖 1573"销量实现翻番,窖龄酒销量也在恢复中,特曲则开启高速增长;2016 年,全国各区域销售整体有望实现 59% 的同比增幅。

1. 定向控货稳定价格

谈到泸州老窖 2016 年的销售规划,林锋提出,将继续整顿销售体系,首要工作就是保价格稳定。2016 年将进一步建立健全事前、事中、事后全过程的价格管控体系,确保渠道客户稳定的利润。

林锋告诉中国证券报记者,2016 年将根据市场实际供求情况实施计划配额制,通过定向控货的方式确保稳定的价格和渠道利润,避免压货导致库存积压情况发生。对销售团队的考核调整为以动销考核为主,销售团队的工作重心将是加强市场基础工作推进,全力协助经销客户实现动销。"希望经销客户能够及时、准确上报动销和库存数据,并对销售团队虚报数据的行为及时举报。"

同时,泸州老窖将全面推进"天眼+地眼"工程建设,分别依托第三方调查机构和一线市场管理人员,构建全国联网的动态价格物流监控网络体系,第一时间掌握各区域价格和促销政策异动信息。

目前泸州老窖一线销售人员 3 400 人。一位泸州老窖销售人员对中国证券报记者透露,受行业整体环境影响,公司销售一度下滑。2015 年下半年,公司明确了"大单品战略",推动以国窖 1573,百年泸州老窖窖龄酒,泸州老窖特曲、头曲、二曲为核心的大单品战略。"2016 年实现 30 亿元的收入应该问题不大。"

2. 经销商持股

根据业绩预告,泸州老窖 2015 年净利润为 13.37 亿~14.96 亿元,同比增长 52%~70%。林锋表示,这主要是因为产品实现良性动销。多位经销商则表示,泸州老窖的"大单品战略"开始奏效。

销售体系改革方面,逐步调整淡化柒泉模式。公司表示,柒泉模式以区域划分为基础,不利于公司大单品战略,"直+分销"模式更适合大单品战略。

林锋表示，组建的几个品牌专营公司，目前已初步构建了以股权关系为纽带的客户联盟。据了解，国窖品牌专营公司、特曲品牌专营公司都已完成第一轮增资扩股；窖龄品牌专营公司正在逐步进行股东结构优化调整。

业内人士表示，行业呈现出弱复苏态势，白酒市场从机会型、扩张型，逐渐向竞争型市场转变。对此，公司董事长刘淼表示，未来五到十年，"白酒企业扩张动能将主要来自于对市场份额的抢夺。通过经销商持股，实现缩减渠道层级，稳固渠道利润，提振经销客户信心"。

一位来自杭州的经销商表示，利用股权对经销商实现利益捆绑，对于泸州老窖来说节约了销售支出，增加了现金流入，更容易对终端价格进行管控；对于经销商来说，有利于提升其积极性

二、泸州老窖品牌战略

据泸州老窖发布的 2015 年业绩预告显示，泸州老窖 2015 年实现净利润预计在 13.37 亿~14.96 亿元，较 2014 年增长 52%~70%。事实上，净利预增要归功于泸州老窖积极贯彻落实"大单品"战略。此前，泸州老窖的五大单品为：国窖、窖龄、特曲、头曲、二曲。现如今，泸州老窖又大力推出唯一战略小酒品牌，它就是泸小二！

百年窖池，千里酒香。喝泸州老窖，是对中国白酒文化的朝圣，也是对身心的洗礼。泸小二孕育自酒中泰斗，酒质沁香流韵；它又是泸州老窖的创新之举，精确定位年轻群体的时尚白酒，以"想得开、玩得嗨"为其品牌主张。当今白酒行业正值新旧消费人群的更替时期，思想奔放、崇尚个性的新生代消费群体正逐渐崛起，他们对于白酒有着不同于上一代的诉求。因此，泸小二恰好在最理想的时间填补了白酒行业的这一缺口，无论是烤花光瓶版、FOR ME 的七彩瓶身，还是 FOR ME 礼盒及定制礼盒，都是针对新生代消费群体而做出的华丽转变。

从一瓶小酒，到一种快乐的态度；从一次尝试，到一个时尚的品牌。保持乐观，无所畏惧，泸小二专为年轻的你定制！泸小二又绝不满足于此，它更是一份礼物，献给内心永远年轻的每个人！它是下班后与同事朋友聚餐的最佳选择，无限畅饮，畅所欲言；它是回家聚会的不二选择，亲情的沟通与无尽的关切都汇聚在酒里。

依托先天的品牌、资源优势，泸小二拥有强大的后盾支持和广阔的发展平台。目前，泸小二已在全国范围内形成 3 大基地市场和 7 个卫星城市的市场格局。不仅如此，时尚白酒泸小二所倡导的青春、快乐、正能量的生活概念，与年轻群体的精神价值形成深度链接，达成情感共鸣。其率先推出的创意混搭饮酒方式，被众多网友转载并尝试，不少网友上传、分享调酒心得，甚至不少女性消费者也因为泸小二而逐渐接受白酒混饮的创意。

更新锐的思想，更开阔的视野，更前沿的创意，泸州老窖泸小二在去掉"二曲酒"的头衔、作为独立品牌运营之后，迎来了更值得期待的发展未来。

三、泸州老窖业绩强势反弹，步入战略发展快车道

2016 年年初，泸州老窖股份公司（以下简称泸州老窖）发布 2015 年业绩预告，公

告数据显示，泸州老窖 2015 年实现净利润预计在 13.37 亿~14.96 亿元，同比增长 52%~70%。而在糖酒会期间，泸州老窖再次透露今年一季度业绩实现"开门红"，年报、季报的双双增长，标志着泸州老窖已经走出低位，迎来业绩反弹期。

分析人士指出，自去年 7 月，泸州老窖股份公司完成新老交替，由刘淼执掌"帅位"，出任股份公司董事长一职以来，虽然遭遇行业深度洗牌之不利局面，但是以刘淼为代表的行业"少壮派"展现出变革的决心，在与林锋的合力之下，对泸州老窖的一系列变革可谓是"大刀阔斧"。

仔细梳理可以发现，泸州老窖新领导班子上任以后，以壮士断腕之决心行雷霆改革手段，先后围绕品牌、产品、渠道、营销模式等多方面进行梳理，确立五大单品系全价位覆盖消费者的市场布局更是体现出新领导班子精准的营销思路；而更值得一提的是，在中高端产品稳住阵脚之后，新领导班子又对泸州老窖进行"产品瘦身"这一具有划时代意义的变革；仅仅半年时间，新领导班子便扭转不利局面，带领泸州老窖走出低谷，年报、季报双双"飘红"，迎来业绩强势反弹期！

在新领导班子的"顶层设计"之下，纵观泸州老窖从去年到今年的连番重拳动作，除了彰显股份公司将酒业"做专做强"的决心，更是其市场业绩预期转好的理论基础。

首先，大单品战略市场收效良好，是业绩持续向好的基础。作为泸州老窖去年核心调整之一，在"国窖""泸州老窖"系列两大品牌基础上，泸州老窖坚定地推动以"国窖 1573""百年泸州老窖窖龄酒""泸州老窖特曲、头曲、二曲"为核心的大单品战略；同时配合条码"瘦身"、清理，核心产品控量、挺价等诸多手段，五大单品系市场收效明显。其中，高端品牌国窖 1573 实现恢复性增长，渠道顺畅、动销情况良好，尤其是在茅五"涨价"之后，更利于国窖 1573 的"量价齐升"；而窖龄酒在汪涵、孟非、华少三大代言人的助力之下，经过品牌和价格的重新定位之后，提前完成全面目标，新一年持续增长是大概率事件；而特曲系列在以泸州老窖特曲作为主体，同时添加泸州老窖特曲·纪念版、泸州老窖特曲·晶彩作为特曲系列的"两翼"，构成"一体两翼"产品战略，业内普遍认为，特曲系列在 2015 年的市场表现及战略转变令其 2016 年更值得期待。

其次，泸州老窖在产品结构性调整的同时也配套了新的营销模式——专营模式。对于"专营模式"的优势，多数业内人士表示，以品牌划分的专营模式，使得公司费用投入、品牌维护和价格管理更加集中，资源聚焦投入为泸州老窖的单品战略落地打下了基础，更有利于业绩的增长。

最后，渠道控价，维护经销商利益，为市场持续良性发展奠定了基础。去年以来，泸州老窖便开始稳定市场价格、保障经销商利益，同时管控电商渠道产品价格，严厉打击乱价行为，有效地维护了渠道价格体系。

泸州老窖经历了近一年行之有效的改革，五大核心单品持续增长，渠道价格体系良好，营销模式的匹配让市场更高效。值得注意的是，新领导班子不仅在短时间内带领泸州老窖业绩强势反弹，更是在"十三五"开局之年，明确重回中国白酒行业"第一集团军"这个目标，并在品牌战略、组织架构、营销、渠道和服务提升等多个方面深度优化，全力拼抢市场份额。显然，年报季报的双双增长仅仅是泸州老窖业绩强势反弹的开始，新的一年将步入战略发展"快车道"。

四、泸州老窖 2016 年战略

2015 年 12 月 16 日，在泸州老窖投资者交流会上，泸州老窖高层就投资者提出的关于国窖 1573、产品、渠道、品牌等相关问题做了回答。

1. 公司主要存在的问题和未来大的规划

从 2015 年 6 月 30 日股东大会召开后，市政府对我们以"集团做大，股份公司做优"为目标做了调整，目前我们品牌很清晰，核心是国窖，下来是窖龄和特曲，再下来是头曲二曲，除上述产品，其他产品未来都不会带泸州老窖字样，目前市场上还有带有字样的产品，是因为社会库存还没清理完毕。国窖今年恢复性增长，比我们预期还好，解决了社会库存和经销商库存，目前价格也比较稳定，政策也比较稳定。行业和竞争对手给了我们一些机会，目前国窖量价比较合理。特曲调渠道、调团队、调库存，目前销售数据比较好，增长也好，但表现最好的是 1573。窖龄目前从价格、库存、模式上已经基本调整到位，目前还处于调整期的是博大体系（头曲、二曲），前些年受到泸州老窖四个字的影响，也就是开发品牌过多，对当时头曲二曲产生很大影响，估计在明年上半年调整到位。今年的销售结构上，1573 窖龄特曲中高档占比会达到 50%，公告下来大家可以看。去年头曲二曲是占到 70% 左右。我们发展还是比较良性。

2. 产品结构方面，窖龄和特曲是未来的侧重选择

规划整个班子，专业专一专注，我们精力未来会放在白酒，我们会全力以赴做好主业。未来 3~5 年，争取 1573 恢复到鼎盛时期，也就是极限 3 000 吨的基酒产能，成品酒 5 000~6 000 吨；特曲、窖龄做到 2 万吨，2020 年以后还会有增量考核，包括养生酒、预调酒、配制酒也会跟上，未来根据消费者需求，在度数上也会做相应调整。

3. 未来 1573 作为高端酒品牌，消费受众是哪些人群，在新的市场环境下，有什么新的营销手段和方式，建立好 1573 的形象？

从顶峰 70 亿~80 亿滑到 10 个亿，有我们自身很大的原因，不是大家对 1573 品牌和品质的不认可，而是对我们当时价格的不认可。消费越来越理性，茅台达到 1.7 万~1.9 万吨的基酒，五粮液接近 1.5 万吨，我们去年 1 000 吨，按照我们去年的分析，排名第一位应该占到 45%~50% 的份额、第二占到 25%~30% 的份额，第三占到 10%~15% 的份额，虽然去年我们还是排名第三，但是名不副实。

4. 未来通过什么样的方式保证 1573 高速增长？

2013—2015 年我的判断是，茅台和五粮液没有损失，其实就是挤掉了 1573 的份额，今年我们的增长是恢复性的，是收复本来就是我们的份额，是我们自己之前的失误导致我们丢失了份额。我希望我们的竞争伙伴提价，为行业提振士气。未来 1573 在价格保持稳定的同时，尽量放量，我们今年就是抢量、抢终端。明年我们对酒店终端还要扩大。

资料来源：http://finance.ifeng.com/a/20160325/14289443_0.shtml

http://spirit.tjkx.com/detail/1020196.htm

思考题：

1. 泸州老窖大单品战略成功之处是什么？
2. 泸州老窖业绩强势反弹的关键是什么？

案例 2 全兴酒业战略选择

中国的酿酒业是一个古韵悠长的传统工业，是历史与现代的完美对接。中国烧酒业有着 600 多年的悠久历史，是我国传统文化中的一块瑰宝。目前，传统的中国白酒制造企业感受到了现代气息的强烈的冲击，面对着不断变化的消费习惯和日趋激烈的市场竞争，许多生产白酒的知名企业都在选择自己的战略导向，本案例希望通过对全兴酒业的战略导向选择及其所处的特殊时期的介绍和分析，能够为其他传统行业企业的战略导向选择带来一些有益的启示。

一、案例背景

1. 全兴酒业公司概述

四川全兴酒业成立于 1951 年。1989 年，正式更名为四川成都全兴酒厂。1997 年 9 月，重组成立四川成都全兴集团有限公司，将全兴酒业优质资产全部注入上市公司，并更名为"四川全兴股份有限公司"，股票简称为"全兴股份"（代码 600779）。

全兴酒业公司依照现代企业制度要求，完善法人治理结构，建立了坚实的资本运作平台和畅通的融资渠道，加大了产品结构调整和主导产品升级换代的步伐，极大地提升了公司的核心竞争能力，为公司的长远发展奠定了基础。

公司拥有完整和独立的生产经营、科技开发及质量监控体系，拥有省级科研技术中心和最先进的科技研发设备、配套的专有技术及一流的技术队伍；名优品牌商誉突出，主导产品多次荣获"国家质量金奖"。其中，酒业"全兴"品牌荣获中国驰名商标，"全兴大曲"多次获得"中国名酒"称号，连获"最古老的酿酒作坊""全国重点文物保护单位""中华历史文化名酒"以及"莫比国际广告设计大赛包装类金奖和最高成就奖"等多项殊荣。

"踏踏实实做人，勤勤恳恳干事""诚信精明，服务营销"是全兴酒业笃信的文化理念。全兴秉承"实力做大，品味做高，企业做强"的经营理念，立足二次创业，构筑新的、坚实的发展平台。产权改制、资源整合、结构优化，整体推进全兴品牌的可持续的健康发展战略；开拓创新，实现全兴的全面腾飞。

2. 全兴酒业战略导向选择进程中的重大事件

1951 年，人民政府组织全兴老烧坊等，经公私合营、赎买，成立了国营成都酒厂。产品以全兴大曲、成都大曲等为主。

1963 年、1984 年、1989 年，在三届全国评酒会上荣获国家金奖，成为现代中国名酒。

1989 年，国营成都酒厂正式更名为四川成都全兴酒厂，升级为国家大型骨干企业。

此时，全兴酒厂一方面狠抓科技进步；另一方面狠抓企业管理，各项管理基础工作均达到了国家标准，质量管理获部级成果奖。

1997 年 9 月，重组成立四川成都全兴集团有限公司，并实现上市，更名为"四川全兴股份有限公司"。

1998 年 8 月，水井街酒坊遗址作为迄今为止全国乃至全世界发现的年代最早、保存最完整的白酒酿酒作坊，被考古界、史学界、酒业专家认定为"中国白酒第一坊"，并被国家文物局评选为"1999 年中国十大考古新发现"。

2000 年，以水井街酒坊中古窖窖泥内的"水井坊一号菌"为代表的古糟菌群，经六百余年老窖固态发酵，缓火蒸馏，摘头去尾，取其精华，贯通对古代酿酒秘笈与现代生物技术相结合的研究成果，酿造出弥足珍贵的水井坊酒，并被中国食品工业协会评为中国历史文化名酒。

2001 年，经国务院批准，水井街酒坊遗址列为国家重点文物保护单位。同时被列入国家"原产地域保护产品"名录，是我国第一个获得"国际身份证"的浓香型白酒类产品。

2001 年 9 月，经中国证监会证监公司字〔2001〕86 号文和财政部财企便函〔2001〕63 号文批准，全兴公司成功发行 4 026 万股新股，实收募集资金净额 391 686 732.30 元，投资发展酒业、药业。

2002 年 6 月，在国家经济贸易委员会（以下简称"国家经贸委"）的支持下，全兴集团获准在四川大型国企中首家进行国有资本大规模退出试点，成功地进行了 MBO 收购，开创了国有企业管理层股权收购融资项目信托的先河。

2002 年，继"水井坊"之后，全兴酒业的"天号陈"和音乐全兴大曲成功上市，构成三大品牌交相辉映、鼎足支撑的酒业发展平台。与四川大学合作，采用"全果发酵"独特工艺酿造的新型高档果酒——馨千代青梅酒等产品成功上市，大获好评。

2005 年，水井坊再次使用价格差异策略，推出市场零售价 800 元左右的水井坊典藏系列。

2006 年，全兴酒业与世界五百强企业、全球最大的烈酒集团帝亚吉欧合作，产品率先执行双国际标准。

2011 年 2 月，光明食品集团所属上海糖酒集团与全兴酒业原股东达成战略合作协议，投资控股全兴酒业 67% 股权，实际上拥有了四川酒业"六朵金花"之一的"全兴大曲"品牌。

2012 年 3 月 16 日，四川全兴酒业举行新品发布会，正式向全国市场推出全新的"全兴"中高端"井藏""青花"系列新品，同时启动 5 000 吨酿造项目、2 万吨勾储及包装技改项目。

二、案例聚焦

（一）营销创新——构建全兴特有的营销战略

1. 足球营销

1993 年 10 月 8 日，全兴酒厂成立了全兴足球俱乐部，它是白酒行业中第一个介入足球运动的企业。成立全兴足球俱乐部之前，企业只有 3 000 多万元固定资产，成立全兴足球俱乐部之后，除 1994 年是投入 100 万元以外，从 1995 年开始每年的投入成倍增加，最后已经达到两个亿的投入。

这种营销方式带给企业的到底是什么？众所周知，足球俱乐部本身没有赢利，全兴酒厂作为国内第一个投资足球队的企业，使得这个原本除了四川鲜为人知的国有企业，随着足球这个载体，其品牌影响也随着足球队远播大江南北，成为了全国知名的企业。"品全兴，万事兴"响遍神州大地，从而知名度获得迅速提高，全兴也成为四川酒业的六朵金花之一，市场开始快速扩张。这些都直接促进了全兴酒的销量，最终跻身于中国酒界的"上流社会"。这一时期全兴足球营销的效果是显而易见的，企业也由 3 000 多万元的单一酒厂变为如今拥有 30 多亿资产的集团，拥有制药、酒店和房地产等多种产业。

2. 事件营销

继足球营销之后，全兴酒业结合时事与社会趋势，连续三次掀起"事件营销"高潮，引起社会各界的广泛关注。三次事件营销的主题分别是"保护文明，让文明永续""让北京快乐起来"以及"水井坊视线——寻找广东精神、发现文化广州"，三个活动从不同的角度彰显和强化了水井坊"穿越历史，见证文明"的社会价值和经营哲学，体现出水井坊高度的品牌整合传播能力。

（1）保护文明，让文明永续。

2003 年 3 月 20 日，美军空袭巴格达，伊拉克战争爆发，引起全球关注，社会各界哗然，纷纷表态。面对这场战争浩劫，水井坊开中国企业之先河，推出"保护和平，让文明永续"的公益广告，刊登于《南方周末》《21 世纪经济报道》《财富》（中文版）和《三联生活周刊》等十余家媒体，引起广泛关注，社会反响强烈。

水井坊借战争时事做事件营销开中国企业之先河，率先在中国提出"保护文明，让文明永续"这一公益概念。独到的设计配合独到的构思，水井坊结合自身"活文物"、中国白酒文明集大成者的特点，以"文明是世界的，世界也应该是文明的"之感慨让亿万中国人为之震撼，为之警醒、牢记。水井坊如此独特的视角赋予事件营销鲜活的创意，实有一鸣惊人之效，成为事件营销的画龙点睛之笔。

（2）让北京快乐起来。

2003 年 6 月，非典结束。6 月 24 日，世界卫生组织正式宣布对北京解除旅游警告。人们逐渐开始摆脱 SARS 的阴影。历经磨难之后的北京市民渴望一种精神来鼓舞士气，重塑城市形象。为此，7 月 5 日，成都水井坊有限公司以及北京多家主流媒体一起，联合举办大型公益活动——"让北京快乐起来"。

通过举办这个活动，展现了中华民族强大的凝聚力以及首都人民"穿越历史，见证文明，携手共进，笑对明天"的乐观精神和自信心。而这其中贯注了水井坊作为"中国白酒第一坊"、中国酒文化的集大成者，对首都的无限热爱，对首都人民的热切关心，对中华民族命运的关注，展现了水井坊与时俱进、与民族共进退的民族企业精神和"穿越历史，见证文明"的品牌精神。

水井坊的这次活动是一个非常人性化的公益活动，是白酒企业探索人性化服务和品牌塑造的一个试点，也是体现一个企业社会责任感和社会良知的一步；此次活动也不失为水井坊公司又一次典型的事件营销案例。

（3）水井坊视线——寻找广东精神、发现文化广州。

2003 年从 7 月 20 日至 8 月 17 日，广东省委在九届二次全会上做出将广东建设成为"文化大省"的战略决策。借着建设"文化大省"的东风，水井坊与《南方日报》《广州日报》通力合作，发起"水井坊视线"的文化事件营销，连续刊登水井坊特约专刊——"寻找广东精神、发现文化广州"。

在"水井坊视线"中，以新颖的视角发现广东人文精神、发掘广州都市文化底蕴，让所有关注广东的人为之耳目一新：普鲁士古老银币上的广州商人，彰显广州海上丝绸之路的繁荣；新客家人的勤劳在现代商业经济中焕发出新的活力……我们看到一个既保留传统文化又兼收并蓄的现代广东，在现代广东的人文精神中，领略水井坊独特的人文精神。此时，正值广东建设"文化大省"之际，作为历史文化名酒，水井坊为广东的文化发展贡献一份绵薄之力乃情理所然，"水井坊视线"的事件营销水到渠成。

水井坊成功了，借助"中国白酒第一坊"这个消费价值支撑点，把个性化的营销和传播策略（包括"文化营销""事件营销"和"广告传播"）所营建出的高品位消费氛围（包括"高品位的""体现身份价值"等）进行组合，进而触动掩藏在消费者内心深处的"消费激情"。

围绕"承接历史与现代，沟通传统与时尚"这一品牌内涵，结合见证文明与传统、演绎现代与时尚的传播方式，为水井坊走进高端消费者奠定了坚实的基础。

（二）产品创新——开展研制水井坊，拓展高端品牌市场

"十五"规划期间，国家提出了"以市场为导向，以节粮、满足消费为目标"，走"优质、低度、多品种、低消耗、少污染、高效益"的道路。国家政策倾向于支持发展高端的名优白酒。同时，由于白酒原材料价格上涨和税赋过重，因此发展高端白酒成为白酒企业发展的根本途径。全兴系列白酒虽然成为名优白酒，但是仅仅徘徊在中低档酒的行业，尤其在退出全兴足球俱乐部后，趋向于退市的边缘。

1998 年 8 月 8 日，全兴集团发现了历史上迄今为止最古老的水井坊街酒坊遗址。水井坊乃是兴于元末，历经明、清、近代，并沿用至今的古老而神奇的酿酒作坊，被专家们誉为"中国白酒第一坊""中国白酒酿造工艺的一部无字史书"。全兴酒业抓住这一契机，成就了它迈向高端的一个转折。

全兴酒业与中科院成都生物研究所及清华大学合作，利用现代先进的微生物技术，从水井坊酿造环境中分离出特殊微生物，激活并繁殖了以"水井坊一号菌"为代表的古糟菌群，以此为起源研制出弥足珍贵的"水井坊"。这些特有的文化和技术使水井坊推出时就成为高端白酒的代表，售价高达 600 元/瓶。

全兴酒业调整产品结构，以水井坊为龙头，力拓中高档白酒市场，以超高档白酒的先行者身份率先在国内上市，以成都为原产地，完成了以粤、京、沪作为辐射点的华南、华北、华东三大核心市场，构架并逐渐完成在全国重点消费城市的网络布局。优异的品质、精美的包装、独特的文化营销理念，使水井坊在社会各界名流中不断博得好评和追捧，市场营销获得巨大成功。水井坊的出现改变了国内原有的高档白酒竞

争格局，赢得了市场的充分认可，成为高档白酒及推进中国酒文化发展的先行者。

水井坊主动承担了品牌成长阶段的责任与风险，精心整合厂商资源，努力将品牌的影响力做深做细，而且对厂商品牌合作模式也进行了改进与优化。值得一提的是，水井坊坚持"先做人，后做酒"的管理方针，"以人为本"，致力于锻造一支承载水井坊文化理念的、高素质的专业营销队伍。

经过几年的努力，全兴把水井坊造就成为一个可以同茅台、五粮液相媲美的高端品牌，引领中国超高端白酒的潮流。

（三）股权结构变革——成功开创 MBO 收购先河

2002 年，四川省委、省政府以川委发〔2002〕2 号下发了《关于加快国有重要骨干企业建立现代企业制度的意见》，明确国有资本从竞争性领域退出。在国家经贸委的支持下，经四川省委、省政府批准，全兴集团获准在四川大型国企中首家进行国有资本大规模退出试点。全兴集团 18 位高管在成都注册成立了成都盈盛投资公司，注册资本为 5 780 万元。

2003 年 1 月 15 日，衡平信托投资有限责任公司与全兴集团签下了"全兴集团管理层股权收购融资项目"信托计划合作协议，全兴集团管理层股权收购项目（Management Buy-out，MBO）借助整顿后的成都信托业荣升为信托业整顿后第一只信托产品。2003 年 1 月 16 日，全兴集团管理层股权收购（MBO）亮相，开始向社会公开发行。其融资全部用于全兴集团 18 位高管收购全兴集团部分国有股份。此次 MBO 收购，开创了国有企业管理层股权收购融资项目信托的先河。

实施 MBO 后，全兴集团立即着手整合资产。上市公司全兴股份 2003 年 9 月 19 日公告，将公司拥有的与酒业经营相关的全部权益性资产以评估值 58 972.40 万元，按 1∶1 等值确定，以现金方式转让给全兴集团。此次转让的资产包括生产经营"全兴""水井坊""天号陈""馨千代"品牌的酒类资产。

三、案例评析

从全兴酒业的战略导向选择来看，其前导未来性的战略导向选择与它面临的外部环境和内部能力是密不可分的。

（一）四川全兴酒业战略导向选择的理论基础

企业战略导向是企业对自身长远发展的基本态势的明确，是企业战略最顶端的构成。但是无论如何企业战略导向仍然是企业战略的组成部分之一，仍然遵循企业战略的本质性特征，即企业战略是企业内外部环境作用的体现。企业战略导向也同样应当反映这种本质性特征，也就是说，企业内外部因素是影响战略导向确定的关键。

企业战略导向的选择对于组织有着重大的作用，决定组织战略的方向。只有首先确定组织的战略导向，才能深入制定组织战略内容，组织未来的经营管理活动才能据此展开。而要实现对组织战略导向的确定，则需要理清组织战略导向的分析依据，这个目标的实现是通过研究战略导向的分类来开展的。

在对战略导向选择的研究方面，研究者通过确定和衡量战略导向的构念特征，依据战略导向构念特征的差异来分析和确认不同的战略导向，采取"对比方法"。在众多研究中，文卡特拉曼（Venkatraman，1989）专门对战略导向的构念、维度和测量进行了研究，他提出并检验了六个反映战略导向的维度：扩张性、分析性、防卫性、未来性、前导性和风险性。立足文卡特拉曼对战略导向维度的分类，后续的研究者们对其战略导向测量的维度进行了检验与修正，提出了对战略导向的研究应从前导性、风险性、未来性、分析性和防卫性五个维度来展开。张黎明通过对中国东西部企业的对比研究发现，可以将企业的战略导向合并为前导性、防卫性和风险性三个维度。这使战略导向的认识和分析进入了一个新的阶段，使得对战略导向的研究跨越了简单的类型划分，从而可以和其他相关因素一起进行分析和研究。这对组织战略的理论研究和实践制定提供了非常有效的工具。其中，前导性战略导向是指由于内外部环境的变化提供了新的发展机会时，企业为保持跟随环境变化的灵活性，倾向于为长远发展建立领导性的市场地位，立足于长远的有效性而非短期的效率，持续地寻找新的商业机会。战略的变化要快于企业外部环境和企业内部能力的变化，这是有能力和意愿为未来进行详细规划的战略导向选择。

经过对理论的总结，我们可以把前导性的战略导向反映为企业采用创新性的战略态势来争取积极地位的努力，而四川全兴酒业的战略导向正是采取了这样的选择。

（二）四川全兴酒业战略导向选择的外部环境分析

全兴酒业面临的外部环境受到了多方面因素的影响，包括政策限制、经济发展、文化氛围以及激烈竞争等。

1. 管制

白酒行业受国家产业政策的影响非常大，因为白酒是高耗粮性的行业，因此，国家对于白酒行业的管理一直高度重视，对白酒行业制定的一些政策性法规较多，都是朝着优质、低度、多品种、低消耗、高效益和无污染的方向发展。近年来，更是加大力度，出台许多产业政策以实现白酒行业的持续健康发展。同时，白酒从量计征消费税的改革也使白酒行业的税收有所降低，这将更有利于白酒企业的发展。

2. 社会文化

白酒作为体现中国民族特色和饮食文化特色的传统食品之一，其文化在传统的中国文化中有着独特的地位。在几千年的文明史中，酒几乎渗透到社会生活中的各个领域。酒文化是酒品牌的重要组成部分之一。

全兴作为我国最著名的白酒生产企业之一，有着深厚的文化底蕴，"全兴大曲"多次荣获"中国名酒"称号；而且"水井街酒坊遗址"是全国重点文物保护单位，素有"中国白酒第一坊"的美誉，并获得国家质检总局颁布的"国家原产地域保护产品"称号，是我国第一个获得"国际身份证"的浓香型白酒类产品。

3. 经济

随着国民经济的迅猛发展，白酒行业的竞争越来越激烈。但是，国民经济的高速发展，促使国民的消费能力也随之迅速增长，几十元、一百多元的酒已成为家庭待客的主流价位白酒，300～500元的酒在商务宴请时，是餐桌上的必备品。因此，不论是全兴的中低端产品，还是高端的水井坊，都随着国民经济的发展，有了更为广阔的市场。

4. 技术

在技术方面，全兴公司拥有完整、独立的生产经营、科技开发、质量监控体系，拥有省级科研技术中心和最先进的科技研发设备、配套的专有技术和一流的技术队伍；名优品牌商誉突出，主导产品多次荣获"国家质量金奖"。"水井坊"被列入全国重点文物保护单位，国家原产地域保护产品，堪称"中国白酒第一坊"。公司利用西部资源优势和专有技术新开发上市的"馨千代"青梅酒，通过独特工艺、全果发酵陈酿而成，香雅味醇，深得国内外市场的好评。

5. 竞争

白酒行业是一个竞争非常激烈的行业，企业要争客户、争原材料、争供应商。同时，随着人们收入水平的提高和消费理念的成熟，白酒行业的生产集中度迅速提高，茅台、五粮液、全兴等中国名酒企业，由于受到国家政策扶持，加上自身拥有的品牌优势，发展速度明显高于其他白酒企业。

对于全兴酒业来说，由于它们具有高端和中低端的多种产品，几乎都能满足各个层面上客户的需求，并且由于品牌优势较大，顾客品牌忠诚度较高。最值得一提的是水井坊，由于其口感独特，香型和文化内涵别具一格，成为新的畅销名酒，比较稳定地拥有了一定的高端客户群。

全兴的竞争者非常多，高端产品"水井坊"的竞争者主要有五粮液、国窖 1573 以及贵州茅台等高端产品。这些竞争者的实力都非常强大，给全兴带来了不小的冲击力。在中低端市场上，竞争更是激烈。全兴酒业主要以"全兴大曲"系列为竞争产品，不仅要面对五粮液、泸州老窖和贵州茅台等大型白酒企业中低端产品的竞争，还要面对其他中小型酒厂（比如丰谷，小角楼等）的低价等促销手段的竞争，这使白酒行业的中低端市场竞争异常激烈。

白酒行业对资源的依赖性很高，其资源包括原材料资源、技术资源和文化资源等。对于原材料而言，主要有：水、高粱和小麦等，还包括酒瓶、外箱、礼盒和瓶盖等包装材料。特有的水资源、优良的高粱和小麦等以及特殊的防伪包装，都是白酒企业能较好发展所依赖的原材料资源。

通过以上分析，我们可以看出四川全兴目前所处的市场环境较为动荡，呈现出动态性和敌对性都高的特点，特别是管制严格，竞争激烈，对资源的依赖性很高。虽然全兴以水井坊成功进入高端市场，获得了国家政策的支持，在高端竞争上也获得了领导地位，但是越来越多的白酒企业开始注意高端市场，五粮液、茅台等行业龙头不惜重金打造超高端品牌。因此，如何保持在高端市场的地位，适应竞争越来越激烈的外部环境，将是全兴酒业未来发展的重心所在。

（三）四川全兴酒业战略导向选择的内部能力分析

企业的内部能力包括其资源能力、通用能力和动态能力。我们经过调研发现，在资源能力方面，几乎所有的知名企业都没有根本性的区别，主要是在通用能力和动态能力方面有所不同。

1. 通用能力

在通用能力方面，除前文提到的全兴酒业强大而新颖的营销战略、市场开发和维系能力以及特有的酿造技术，全兴酒业在管理上也有着较强的能力，不仅有良好的整合物流系统的能力，在成本控制、财务管理、人力资源管理和营销规划等方面，也非常突出，为全兴在整个发展过程中起到了良好的推动作用。在经销商管理上，全兴酒业以终端营销为核心，积极帮助经销商开拓市场；并且积极构建以"水井坊"品牌文化为核心的企业文化氛围，使每一个员工和经销商都以"水井坊"和中国源远流长的传统酒文化为荣耀，形成自我归属和理想价值取向的一致认同。

2. 动态能力

在动态能力方面，全兴的领导团队在其董事长杨肇基的带领下，使全兴大曲随着全兴足球队名扬四海，同时还打造了水井坊知名品牌，使全兴酒业步入高端白酒的行业，使水井坊成为与五粮液、茅台等名优白酒抗衡的全国著名白酒。杨肇基及其管理团队秉承着"实力做大、品位做高、企业做强"的经营管理追求，发扬不断进取的开拓精神。

全兴的创新能力在白酒行业中最为突出。全兴酒业是第一个涉足足球事业并成功应用足球营销使自身成为全国知名品牌的公司，其创新性在业界兴起了一股涉足体育产业的风气。同时，水井坊成功上市，也使全兴酒业独辟蹊径，结合时事与社会趋势，连续三次掀起"事件营销"高潮，引起社会各界的广泛关注。可见，全兴酒业的创新能力确实是其发展的原动力。

另外，在外部能力的借用方面，全兴酒业在国家经贸委的支持下，开创了国有企业管理层股权收购融资项目信托的先河。通过实施 MBO，全兴集团资产得以整合，使全兴顺利上市获取资金的同时，也使全兴酒业扭亏为盈。

根据以上资料分析，全兴酒业在自身能力方面也有着较强的能力，特别是它的营销能力和动态能力，非常突出，这就使得全兴酒业在拓展市场、开辟渠道以及建立营销网络上都有了很好的能力支撑。

综上所述，结合动态性和敌对性较高的市场环境和资源能力，动态能力强的企业战略能力，四川全兴选择了具有开拓性的前导未来性战略导向，从而给全兴酒业带来了良好的绩效。资料显示，2005 年该企业的酒业收入比上年增长 9.2%，而高档酒收入更是比上年增长了 11.64%，企业净利润也因公司酒业销售收入增加而有所提高，2005 年的净利润比 2004 年增加了 10.47%。当然，需要指出的是，该企业的成本上升过快是企业必须重点关注的问题。

资料来源：

1. 揭筱纹. 战略管理——概论、案例与分析［M］. 北京：清华大学出版社，2009.

2. http://www.qxjy.com.cn/about.html

思考题：

1. 四川全兴的战略导向选择合理吗？

2. 面临新的市场环境和需求，你认为全兴应如何进行战略调整和战略选择？

案例 3　郎酒发展战略

一、郎酒的战略定位集合资源与竞争

四川郎酒是近几年来中国名酒企业中成长迅速的明星之一，特别是 2011 年度，郎酒与贵州茅台、五粮液、江苏洋河、泸州老窖跻身中国白酒百亿俱乐部，成就中国名酒第五名，四川六朵金花第三名殊荣，确实让我们对这样一个后起之秀刮目相看。实际上，郎酒仅仅是第四、第五届中国名酒，从这个意义上说，名酒基因与获得名酒次数多少并无多大关系，只要是中国名酒，只要是贵族血统，只要能够制定清晰的战略系统，拥有娴熟的操作思路，其名酒价值就一定能够被快速释放出来。

1. 制定战略目标

四川郎酒董事长汪俊林有一个比较宏大战略目标：四川郎酒，要成为中国白酒旗帜之一！而郎酒"十二五"乃至于未来十年战略目标为：2015 年年末，郎酒实现营收 200 亿元，2020 年实现营收 300 亿元，从而成长为中国白酒旗帜之一。根据笔者长期的跟踪研究，郎酒"十二五"实现 200 亿元战略目标还存在着诸多不确定因素。

首先是产能因素。必须看到，2011 年四川郎酒的百亿业绩已经将酱香型白酒产能运用提升到极限，以至于 2012 年，酱香型郎酒出现某种程度的断货迹象，郎酒也在一定意义上由于酱香产能不足而放慢了扩张的脚步。"十二五"末，郎酒酱香产能仍然处于战略储备期，距离全面产能释放尚有 2~3 年时间跨度，因此，产能依然是制约郎酒实现"十二五"战略目标的一个十分重要、十分基础的要素。

其次是软组织承载力。实现百亿、两百亿、三百亿营收规模，对软组织要求更加规范、更加系统，以郎酒现有销售系统看，它们是典型业务开拓型组织，市场服务与市场维护能力明显不足。一个旗帜型白酒企业必须拥有追根溯源、快速服务市场的软组织能力，"十二五"留给郎酒的时间并不是很多，郎酒仍然希望用一种"摧枯拉朽"的粗放手段实现更大规模销售，难度可想而知。

最后是战略路径工具选择。郎酒已明确提出，不做并购，坚守郎酒战略；不做上市，坚持通过自有资金积累构建酒业版图。而未来之中国白酒竞争可能完全超乎郎酒想象，资本与产业整合对推动白酒成长至关重要，郎酒能否在这场大战中独善其身，值得观察。我们注意到一个现象，泸州三溪酒业出现在郎酒市场序列中，并且三溪是以小曲清香为主导的泸州白酒企业，这是否意味着郎酒已经一只脚跨入了"并购"与"清香"版图？值得观察。

长远来看，四川郎酒战略目标还是具备现实性，从郎酒产能规划来看，仅仅是酱香型白酒，以红花郎酒市场价格计算应该可以满足郎酒集团 450 亿元营收需要，加上郎酒兼香、浓香版图，郎酒成为中国白酒旗帜之一战略愿景值得期待。

2. 确立战略定位

郎酒的战略定位属于比较锐利性的战略定位，其资源差异化带来的天然战略定位成就了中国名酒——四川郎酒盛世传奇。

首先，四川郎酒拥有一个非常明确的、潜在的竞争性战略定位——中国酱香型白酒第二品牌。一直以来，贵州茅台近乎垄断式地经营着酱香型白酒品类，其他酱香型白酒企业完全没有挑战茅台的可能，更不要说跟进。郎酒把握住了这个机遇，凭借与贵州茅台的共同但差异化的品牌基因，成功实现了跟进茅台，并进而挑战茅台的战略目标，成就了牢固中国酱香型白酒亚军品牌的战略地位。所谓共同，指的是贵州茅台与四川郎酒均是酱香型白酒的中国名酒；贵州茅台与四川郎酒均处于赤水河畔；贵州茅台与四川郎酒均处于中国白酒金三角核心产区。所谓差异化，指的是四川郎酒将贵州茅台归属于古典的、传统的酱香型白酒代表，而将自己打扮为现代的酱香典范；四川郎酒以川派酱香领袖与贵州茅台黔派酱香代表形成战略上的对决，确实起到了以小博大、以弱对强的战略效果。

3. 选择战略路径

2012 年度，四川郎酒市场性战略举措并不很多，但基础建设与品牌战略调整却十分迅猛。

从四川郎酒战略路径选择来看，郎酒的战略目标意图十分明显，解决制约郎酒长远发展的产能问题对于奠定郎酒"十二五"、特别是"十三五"发展具有重要意义。同时，我们发现，郎酒今年的扩张速度明显放缓，这是否意味着郎酒在进行战略性调整，以积蓄力量冲刺"十二五"战略目标，我们拭目以待。

4. 评估战略效果

郎酒战略定位、战略目标与战略路径选择基本上处于高水平和谐共振之中，特别是已经过去的十年，郎酒战略运用清晰、准确、锐利，推动了郎酒从一个严重亏损、濒临倒闭的川酒丑小鸭成长为川酒白酒巨人，不能不说，战略推动起到了关键性作用。随着郎酒规模越来越大，战略的前瞻性与科学性对于郎酒未来发展更加重要，相信以汪俊林为首的郎酒班子，"酱"心独运，未雨绸缪，必将为中国名酒谱写新传奇。

而且，四川郎酒利用自己边缘、交叉的产区优势，既重视酱香型白酒战略性开发，也重视交叉性兼香独立性推动，不放弃对浓香型白酒的战略性覆盖，开创了中国白酒独特的"一树三花"战略。郎酒的战略定位集合了资源与竞争两个特点，显得灵活而富有创造性。

二、2015 年郎酒规划部署战略

2015 年被确定为郎中国美酒招商网新一轮快速发展的战略元年，明确了郎中国美酒招商网 2015 年市场发展的四大主旋律：一是抓机遇，抢市场；二是放活机制，保障资源，鼓励挑战；三是聚焦市场，深耕运作，消费至上；四是灵活运作，规范管理，健康发展。

在讲到 2015 年郎酒规划时，付饶特别提到了机制保障、价格管理、队伍建设、聚焦发展、品牌化运作等几个方面。

1. 健全内外部利益保障和激励机制

在利益保障和激励机制方面，郎酒对内外都有明确的规划。在对内方面，鼓励各级业务团队和经销商大胆创新、主动挑战、抢抓市场、放开挣钱；对于有发展激情、诚信务实、能干事、能干好事的经销商和业务员团队给予最务实的支持和空间；公司给予市场投入等各方面充分的资源和机制保障；对于问题市场消化库存和机会市场发展均给予扶持；鼓励前置规划，建立稳定的市场发展和激励长效机制。在对外方面，建立经销商综合评估机制，共商共建机制；稳定价格，保障投入，保障经销商基本利润；在公开化、透明化综合评估基础上，实行差异化特殊激励机制，鼓励经销商主动建设市场，持续做强做大市场。

2. 强化价格管理

在价格问题上，付饶提到，2015 年郎酒会根据目前市场运行价格和操作实际，调整理顺部分产品出厂价格，同时强化价格管理，稳定主流市场流通价格，具体措施包括：强化整个市场流通渠道的价格管理和稳定，在价格管理上实施刚性考核，透明化、公开化经销商的奖惩。对价格管控和窜货，付饶特别强调，2015 年郎酒公司将把价格管理作为最重要的工作进行督察，公司层面不受理任何关于窜货处罚的减免申请。

3. 坚持聚焦市场，全面导入营销分离

在市场运作方面，2015 年郎酒将继续聚焦市场全面导入营销分离模式，彻底推动销售运作模式的转型；同时彻底推动销量增长方式的转型。

2014 年郎酒公司提出聚焦发展的战略，这也将是成为贯穿 2015 年郎中国美酒招商网发展的一条主线，所谓聚焦战略就是要坚持产品聚焦、市场聚焦、人员聚焦、商家聚焦、资源聚焦。同时坚持中长期规划，持之以恒，做深做透点状市场，持续培育单个市场持续性、规模化发展。

4. 坚持品牌化运作，创新消费者培育模式

2015 年，郎酒将进一步推动组织结构的调整，权力进一步下放到五大事业部，推动五大事业部向公司化方向转变，而这是为了强化郎酒品牌化运作，将市场营销工作落地。

首先是坚持五大事业部核心产品集中长期运作，全面停止开发和定制。其次，恢复和加强地面氛围营造；还有就是强化聚焦区域大型品牌化主题活动的策划实施。

付饶在发言中特别提到了市场良性健康发展的问题，要求所有的市场投入都必须以培育消费者、扩大消费群体为核心；要尊重市场规律，建立进货与合理库存双向考评规划和机制；以精干、高效、优化原则建设销售队伍。

在销售队伍建设方面，2015 年郎酒将继续坚持精干、高效、优化原则，保持和稳定现有销量骨干队伍；做实属地化、长期化的专属助销和促销队伍；同时强化推进销售队伍的转型。郎酒表示，2015 年，集团将倾全公司所有力量确保郎酒稳定有序调整、市场化转型发展，不遗余力地投入资源支持郎酒在行业调整期抓住机遇，率先"脱颖而出"。

三、郎酒战略新品"郎哥"正式上市

备受关注的郎酒集团战略新品"郎哥"12 日在四川成都举行了新品上市发布会，全国各地 300 余位经销商朋友前来参加，这位定位为"消费者的知心哥们"的郎酒，

44.8 度的酱香型酒体，有一红一蓝两款产品，158 元、168 元的产品定价。

据悉，郎哥的定位是中档、中度、纯粮、酱香白酒。自此，主打中档酱酒定位的郎酒集团老郎酒事业部产品结构得以完善，高度酱酒以 53 度老郎酒 1956 为代表，中度酱酒以 44.8 度郎哥为代表，定位明确、层次鲜明。并且，郎哥的目标是：2015 年，启动 30 个地级城市，7 000 万元；2016 年，启动 45 个地级城市，2 个省会，2.5 亿元；2017 年，启动 60 个城市，5 亿元。

四川郎酒集团副总裁，郎酒销售公司总经理付饶出席会议并发表讲话。付饶表示，郎酒集团向来严格控制产品线，坚持做减法、不做加法；而郎哥是郎酒集团经过深思熟虑之后，作为承载郎酒酱酒大战略的尖刀，瞄准中度酱酒的商业机遇，将始终围绕消费者做工作，谨慎投入市场的。总体来说，郎哥作为郎酒在新消费时代的战略产品，只许成功，不许失败。

随后，郎酒集团老郎酒事业部总经理、郎哥操盘手易明亮全面阐释了新品郎哥的诸多核心问题。郎哥作为一款贴上"44.8 度酱香""丝滑的舌尖感受""喝着不皱眉头"等诸多颠覆标签的新品，究竟有何玄妙之处？而作为经销商关心的消费趋势、利润、营销模式以及动销等核心问题，郎哥又是如何回答的？

一问：新的风口在哪里？

据资料显示，郎酒在调整过程中始终坚持"聚焦"原则，过去不惜砍掉新品而保留核心产品的纯洁性，便于消费者识别。如今郎哥作为郎酒三年来唯一的战略新品，宣称已经抓住白酒下一个风口。

易明亮表示，当下是白酒消费换代的风口；不同的消费时代会有不同时代印迹的酒。

二问：新消费时代的机遇在哪里？

第一，主流消费群体换代。"70 后""80 后"已经成为或者即将成为社会中流砥柱，他们与"50 后""60 后"的上一代消费群体不同，他们突出的特点是对商品有辨别能力，因此传统的"品牌教育消费者"理论已经过时，新的消费需求诞生。

第二，终端变革，倒逼渠道模式创新的趋势。电商的发展和烟酒店连锁化趋势不可逆转，这加速了产品价格在各个区域及环节的透明。白酒原有的"分级加价"模式失效，靠客情及信任不能完全保住价值分配，这倒逼着厂家制定新规则去适应和解决电商和连锁的同存模式。

第三，餐饮连锁化与新派个性餐饮崛起，创新消费体验和品牌沟通趋势。新派餐饮的快速崛起所带来的不仅仅是新的消费场景、新的销售空间以及新目标消费群体的集中化，更是带来了新饮用需求和文化传播需求。

第四，"互联网+"背景下，提升渠道效率的趋势。互联网开创全新时代，在白酒首先作用于品牌沟通和渠道效率创新。白酒渠道发展二十多年，模式创新空间已经很小，未来主要增长将集中在效率创新，包括更新消费者沟通方式、优化流程和强化执行力。

第五，中档酱香的趋势与机会。从红花郎至茅台，中间的价格带基本上不可能有全国品牌，而百元以下的酱酒，盈利空间又相对狭小。只有 150～250 元中档酱酒价位段，既能够有足够的利润空间与品牌成长空间，又没有全国性品牌。

三问：旧消费时代的问题在哪里？

郎哥提出新消费时代论，并给出了对风口的趋势的预判和理解；新旧是相对的，那么所谓的旧消费时代出了什么问题？

第一，厚重的品牌文化与自由励志时代的矛盾。以深厚历史和厚重文化自居的传统白酒与新生一代消费群体追求自由、个性、"以我为中心"的核心诉求不匹配。

第二，专业、神秘的白酒语言与新消费群体需求知情权的矛盾。"香气突出、回味悠长、酒体醇厚、优雅细腻"等传统白酒语言无法让消费者明白，不理解，没有沟通。

第三，被动饮酒场合多、主动饮酒场合少。

第四，不稳定的渠道利益链。价格动乱、团购失效、价格倒挂、不动销、经销商转型迷茫等问题突出。

第五，产能严重过剩。

总的来说，是青黄不接的供给与新时代消费需求的脱节核心问题。

四问：新时代需要什么样的白酒？

新消费时代的需求如何满足？旧消费时代的问题如何解决？郎哥给出了自己的答案：

首先，44.8度的中度酱酒，丝滑的口感，保留了酱酒的突出特点但不刺激，喝着不皱眉。新消费时代生活形态的改变决定了对白酒需求的变化。现在，人们聚在一起喝酒，主要是为了交流，分享信息，沟通情感。这时候，人们需要的白酒就变成了：喝着舒服，有感觉，醉得慢，易醒酒。

其次，青春时尚的元素，自由励志的品牌诉求，与消费者平等互助的沟通关系。

最后，满足渠道商稳定长久的利润需求以及良性的商业生态。

五问：新时代竞争本质是什么？

对于新消费时代的商业机遇，郎哥给出的回答是"先胜后战"。对此，易明亮做了进一步阐释：竞争的本质是实力与技术的比拼，首先比的是基本面上的硬实力，然后才是操作面上的软实力。

六问：郎哥凭什么能抓住风口？

第一，硬实力。首先是郎酒品牌背书；其次是产能优势，3万吨的年产能和14万吨酱酒的存储量，国家级的酒体设计团队，保证我们产品的品质与独特性；最后是营销团队，通过老郎酒营销分离体系的运行，目前事业部已经有1 300人的销售团队，且这个数仍然在扩大。

第二，软实力。郎哥将采用"杀鸡用牛刀"的竞争策略，聚焦资源优势确保市场胜出。主要体现在五点：①数倍于对手的市场投入，用牛刀杀鸡；②更新武器技术，用坦克加步兵的策略对抗步兵；③不惜一切代价拿下餐饮渠道"制高点"；④顺势而为保持合理的节奏；⑤团队与后勤（客户）的和谐保证供应。

七问：渠道难题如何解决？

渠道商面临的最大问题是价格动乱，利润不可持续。其根本原因是渠道发生了变化——电子商务带来的信息透明化，连锁餐饮及烟酒带来的采购集中化以及个性化、新型主题餐饮的崛起，使原有的"加价"操作模式不灵了。现在郎哥给出"六大机制"解决渠道难题：

第一，营销分离。工作站模式，厂家以专属团队配置做市场，商家做服务、配送，导入稽查稽核系统做监督保障。

第二，与经销商平等稳定的合作关系。承诺代理商地盘不拆分、不裂变。

第三，全年方案确认制。即厂商双方预先清楚投入，签字确认之后，不再浪费在沟通成本之上。降低沟通成本，更没有博弈、较量与平衡。

第四，价格管控上采用环节利润倒扣制模式，即经销商进货价就是出货价，而经销商的利润厂家每月现金结算。用倒扣制解决零售终端和电子商务渠道价格稳定的问题。

第五，预投机制。数倍于对手的市场投入，重点聚焦品牌与消费者投入，除团队提成外，所有费用由厂家投入。

第六，新型营销武器。开设了"郎哥美食团"抢占制高点餐饮，开设"郎哥酒友会""郎哥伴你去旅行"等活动服务消费者，并且针对新型团购佣金体系专门写了一套软件来服务。

八问：经销商能赚多少钱？

明面上，郎哥的合作伙伴的利润率固定在 20% 左右。这是个恒定的利润率，不仅现在是 20%，三五年市场起来之后，也不会拆分，不会裂变。

更深层次的利益是经销商在郎哥整套运作模式下获得的规范成长。进入郎哥体系，除了可以满足经销商稳定赚钱的要求，还可以协作中型经销商提高通路效率以及协助大经销商规范化、制度化。这才是郎哥给经销商最大的利益，享受中国经济此轮转型对贸易行业最大的利好，参与未来资本市场的开放。

"郎哥对经销商意味着提前抓住了五年以后的风口，抓住了调整期转型的机遇，有助于提升内部管理、增强商业信誉、延展渠道、塑造团队梦想。"易明亮说道。

九问：如何让产品实现动销？

动销才是硬道理，易明亮表示，要坚持以"团购渠道+餐饮渠道"抢占市场，特别是区域市场的制高点餐饮店必须拿下。

第一，抢占餐饮制高点。郎哥在渠道上的策略是强势占领餐饮渠道，这包括传统的 B、C 类餐饮，以及新派、个性、主题餐饮两个层面。用"郎哥美食团"抢占餐饮制高点，郎哥美食团将解决跨界整合、品牌宣传、新消费者培养和吸引等问题。

第二，名烟名酒渠道。

第三，团购渠道。针对新派餐饮，制定了全新的推广方案，区别于传统的推广方式。通过跨界活动赞助、个性化的上市品鉴会等方式继续开展并配合全新的以互联网工具为基础的会员制推广模式，解决兼职大客户与小型赠酒的问题，解决团购碎片化问题。

第四，电商渠道。

十问：重点市场在哪里？

郎哥对于市场布局的总体策略是分节奏启动市场。易明亮表示，要稳固大西南，挺进华东和华南，广东江苏是必须拿下的市场。要根据区域市场特点与郎哥全新价值观的共振程度来展开，比如华东、华南。当前共振程度高的市场先布局，而共振程度偏低的后布局。

2015 年重点启动区域：四川、河南、贵州、重庆、江苏、广东、安徽。

四、郎酒筹划大酱香战略

2016 年 7 月 12 日下午 5 点，郎酒集团官方发布信息："老郎酒事业部整体并入红花郎事业部。"旨在统筹酱香大战略，聚焦发展红花郎。

据消息，目前机构合并以及人员安排正在有序稳妥推进，原红花郎事业部总经理梅刚担任销售公司副总，分管红花郎事业部；原老郎酒事业部总经理易明亮担任红花郎事业部常务副总。

与此同时，郎酒将确保经销商稳定的经营秩序和经销利益。

机构调整完成后，郎酒销售公司将由五大事业部门构成，运营的核心品项分别为全国性品牌红花郎、小郎酒，区域强势品牌郎牌特曲、新郎酒和郎牌原浆。

针对郎酒事业部的重大变革，白酒企业资深观察家、四川省产业经济发展促进会副秘书长徐雅玲认为：

早在 2009 年郎酒集团就曾经提出过上市规划，但由于股权等众多因素未能成功。此次红花郎和老郎酒事业部合并，极有可能就是为了整合优势资产、重启上市。

首先，这两大事业部是郎酒集团各事业部中财务状况最好、团队运作经验最成熟、市场基础最好的，属于郎酒集团最优质资产。在难以整体上市的情况下，以优质资产单独上市不失为一种折中的办法。

其次，茅台股票超过 300 元大关，且终端零售价极有可能超过千元大关。借势茅台带动下的高端酒回暖和酱酒新红利周期，此时必将是郎酒发力的又一契机。需要指出的是，红花郎和老郎酒都是在茅台卖得最好的时候迅速发展起来的。

最后，从股市而言，当下白酒股整体处于低价位，但今年一季报和各大酒企已陆续召开的半年营销工作会议数据显示，白酒股触底反弹或将来临。借此低价位实现郎酒上市，不失为一个最佳时机。

（1）从上市的角度来讲，老郎酒与红花郎两大事业部的合并，可能出现一个大酱香事业部，或者大酱香公司。从概念上讲，这比以前两个事业部相加的情况更容易得到资本市场的青睐。

（2）从酱酒市场格局来看，茅台现在情况比较稳定：53 度飞天茅台依然一枝独秀，下面的系列酒至今没有得到很好的发展。郎酒在今天合并两大酱酒事业部，壮大酱香板块，很可能是为了抓紧市场机遇，持续做大做强 53 度飞天茅台以下的酱酒市场。这也可以理解为是在给未来上市打下扎实的市场基础。

（3）顺着合并事业部做大市场份额的思路往下分析，合并的动作必然不会只是对产品的再组合，而应该是两大事业部的关系从内部竞争转向了协作壮大。根据目前披露的信息，这样的协作似乎属于中央层级的协作，所以应该不会影响到地面部队的相对独立性，不会在执行面影响到对经销商、对市场的服务，也应该不会影响到消费者对郎酒的喜爱。

（4）顺着上市和市场拓展的思路往下推演，未来的郎酒可能不仅会有大酱香板块，也许还会有大浓香板块、大兼香板块。一方面是香型板块的概念更利于上市，另一方面是从品牌资产管理的角度来看，一个香型板块的成立，有利于同香型、不同产品的品牌资产的共享，有利于产生 1+1>2 的效果。

如果这些可能都成立，为了把可能变为现实，郎酒应该会有一个内部协调机制的出现。这个机制要是设计得好，做得好，新的红花郎事业部大有可为。

资料来源：http://www.t9zs.cn/news/detail-20160715-26702.html

　　　　　http://www.9928.tv/news/dongtai-baijiudongtai/186990.html

　　　　　http://www.xiangmu.com/info/1313876.html

　　　　　http://www.9998.tv/news/119056.html

思考题：

1. 郎酒 2016 年的经营战略是什么？

2. 郎酒战略新品"郎哥"成功上市有何启示？

案例 4　五粮液全面创新升级战略

过去几年，白酒行业正经历巨变。受限制"三公消费"禁酒令、库存积压等因素的影响，"发力腰部"成为各大酒企的重要策略。作为行业领头羊的五粮液，顺势而为，推出了多款大受欢迎的"腰部新品"。五粮液股份公司董事长刘中国曾表示，白酒行业已经开始回归理性、回归性价比、回归平均利润，未来只有拥有渠道掌控力、有市场开拓能力的经销商才能获得超额利润。五粮液明年的发展战略是稳住高端白酒基础价、大力发展中低端白酒。

其实，自 2013 年开始，五粮液就走起了亲民路线。2013 年 3 月，五粮液五大战略品牌新品上市说明会在成都举行，明确提出要聚焦资源着力打造五粮液、六和液、五粮春、五粮醇、绵柔尖庄五大亲民品牌。而事实也证明五粮液推出的这些中价位战略品牌市场销量很好，5 月份，亲民中低价位酒"绵柔尖庄"上市首月便实现销售收入5 000 余万元。7 月 23 日，五粮液又在成都举行了"创新驱动发展"暨五粮液新品上市新闻发布会，正式推出了中价位战略性亲民新品牌五粮特曲、五粮头曲。此后，又推出了低度酒系列等亲民酒，受到市场普遍认可，也让五粮液的竞争力持续提升。

除了在产品策略方面的创新，五粮液还创新营销管理方式，全面推进企业转型升级。在最近举行的 52 度新品五粮液经销商营销工作会议上，五粮液股份公司副总经理朱中玉表示，今年的营销工作要在新型营销组织架构下，以创新模式和加强管理为主要抓手，最终实现品牌价值的有效提升和市场份额的稳定增长。

创新，不断寻求发展，是五粮液始终立于不败之地的重要因素。在白酒行业持续调整期，五粮液以创新驱动发展，走上了一条可持续健康发展之路。同时，五粮液也为中国白酒产业集体转型指明了方向。

资料来源：http://www.bj.xinhuanet.com/hbpd/jy2015/yw2/2016-03/10/c_1118290881.htm

思考题：

新常态下五粮液实施了哪些竞争战略？

案例5 "金六福" 战略选择

四年销售了近二十个亿，进入中国白酒行业前五强，至今运行平稳。这是"金六福"继"小糊涂仙"之后，在竞争残酷的中国白酒市场上，在众目睽睽之下，堂而皇之演出的一幕令各路白酒门派和商家们目瞪口呆、大跌眼镜的精彩大剧。研究"金六福"的运作，其实也会发现，类似这样以幸福美好、吉祥如意为品牌立意的白酒产品其实不少，但没有哪一个品牌像"金六福"这样做得透彻，做得风光，取得如此令人艳羡的成功。消费者之所以能热烈地接受"金六福"出售的美好祝福和预期，关键在于"金六福"品牌的运作者在"福文化"的发掘、丰富和"以实售虚"方式上的独特性和不可竞争性。由此，使"金六福"与其他立意相似的品牌产品有了高下之分。

一、充分发掘和丰富产品的"福文化"内涵

以"福文化"将产品定位于市场，并进行深入的发掘和丰富，是"金六福"与其他相类似的白酒品牌的不同之处。在中国源远流长的伦理文化中，有"五福临门"的传统说法和讲究。所谓"五福"者，即：寿、富、康、德、和之谓也。金六福公司还加上了一个"孝"字，故称"六福"，且以"金"字来包装，曰"金六福"。如此发掘演绎，把一个"福"字竟然打理得异常丰满立体，金碧辉煌。加之媒体广告营造了浓郁的欢乐喜庆氛围，不能不让人受到感染而心动，达到预期效果。

二、抢抓机遇，借势造势，在高层面的体育营销上放手一搏

出道不久的金六福公司，以独到的眼光、少有的魄力、精到的谋划，用"福文化"把"金六福"白酒品牌与中国最高层面的体育事件紧紧联结在一起。金六福公司先后取得了"2001—2004年中国奥委会合作伙伴和2004年雅典奥运会中国代表团庆功酒、21届世界大学生运动会、2002年韩国亚运会中国代表团庆功酒""中国国家男子足球队打入第十七届世界杯决赛阶段专用庆功酒"等称号，并被中国足协授权发行9 999瓶出线庆功珍藏酒。"江山代有才人出"，有了这些引人注目的高端"平台"支撑，"金六福"在竞争激烈、强手如林的中国白酒市场脱颖而出，在耀眼的、引人瞩目的高端展示平台上吸引了亿万眼球。如果说，以五粮液集团出品为产品质量支撑点，发掘和丰富中国传统的"福文化"，并以之作为新产品文化附加值定位，只为"金六福"奠定了一个参与市场竞争的较好基础的话，而高攀上中国申奥和中国足球经过几十年的苦苦奋斗，首次在世界杯上出线这两大顶尖的体育盛事等，则是"金六福"取得市

场成功的至关重大的关键因素。介入中国这两大非同寻常、举世瞩目的顶尖体育盛事，使"金六福"在知名度上获得了强大的支撑力和影响力。

借力借势，鱼跃龙门，提升了品牌形象高度。如果"金六福"不介入中国申奥和中国国家足球队出线等重量级的体育盛事，其品牌形象也不过就与五粮液集团旗下鱼龙混杂的诸多白酒品牌一样，形象平平，不会引起特别关注。而介入了这两大顶尖的体育盛事，便收到"一登龙门，则身价百倍"的效果。既惊人地迅速扩大了品牌的知名度，又使品牌的形象档次也得到大幅度提升。其紧锣密鼓操作的，由中国足协授权，五粮液酒厂生产，北京金六福公司面向全球限量发行 9 999 瓶国足世界杯出线珍藏酒（每瓶 20 000 元）的成功运作，其意义并不仅仅在于经济效益，更重要的是品牌档次的提升。"金六福"的收藏酒，或者说礼品酒能达到 20 000 元这个高价位水平，与"茅台""五粮液"高档名酒企业同类型的收藏酒差不多已经在一个档次了。这种高价位的收藏酒能让市场接受，说明"金六福"在品牌运作、产品附加值的积累、体育营销大手笔的运作上取得了成功。真是"好风凭借力，送我上青云"！"金六福"品牌形象不仅由此而提升到了一个较高的层面，也由此强有力地支撑起"金六福"中档价位的产品有了稳定和较大的市场占有率。

三、福文化和重大体育事件大胆而且巧妙的契合

需要指出的是，作为 2001—2004 年中国奥委会赞助企业和特许企业，作为中国国家足球队世界杯首次出线唯一庆功酒企业和赞助商等，金六福公司必须要先期投入大额的赞助资金。这些投入，只能靠金六福公司在以后的市场销售中收回。能否收回，亏损还是赚钱？都存在着不确定性。特别是在中国白酒市场竞争异常残酷的态势下，敢于如此投入，尽管金六福公司有通盘的研究和策划，但巨大的风险，仍然需要企业决策者的胆略和魄力。从操作效果看，金六福公司这一把"豪赌"显然是成功了，这是一个方面。另外，除开赞助外，研究金六福公司参与中国申奥和中国国家足球队出线等重大赛事的合作，能取得成功的另一个重要因素，则是其能巧妙地将"福文化"与这些重大体育盛事微妙地契合。而且，还由此高起点地延伸开去，自然地介入了中国人的生活，从而大规模地发掘、启动了消费市场。从中国奥申委和中国足协的角度来看，选中金六福公司作为赞助企业，应该还不仅仅是因为金六福公司能够提供额度不小的赞助资金，是否还有"金六福"品牌喜庆吉祥的内涵和浓郁氛围的张扬，给予他们的情感影响的因素呢？中国申奥成功，中国足球首次出线，是经历了那么多的磨难和挫折后才方使梦圆。特别是中国足球几十年来首次跌跌撞撞地出线，国人惊喜之中却也有说法。不少人士认为运气的成分也很大（比如韩国和日本国家足球队都没有参加预选赛等因素）。对主教练米卢，虽然也承认他有水平，但认为他运气好的人也不在少数。国人希望中国能成功举办好奥运会，特别是希望中国足球队能够再走好运，杀入十六强。应该说，"金六福"的掌门很智慧地洞悉和把握了这种微妙的、企求运气的心理，除赞助了大量资金外，同样重要的是，让"金六福"扮演了一个"吉祥物"角色。在铺天盖地的广告中，极力突出"福气""运气"概念。前后的广告："金六福——中国人的福酒"；米卢做的广告说"喝了金六福，运气就是这么好"等。"金六

福"俨然已经演变成吉祥和运气的象征了。金六福公司玩体育营销玩到这个份上，作为实体的酒品，似乎已经不是关键的要素了。由于申奥和中国足球首次出线都是举国瞩目的焦点新闻，金六福公司将很通俗的"福文化"与其进行巧妙的组合嫁接，特别是与中国足球的"救世主"，当时红得发紫的米卢搭上桥，也就把"金六福"白酒品牌推上了市场最为耀眼的聚光点上，从而把握了大规模启动市场的杠杆，获得丰厚回报，使企业迅速做大。

四、整合资源，强力运作，超速发展

短短四年时间，"金六福"的销售近二十个亿，进入中国白酒五强，不能不说其发展的速度是很惊人的。而且，这个发展速度还是在白酒市场竞争十分残酷，白酒总体销量呈大幅度下滑的态势下获得，就更属不易。有的研究者将其与当年的"孔府家""孔府宴""秦池"等企业在短时间内迅速膨胀的状况相比拟，对"金六福"的前景也不看好，虽然也不无道理，但我认为，"金六福"的发展与"孔府家"等企业虽然有相似之处，但在关键环节上却有很大超越，不可同日而语。"孔府家""秦池"等企业当年的成功，主要取决于两个条件：

一是抢文化营销发端的先机之利，以新颖取胜；

二是在消费者尚不成熟，市场对广告的反应还十分敏感热烈阶段，以高强度的广告"轰炸"，对市场采取粗放的、掠夺式的开发。

这两个条件的充分运用，使"孔府家"和"秦池"等企业在很短的时间内超速发展，迅速膨胀。但如果分析"金六福""暴发"所处的市场环境，其实与前者已经迥然不同。固然也是做文化营销，但现在已经不是什么新鲜玩意；固然也采取了高密度的广告"轰炸"，但时下消费者对广告的反应已经近乎麻木，"抗药性"大为增强。如此状况，"金六福"竟然可以大获成功，秘诀是什么呢？前面已经从一些角度作了分析。如果综合来看，就是整合资源，强力运作。即"金六福"的掌门以开阔的视野，将自己具备的资金、品牌策划和市场营销运作能力，与外部强势企业的品牌资产及生产能力、重大体育事件等资源进行大手笔的有机整合，从而形成了强大的超速发展能力，从而使"金六福"得以在较短时间内跨越式发展，积聚了大量财富。换个角度看，如通常所形容的，企业竞争的综合能力是一个木桶，构成这个木桶的每一块木板就是单项能力。这些能力包括资本能力、人力资源能力、机制能力、管理能力、创新能力、市场运作能力等。

资料来源：http://www.emkt.com.cn/article/92/9236.html

思考题：

1. 金六福"以实售虚"战略体现在哪些方面？

2. 结合该案例，分析如何利用文化营销战略来运作一个新产品。

案例 6　东圣酒业竞争战略

质量是市场竞争的通行证，企业要想在市场竞争中胜出，必须加强质量管理，生产符合规定要求、满足消费者期望的产品。在我国白酒业竞争惨烈的市场上，"好四川东圣酒"便是凭借其坚如磐石的产品质量赢得了消费者的青睐，开拓了一片蓝天。

一、公司概况

四川东圣酒业（集团）有限公司（以下简称"东圣酒业"）位于成都平原北部素有中华酒乡之称的绵竹市。公司始建于 1982 年，是从事酒类、乳制品和饮料等生产销售的地方大型民营企业，下有三个分厂（绵竹东圣酒厂、川竹酒厂和川酒王酒厂）两个子公司，现有员工 500 余人，其中各类中高级职称管理人员、专业技术人才 100 余人。

东圣酒业在发展过程中始终坚持"质量求生存"的宗旨，视质量为企业生命，以现代高科技与传统工艺相结合，选用优质高粱、大米、糯米、玉米和小麦为原料，汲取天然矿泉，精心酿制的有浓郁古蜀汉酒风格和性能的"东圣""蜀汉王"等 5 个品牌 30 余种系列酒，均严格执行（国标）GB/T10781.1-89、GB/T118591.1-89 及 Q/20526912-8.1-2003 标准。东圣酒业以强大的质量保证赢得了消费者的信任，产品畅销全国 21 个省市自治区。1999 年，"东圣"牌圣粮液被四川省人民政府授予"金奖产品"称号；2000 年"东圣酒业"被省政府确定为"四川省非公有制经济 200 强重点发展企业"，通过了 ISO9001：2000 国际质量体系认证；2001 年，"东圣"商标被四川省人民政府授予"四川省名牌产品"称号；2002 年，被四川省质量技术监督局授予"四川省质量免检产品"称号；2006 年，被四川省质量技术监督局授予"质量信誉等级 AAA 级企业"。

东圣酒业的成功理念：

"四大追求"的成功使命：追求社会繁荣昌盛；追求顾客最大满意；追求员工价值实现；追求事业兴旺发达。

"四至"的成功价值观：至精、至美、至善、至诚。

"四百"的成功精神：百炼成钢的育人精神；百事不苟的过硬精神；百折不挠的奋斗精神；百战必胜的成功精神。

"四维"的成功哲学：理性维——以科技为本；人性维——以人为本；运动维——以创新为本；时空维——以市场为本。

"四诚"的成功道德：忠诚待人；忠诚做事；忠诚理念；忠诚事业。

东圣酒业的企业使命：

酿千年美酒　助人人成功

用智慧酿酒　用酒酿智慧

用酒助成功　用成功创业

二、案例聚焦

我国的白酒市场品牌林立、竞争激烈，尤其是酒乡绵竹，大大小小的酒厂之间的竞争尤为惨烈，东圣酒业之所以能历经二十多年的风雨而更加旺盛，原因就在于，在东圣酒业二十多年的经营运作过程中始终坚持"以质取胜"。

1. 推进中度酒

东圣酒业在 1998 年前主要生产原酒，1998 年后开始生产瓶装酒。当时，董事长钟坤明先生以成功企业家特有的敏锐眼光，觉察到随着人民生活水平的日渐提高，消费者的饮酒习惯正在发生微妙的变化，于是，在他的带领下，东圣人开始了为期三个月的市场调研，了解消费者的需求偏好。详尽的调研之后，东圣酒业将自己的产品定位于 42 度、45 度中度酒。在今天看来，这一举措也许毫无新奇之感，但在当时，作出这一决定却是冒了很大风险，因为那时我国大多数白酒生产厂家的产品定位是 52 度以上的高度酒。东圣中度酒的推出，受到了消费者的青睐，更是挖掘并引导了消费者的需求，对我国中度酒的全面推广起到了很大的推进作用。

东圣中度酒之所以畅销，董事长钟坤明先生给出了秘诀，关键在于东圣酒质量的稳定性。经过多年的经营，东圣酒形成了酒体丰满、开瓶生香、入口醇和、回甜甘滑、余尾爽净以及喝了不上头、不口渴等酒体风格，这是东圣酒的核心竞争力所在。尽管酒的度数有所下降，但酒体指标本身的协调性并未因此而被破坏。酒体质量的稳定性使东圣人开拓出了一片新的广阔市场。

2. 加强质量管理

酒的质量是否合格关乎我国千万人民的健康，钟坤明先生深刻明白其中的道理。东圣酒业从当初作坊式的为其他厂家提供基酒的小厂发展到现今的集团公司，始终坚持的是视质量为生命的理念。创业之初，东圣酒业就确立了自己的质量方针和目标。到了 20 世纪 90 年代初，公司管理层又制定了"创名牌、增效益"的总体目标，并迅速在公司上下推广，设置质量部，总揽从原辅材料进厂到产品出库的每一个环节的质量管理工作，在关键工序上建立质量控制点，严格规范生产工艺，并重视研发成果的推广。同时，公司还不断购进、更新技术设备，添置气相色谱仪、分光光度计和烘箱等半成品化验设备，将传统的人工酿造逐渐转化为机械化、自动化，进一步提高了东圣酒的质量稳定性与可靠性。此外，公司还注重技术研发，将年销售收入的 2% 作为技术研发专项资金，同时，公司还与大专院校联合，提升自身的研发水平。

2000 年，东圣酒业顺利通过了 ISO9001 国际质量体系认证。谈到认证工作的整个过程，钟坤明先生的一句话令人感触颇深：做企业就是解决困难。在整个认证的过程中，确实出现了许多困难，认证工作的繁琐性也许正是今天许多公司将其拒之于门外的原因之一。当时，东圣酒业成立了"贯标办"，负责整个公司的认证工作。为了转变全体员工的意识，钟坤明董事长亲自为员工讲解质量认证的好处及相关知识。正是这种知难而进的精神，使东圣酒业拥有了辉煌的今天。钟董事长谈到，认证过程虽然曾经出现了许多困难，但是通过解决这些问题和困难，东圣酒业日渐成熟起来，认证前后公司在多个方面发生了很大的变化，管理水平上升到一个新台阶，产品的质量更加稳定可靠。

3. 创建学习型企业

高质量的产品要有高素质的员工作保证，东圣酒业在发展进程中始终将提高员工的素质作为重中之重，而提高员工素质的方法唯有学习。在东圣酒业的"成功手册"中列有十一条与学习有关的内容，其中有一条写道"东圣是一所大学，在这里学思维、学知识、学能力、学方法、学研究环境、学做人。你在这里最大的受益是学习"。的确，东圣酒业这样说了，也这样做了。多年来，东圣酒业摸索出了一套行之有效的学习方法。首先，公司选送有潜力的中高层员工到科研院所进修学习。这里的学习不仅是"为学习而学习"，每位员工在学习的过程中要不断将自己的学习心得、所学到的知识传达回公司，让大家看到自己的进步。公司通过这种方法，加大了进修员工的学习压力，同时也提高了他们的学习积极性和效率。其次，每周五上午都是中高层员工例行的学习时间，各个部门选派人员轮流上台，为大家讲解本部门工作的相关知识。公司还隔三差五地聘请厂外知名专家学者为员工"充电"。最后，创建学习帮扶小组。由于公司员工的文化水平存在差异，同样的知识，他们理解与接受的程度往往不同。针对这种情况，东圣创建了"学习帮扶小组"形式，由已经理解并接受了新知识的员工负责帮扶未能理解的员工。这样，提高了学习效果和效率，营造了良好的学习氛围。通过以上方法，公司还可以发现有能力有潜力的人才作为培养对象进行培养。

4. 培养品牌文化

白酒与中国文化血肉相连，是中华文化最具特色的部分，是中华文化的载体。东圣酒品牌文化的培养正是参透了其中的道理。

绵竹位于美丽富饶的成都平原北部，这里山重水复、田畴千里、土地肥沃、人文兴盛，被唐人赞为天下七十二福地之一，自古有"小成都"之美誉。绵竹气候湿润，冬无严寒夏无酷暑，极利于酿酒微生物群生长。土地为黄酸性土，矿物质异常丰富，境内多泉水群，水质清澈甘美……得天独厚的自然条件造就了绵竹源远流长的酿酒历史。先秦时期绵竹酿酒已成规模，蜀汉三国时绵竹酒已负盛名。东圣酒业正是抓住了中国历史上"三国"这一特定的时期，长期坚持对蜀汉文化的诉求，收集、整理并撰写了"东圣蜀汉酒文化传说"十二篇文章，推出了"蜀汉王""宴桃园"和"借东风"等高档特色的蜀汉酒，形成了独特的品牌文化。此外，东圣古蜀汉酒无论在包装还是广告宣传等方面一贯贯彻古蜀汉酒文化风格，以诸葛亮鞠躬尽瘁的精神为企业酒魂，追求质量个性，精工操作，深受消费者认同，并且留下了深刻难忘的印象，许多品牌甚至成为白酒收藏爱好者的收藏对象。东圣酒蜀文化内涵已深入人心。

5. 营销战略与策略

优质的产品还需好的营销方法的支撑，东圣酒业创造了独特的市场营销战略与策略。

（1）两个名牌并举，"三个名牌"齐步走的营销战略。

"东圣"系列酒为四川省政府命名的省级名牌，"散仙""散大王"是原酒著名品牌。利用这两个名牌，加上"四川大酒乡，绵竹小酒乡"等美誉，大力宣传东圣酒的地理优势和蜀汉酒的文化优势；充分利用东圣酒业是四川省八大原酒基地之一的美称大力宣传"散仙""散大王"两个原酒名牌。

在两个名牌并举的基础上，东圣酒业实施名牌、形象和企业文化三个名牌齐步走的战略。蜀汉酒文化的古朴加上时代精神，凝结成既反映时代潮流又融合古人智慧的品牌文化，"智慧与成功"成为东圣酒的象征。

（2）独具特色的营销策略。

东圣酒业在"三个名牌齐步走"的营销战略指导下，形成了独具特色的营销策略。

第一，长期文化诉求策略。东圣酒业始终注重品牌文化的培养，而长期的文化诉求对品牌文化的形成具有重要作用。东圣酒业经过多年的发展，已经将蜀汉文化与之紧密联系在一起。

第二，兔子先吃窝边草策略。俗话说："兔子不吃窝边草。"但是，东圣人却认为，兔子要吃窝边草。因为：第一，吃窝边草相对来说更省时省力；第二，吃掉窝边草也是一种领地占有行为；第三，在窝边树立标杆市场，也是品质与实力的象征；第四，有利于市场操作手法的研讨、复制和推广。绵竹是酒的故乡，这里也盛产名盖天下的国家名酒。可以想象，绵竹酒市场竞争的激烈程度。东圣酒业过去长期为名酒厂供应基酒，其酒品质卓越，加上东圣人在酒的生产过程中更加注重质量、文化的个性诉求，推行全过程服务，注重宣传自己，最终，东圣不仅在绵竹站稳了脚，而且在四川市场的占有率也得到了很大提升。

三、案例评析

著名的战略专家迈克尔·波特指出，企业的竞争优势（Competitive Advantages）是指一个企业能够以比别的企业更低的成本提供同样的价值或以同样的成本提供更高的价值。波特还提出了三种基本的竞争战略：低成本战略、差异化战略和集中化战略。虽然波特的竞争战略理论由于其时代的局限性而受到学者们的批评，但是，我们却无法掩盖其中的熠熠光辉。从波特对竞争优势的定义中，我们可以看出，一个企业的竞争优势具有如下特点：第一，体现用户看中的核心价值，企业只有能够为用户提供超过竞争对手的价值，才能赢得用户的青睐；第二，独特性，企业的竞争优势必须是企业所独有的，竞争对手难以模仿或超越；第三，系统性，企业的竞争优势必须能够充分发动企业内部的所有资源，使之成为一个紧密联系的整体，只有这样，企业的力量才能发挥到极致；第四，动态性，企业的竞争优势必须随企业所面临的内外环境的变化而具有一定的动态性。竞争优势需要时刻地学习与创新来维持和提高。

随着科学技术的不断发展，低成本与差异化已不能保证企业能够获得竞争优势，企业间竞争的核心发生了变化，质量已成为企业间竞争的重心。质量管理也从过去的生产过程管理转变为今天的以客户满意为导向的全过程管理。现代企业管理的实践证明，质量管理是企业竞争力的核心。在我国中小企业普遍寿命较短的今天，东圣酒业能从一个作坊式的小厂成长为我国白酒市场上具有重要影响力的酒业集团公司，其竞争优势的获得、骄人业绩的取得，与其始终坚持质量是企业的生命这一观点分不开。

1. 质量管理的消费者导向

企业竞争优势的获得体现在消费者的"货币投票"上，而消费者的满意度又是企业能够获得更多"货币投票"的基础。因此，迎合客户需求、提高客户满意度是企业行动的基础和根本所在，也是企业质量管理的基础。东圣酒业的成功就是从满足消费者的需求开始的。东圣酒业是中度酒的推进者，在绝大多数白酒生产商都将产品定位于高度酒的情况下，东圣酒业却"冒天下之大不韪"，大胆地将酒的度数降低，如图 1 所示。

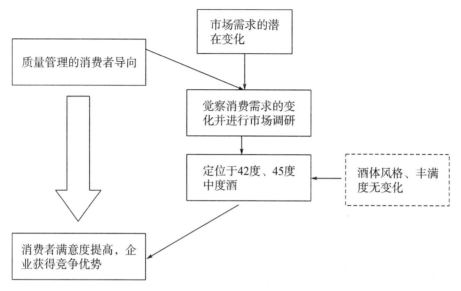

图 1   东圣酒业质量管理消费者导向理念

东圣酒业这一举措的成功得益于两个方面：第一，迎合了消费者的需求，随着人们生活水平的提高，人们的饮酒习惯也在发生微妙的变化，饮酒变得越来越"文明"了，高度酒充斥的市场急需中低度酒的出现来挖掘并满足消费者的需求，东圣酒业公司正是觉察到了这种变化并做出了正确的决策；第二，酒的质量始终如一。

东圣酒多年来以酒体丰满、清澈透明、开瓶生香、入口醇化著称，这也是东圣酒受广大消费者喜爱的特点之一。东圣酒业在降低酒的度数的同时，保证了自己核心竞争力的稳定性。

2. 质量管理的学习导向

质量管理不是个人行为，而是全员、全过程、全企业的行为，全员参与是保证质量管理成功的基础，而全员参与要依靠员工观念的转变、素质的提高以及员工的积极性，然而这些都要靠学习型企业的创建。

学习型企业是指那些能够敏锐地觉察到环境的变化，通过制度化的机制或有组织的形式捕获信息，管理和使用知识，从而增强群体能力，对各种变化进行及时地调整，使企业作为一个整体系统能够不断地适应环境变化而获得生存和发展的一种新型组织形式。学习型组织具有的基本特征：第一，将学习放在战略地位。第二，浓厚的学习氛围。第三，企业内部系统的有机整合。

东圣酒业堪称学习型企业的典范。创建二十多年来，一直将组织学习作为自己的奋斗目标。"四百"的成功精神之一便是"百炼成钢的育人精神"，他们认为，企业即人，企业与人是一个不可分割的整体，有了成功的人才会有成功的企业，企业先"生产"人，才生产产品。东圣酒业以人为本，重视全员的培训、参与和激励。

正是在这种精神和理念的指引下，东圣酒业员工的素质日渐提高。当初，钟坤明先生率领大家参与 ISO9001：2000 国际质量体系认证时，有些职工很难理解，因为这是一项费时、费力又花钱的"苦差"，如今，全体员工的观念发生了重大的转变，他们积极参与质量管理的持续改进，遵循 P（计划）—D（实施）—C（检查）—A（改进）的 PDCA 循环工作程序，在生产与管理的每一道工序、每一个环节，都坚持 100% 的产品合格率。

3. 质量管理的技术研发与创新

质量证书的获得并不能保证企业具有较强的竞争力，在技术进步迅速的今天尤为如此。若企业在产品结构、技术性能等方面坚持几十年一贯制，不能满足消费者的需求，竞争优势从何而来？获得质量认证，无法取代企业通过技术研发与创新而带来的竞争力的提高。竞争力源自创新。根据熊彼特（J. A. Schumpeter）的创新理论，创新是对新产品、新过程的商业化及新组织结构等进行的搜寻、发现、开发、改善和采用的一系列活动的总称。提高质量与技术创新相辅相成，质量是科技物化的结果和表现，没有一定的科学知识就无法设计出满足人们生产和生活需要的产品，没有一定的技术就不能保证产品具有所需的特性，企业的竞争力就不能提高。技术创新是产品质量提高的前提条件，技术创新必然带来产品质量的提高，提高产品质量要求技术创新。只有将质量管理建立在技术创新能力的基础之上，并使质量管理和技术创新相互协调，企业才能在激烈的市场竞争中立于不败之地。

资料来源：揭筱纹. 战略管理——概论、案例与分析 [M]. 北京：清华大学出版社，2009.

思考题：

1. 东圣酒业成功的关键是什么？
2. 企业质量管理成功的关键体现在哪些方面？

案例 7　洋河发展战略

一、蓝海战略空间

如果脱离整个产业背景，仅仅从技术层面、操作层面、技巧层面上获得成功，那只是一个小成功、一个短暂的成功。只有站在宏观的高度，从促进产业发展的层面上获取成功，才是大成功，才是可以持续的成功。"洋河"作为名酒企业，我们希望站在行业未来走向的战略层面上去思考自身的发展问题，这也是我们经常提到"蓝海战略"的原因。洋河集团董事长杨廷栋如是说。

《东方酒业》2007 年 6 月曾刊发对杨廷栋的独家专访《思考，是一种责任》，文中杨廷栋站在产业发展的高度上畅谈现代白酒面临的问题。该文在行业内引起强烈反响，以致在当年 7 月召开的首届白酒东方论坛上，他的观点更成为会议讨论的热点，受到与会企业领袖的高度赞誉。

1."蓝色经典"：淡雅型浓香的"绵柔"发力

自 1979 年被评为老八大名酒以来，"洋河"一直与"泸州老窖"共同被誉为浓香型白酒的典型代表。但是，"泸州老窖"代表的是川派浓郁型浓香，以"香"为主；"洋河"则代表了黄淮板块的淡雅型浓香，以"味"为主。二者展示的是不同的流派风格。

由于诸多历史原因，以往很长一段时间，以"洋河"为代表的淡雅浓香型白酒一直在市场上身处弱势。而以"泸州老窖"为代表的川派浓郁型浓香白酒则一直"称霸"酒业，这一流派缔造出了"泸州老窖""五粮液"，"剑南春""水井坊""国窖 1573"等一大批优秀白酒品牌。前些年，无论消费者还是业界同仁，在提到浓香型白酒时，关注更多的往往是"泸州老窖""五粮液"，而不是"洋河"。

新世纪的到来，似乎一切都在改变。伴随生活和消费水平的提升，白酒消费逐渐向"淡雅"倾斜，由"吃香"转向"吃味"。在这种消费大背景下，由杨廷栋主持，经过数年市场摸底和悉心研发，"洋河蓝色经典"于 2003 年横空出世。她在继承"洋河大曲"传统"淡雅"风格基础上，对生产工艺、口感风味进行了大幅度创新调整，形成了"低而不淡、高而不烈、绵长而尾净、丰满而协调、饮后特别舒适"的典型个性风格特征，确立了"绵柔型"的独特风格流派。

著名白酒权威沈怡方先生给"洋河蓝色经典"以极高评价：其品质是在准确把握白酒消费需求变化的前提下、在继承民族传统优秀工艺基础上的一次划时代创新和提升，实现了专家口味与消费者口味的完美统一，最大限度满足了当今消费者的全新需求，是企业"生产导向型"向"消费导向型"的根本转变。

借助自身丰厚的工艺、技术、产品和品牌资源，"洋河"构建起区隔于竞争对手、极具差异化的巨大竞争优势，并确立了"中国绵柔型白酒领袖品牌"的重要战略地位。五年来的发展证明，其战略定位是成功且极深谋远虑的。2007 年，诞生五年的"洋河蓝色经典"销售业绩突破 14 个亿。这不能不说是白酒营销史上的又一奇迹。

2. 第三极：中国白酒的东部崛起

2007 年 9 月在中国白酒协会组织的一次产业政策研讨会上，一位行业领导面对与会众多行业巨头不无幽默地说：前几年没有人看重"洋河"，近几年是没有人敢小觑"洋河"。2007 年，"洋河"在前一年的高增幅基础上又增长 70%，销售突破 24 亿元；税收同比增长 82%，达 6.18 亿元；主营业务全行业排名第五，发展速度全行业第一。

在白酒行业，"国酒茅台"和"五粮液"不仅分别代表了黔酒和川酒，而且也分别代表着中国白酒的重要两极。随着"水井坊"和"国窖 1573"的横空出世，高端白酒市场开始呈现更为复杂的竞争格局。但就目前而言，白酒行业仍未出现让人信服的第三极力量。

"第三极"不仅仅是一个单一品牌的崛起，还必须是一个产业板块的崛起。洋河酒厂的傲然崛起及其主导品牌"洋河蓝色经典"的出色表现，让我们感到白酒行业第三极的争夺将异常精彩。由此业界人士认为，"洋河"的崛起，充分展现了白酒产业的东部崛起之势。"洋河"不仅已经成为黄淮名酒带的重要代表企业，而且还是"苏鲁豫皖四省联动"的核心推动者。

2004年，首届"苏鲁豫皖四省峰会"恰恰在"洋河"召开。加快浓香分流步伐，发展淡雅浓香型风格，顺应白酒消费需求变化，四省协同合作，谋求黄淮白酒板块崛起，改变中国白酒东弱西强的竞争格局，这正是"四省峰会"的深谋远虑。目前这一目标已初步达成，而"洋河"正是以其异常骄人的发展业绩，成为东部白酒崛起的成功典范。

3. 蓝海战略：传统白酒业的现代化启蒙

有评论认为："洋河"既是传统白酒的继承者，更是现代白酒的开拓者。作为老八大名酒之一，"洋河大曲"已有500余年生产历史，隆盛于明清，为清皇室贡品。1915年和1923年，"洋河大曲"连获巴拿马和南洋博览会金奖，闻名海内外，曾与"茅台""泸州老窖"等老名酒拥有同样辉煌的历史。

但当众多名酒企业不惜笔墨、纷纷讲述历史和传统的时候，"洋河"却"放弃"500年酿酒史不谈，反其道而行之，打起了现代白酒大旗。杨廷栋董事长在不同场合多次强调："随着白酒消费的升级，传统白酒与现代生活方式和消费理念之间存在矛盾，它们之间至今没有找到很好的结合点。"事实上，现代化正是传统白酒走向国际市场不可回避的关键问题。也许正因为有了这样一个思考，2007年"洋河"成了"首届白酒东方论坛"最坚定的支持者和白酒新文化论坛的首倡单位之一。

在首届中国白酒东方论坛上，杨廷栋发言认为：白酒不是没有与现代生活的结合点，而是缺少发现。可以通过重树中华酒风让白酒喝得文明、高雅起来，把白酒独特的功能因子带来的健康概念在全行业、全社会中树立起来，赋予白酒全新的文化理念和产品价值观，使之与现代人的生活方式、消费理念顺利接轨。他强调这是现代白酒产业的使命与责任。

"洋河"正用行动诠释杨廷栋这一理念，用"洋河蓝色经典"演绎着白酒与现代生活的融合之道，从而启蒙了这样一场中国白酒新文化。近年来，伴随生活质量和消费水平的提高，人们消费白酒，特别是中高价位白酒，已成为一种新的情感寄托与交流方式，他们对白酒的物质与精神需求都在发生变化。"洋河蓝色经典"的成功，恰恰是围绕这两大"需求"寻找到与"现代生活"的结合点。

一方面，绵柔型的产品特色，从物理层面上满足了白酒消费从"吃香"到"吃味"的全新需求；另一方面，"洋河蓝色经典"更从精神层面上找到了与"现代生活"的最佳结合点：那就是"蓝色的博大"与"男人的情怀"。海之深为蓝，天之高为蓝，梦之遥为蓝。"蓝色"既是"洋河"的传统符号特征，又是这个时代的符号，是开放的象征，是时尚的标志，是未来的亮丽。"洋河蓝色经典"用"蓝色"演绎了现代人对宽广、博大胸怀的追求和人生恒久不变情怀。

二、关于"蓝海战略"的访谈

1. "绵柔型"崛起是白酒品质发展的必然趋势

"洋河蓝色经典"是淡雅浓香型白酒的典型代表，是淡雅浓香型白酒的"绵柔"发力，其崛起有其必然性。

淡雅型浓香白酒的发展，是黄淮白酒板块不断探索的产物，是黄淮板块的气候环境、酿酒原料、酿造工艺发展的必然结果，也是白酒产业多元化发展的必然趋势。早在 1992 年，《酿酒》杂志上发表的题为《四论浓香型白酒的流派》专业论文中，明确提出了浓香型白酒存在黄淮派的"淡雅型"和川派的"浓郁型"两大流派的观点。"浓郁型"以"香"为主，"淡雅型"以"味"为主。

但是，与川派的浓香型白酒的平稳发展不同，淡雅型浓香白酒的发展历尽坎坷。在计划经济向市场经济转轨的过程中，苏鲁豫皖四省很多企业大量购买四川原酒，然后进行勾兑。这种急功近利的经营模式最终造成黄淮板块本身风格的流失，培养了消费者对浓郁型浓香产品的消费嗜好，打击了黄淮白酒的发展。

2000 年后，黄淮白酒板块逐渐觉醒，各省主流企业纷纷恢复自家发酵、自家生产原酒，淡雅型浓香白酒才慢慢抬头，除了"洋河蓝色经典"之外，"双沟珍宝坊""今世缘国缘""淡雅美酒古井贡""泰山特曲"等都是淡雅型白酒的典型代表。

除了工艺层面的必然性，白酒消费趋势变化也给淡雅浓香型白酒崛起提供了市场基础。随着生活水平的提高和饮食结构的变化，国内消费者口味逐渐清淡化，白酒消费逐渐从"吃香"向"吃味"转变。"洋河"研制出"绵柔"型口感的白酒，实现了专家口味与消费者口味的完美统一。它是在准确把握消费者消费习惯变化的前提下、在继承民族传统优秀工艺基础上的一次划时代创新和提升，最大限度地满足了当今消费者的最新需求，是企业"生产导向型"向"市场导向型"的根本转变。

2. "蓝色风暴"影响不可估量

自 2003 年年底"洋河蓝色经典"上市以来，它们在白酒行业掀起了一场蓝色风暴。对白酒行业来说，这场风暴已经超出了"蓝色经典"案例本身，它的创新精神已经对中国白酒营销史产生了不可估量的影响：

第一，"洋河蓝色经典"的成功速度影响深远。截至 2007 年，"洋河蓝色经典"这一单一品牌累计销售额已经超过 24 亿元人民币。仅 2007 年就突破 14 亿元，其成长速度连续超过 70%，甚至是 100%，这是中国白酒营销史上绝无仅有的。

第二，"洋河蓝色经典"的成功，对老名酒复兴参照意义重大。虽然"茅五剑泸"已经成为行业成长的标杆，但是它们的基础是一般酒厂无法比拟的，对行业参照意义不大。"洋河蓝色经典"却演绎了一个二线名酒奇迹复兴的经典案例，并且是通过一系列可以复制的操作创新实现的。这对全国广泛存在的地方名酒企业具有极高的参照意义。

第三，"洋河蓝色经典"进行的营销系统创新，在中国白酒营销史上堪称经典。从产品看，它一举打破了大红、大黄的白酒产品风格，让蓝色成为一种独特的风景线。从价格方面看，它拉动了江苏白酒市场中高档价位的档次，使得 150 元以上的终端表现成为二线品牌的可能，并顺利解决了顺价销售、刚性价格体系控制的难题；从渠道看，它大幅度采用了"终端盘中盘"和"消费者盘中盘"的创新渠道运作理念和方法，启动市场效率首屈一指；从品牌和促销看，它重塑了"绵柔"的消费者物理价值和"男人的情怀"的消费者精神价值，并一举打破了价格促销的俗套，消费者忠诚得以建立、维持和不断强化。它不是某一项要素的成功，它是 4P 营销组合的系统成功，它直接将白酒营销竞争推到系统优势的新阶段！

3. 三比三看考量"洋河"发展

"洋河"发展之快，可用"三比三看"来考量。第一个是比上年看速度，"洋河"2007 年销售同比增长超 70%，在持续增高的情况下仍然保持高速增长。第二个是比同行看排名，"洋河"排名越来越高，"洋河"曾几何时排名在 20 名左右，被远远甩在了八大名酒之外。到 2006 年，"洋河"重新回到八大名酒行列，排名第七，2007 年行业主营业务排名第五。第三个是比区域看贡献，贡献越来越大，2007 年"洋河"上缴税收达 6.18 亿元，比上年增长 82%，2006 年缴税是 3.39 亿元，占宿迁财政的十分之一。所以看贡献，"洋河"越来越大。

考量 2007 年，"洋河"发展得很好，表现在"三同步"：第一个是经济增长与产品结构调优同步，"洋河"的经济增长与产品结构调优，与区域市场结构调优实现了同步增长。"洋河"的经济增长大部分来自于板块市场、样板市场和战略市场的增长，大部分来自于主导产品"洋河蓝色经典"的增长，所以这个增长带来"洋河"的可持续增长。第二个同步是经济增长与转变发展方式同步，国家提出来要转变整个发展方式，提出科学发展观，最基本的就是要从粗放式增长转变为集约式增长，"洋河"在集约式增长上有了很好的体现，也就是"两高两低"，两高是高效益、高技术含量，两低是低排放、低消耗，2007 年"洋河"在这方面颇具作为。第三个同步是经济增长与可持续发展同步，胡锦涛同志提出的科学发展观，其内涵基本可描述为全面、协调、可持续发展。洋河人不仅在 2007 年实现了可持续发展，而且在 2008 年还可以赢得更高速增长，因为"洋河"已实现了环境资源可持续、人力资源可持续、市场资源可持续，是按照科学发展观的指导来实现战略发展的，所以理性分析"洋河现象"，用"又好又快"来评价并不为过。

4. "洋河"的不足与调整

对于洋河目前的发展可以做两个评价：第一，目前在发展水平上，"洋河"已有"品牌"基础；第二，未来"洋河"的发展还有非常大的压力。

现在看来，"洋河"的主营业务是行业第五位。下一步"洋河"将进入白酒行业宝塔尖上的竞争，这需要竞争手段更高超，搏击能力更强劲，因为前四位无论品牌的影响力还是资本的实力，包括借助多方面资源整合企业运作能力上，都是行业内的佼佼者。"洋河"与它们相比，还有一些不足，需要进一步赶超。

我们认为，"洋河"的不足表现在四方面：第一，从整个品牌的支撑力来看，洋河跟川、贵白酒板块相比还有明显不足，"洋河"品牌的支撑力从全国范围讲尚不如"茅台""五粮液"，不如"泸州老窖""剑南春"；第二，从全国市场布局来看，"洋河"才刚刚起步，与"茅五剑泸"相比，洋河的市场面还远不如它们普及；第三，在竞争的资本实力上，"洋河"的资产总值，包括目前"洋河"资本的实力与前四强相比，也还存在不小差距；第四，洋河自身的竞争力依然不足，在新的发展形势下，"洋河"在人力资源和生产要素的储备上，都需要一个快速扩充。

因此，站在这四个不足基础上谈"洋河"的战略定位，是不现实的。洋河现在的任务是弥补不足，通过学习、借鉴创造自身的竞争优势。只有这样，洋河才可能逐步缩小与"茅五剑泸"间的差距。

如何弥补不足？主要从三方面着手：第一是继续丰富"洋河"的品牌精神内涵，提升品牌形象。应该说，"洋河"走了一条与其他"四大品牌"不同的品牌道路，洋河已经在现代白酒品牌占位上取得了相对优势，下一步将力争放大这一优势。第二是继续积累综合实力，这是个长期的战略实施过程。第三是市场运作继续坚持两条腿走路：江苏省内市场进一步实现全区域、全渠道、全价位高密度覆盖；全国市场拓展则要打造几个真正的根据地式的先导型市场，进一步扩大全国化的力度，让"洋河"真正成为走向全国化的大名酒品牌。

资料来源：http://www.lmst.com.cn/docview.php3? keyid＝13299

思考题：

1. 洋河"蓝海战略"成功实施的有利条件有哪些？
2. 洋河的"蓝海战略"有何启示？

案例 8　宁夏红竞争战略

新经济时代的企业营销面临的主要问题是如何建立和管理企业的品牌。谁拥有了强有力的品牌，谁就拥有了竞争的资本。宁夏地区的枸杞产业一直停留在干果、鲜果的初级加工阶段，其品牌优势没有得到有效的培育和提升。"宁夏红"的发展揭示了这样一个道理：品牌源自不断创新。对于宁夏红来说，成功的最大秘诀就是创新。

一、案例背景

（一）生态环境优越

宁夏枸杞原产地主要由四大区域组成，即：卫宁灌区（中宁、中卫）、清水河流域（固原、同心、海原一带）、银川河套地区和银北地区（平罗、惠农）。上述四大区域属大陆性气候，光照资源丰富，日照时间较长，年日照时数 2 000 小时以上；有效积温高，昼夜温差大，昼夜温差一般在 10℃~15℃；无霜期较长，土壤条件好，土层深厚，主要为灌淤土、灰钙土，含有丰富的有机质和多种微量元素，土地肥沃；水资源丰富，黄河流经宁夏 397 千米，灌溉网络发达；产地远离工业区。以上独特的地理环境为枸杞的生长提供了一个天然的绿色生态环境。

（二）栽培历史久远

据史书记载，早在明清时期，宁夏就开始人工种植枸杞，广泛用于医药保健，至今已有 500 多年的历史。

（三）药用价值极高

明代药物学家李时珍在《本草纲目》中对枸杞的药材性能、主治病症和服用方法进行了论证，列出了 32 个传统医药方剂。《本草汇言》认为，"枸杞能使气可充、血可补、阳可生、阴可长、火可降、风湿可去"。现代医学也对此形成了共识，《中华人民共和国药典》明确规定："药用枸杞子为宁夏枸杞的干燥成熟果实。"中华人民共和国医药管理局指定宁夏为全国唯一的药用枸杞产地。

新中国成立初期，宁夏枸杞产量只有 141 吨，1958 年达到 502 吨，由于历史的原因，1982 年又下滑到 253 吨。为摆脱困境，自治区科委组织有关科研力量从新品种培育、成分分析、药理研究和综合利用等方面开展了系统研究，取得了大量有价值的科研成果。由于科技的推动，宁夏枸杞产业出现了较大的变化：从 1984 年起，种植面积超过 2 万亩（1 亩＝666.67 平方米）；1987 年枸杞产量突破千吨大关；到 2000 年，种植面积已达到 131 800 亩，产量也达到 4 800 吨；2001 年银北地区从 2 万亩发展到 5 万亩，银川地区从 3 万亩发展到 5 万亩，银南地区从 5.3 万亩发展到 9 万亩，西海固地区发展到 1 万亩，全区发展到 20 万亩，在国内占据绝对优势，许多种植基地业已形成。随着枸杞独特的食用价值、营养价值和保健药用价值被越来越多的消费者所了解，市场消费量与日俱增，宁夏枸杞创造了价格连年攀升的奇迹。近几年，宁夏枸杞种植面积以年均 30% 以上的速度递增。2006 年，全区枸杞种植面积已增加到 50 万亩，总产量突破 8 000 万千克。枸杞饮料、果酒市场方兴未艾，各种枸杞保健品和精深加工产品前景看好。

宁夏香山酒业集团从 1997 年生产白酒起家，以产品的高品质、多系列及成功的竞争战略，迅速占领宁夏及周边市场，企业声誉与经济效益不断上升，随即进行改制，兼并国有中小企业，走上了多元化、集体化的发展道路。2000 年 4 月，收购中宁枸杞制品厂；2002 年 3 月，新产品"宁夏红"枸杞保健酒在西安"全国春季糖酒商品交易会"上一炮打响，创下历届糖酒交易会新产品参展成交的最高纪录；来自全国 28 个省区市的 150 个大中型城市的商家签订产品订货合同 189 份，合同金额达 4.87 亿元。2003 年，新的技改项目完成，"宁夏红"的生产能力由年产 5 000 吨提高到 20 000 吨，营销网络遍布全国 28 个省、市、自治区和 200 多个中心城市，迅速发展成为宁夏农业化产业化的龙头企业。宁夏红枸杞产业集团有限公司是宁夏回族自治区重点扶持的非公有制骨干企业、农业产业化国家重点龙头企业。公司依托"中国枸杞之乡"宁夏中宁县得天独厚的资源优势，通过现代高科技手段对枸杞鲜果加以提升精炼，开发出具有鲜明地方民族特色的宁夏红"枸杞果酒"。"宁夏红"的推出适应了目标市场的需求，准确的市场定位使其在不长的时间里迅速"走红"。该公司生产的"宁夏红"酒，以其优良的保健品质、精美的外壳包装、适宜的广告载体和充满东方女性美的形象展示，随着"每天喝一点，健康多一点"的广告主题词，一时间成为红遍大江南北的著名品牌，成功地在一个不太发达的地区找到了通往成功的路。"宁夏红"健康果酒在 2002 年不到一年的时间里就取得了 1.4 亿元的销售成果，在当今品牌竞争极为激烈的酒类市场，应该是一个奇迹。据全国主要市场的反馈信息，"宁夏红"的提示知名度和未提示知名度均高居品类第一，已成为健康果酒的品类代表，当之无愧成为枸杞产业深度加工产品的品类代言人。在宁夏，"宁夏红"成为外地游客和公务商务人士必然带回的礼品，在中高档的酒楼宴会中，"宁夏红"已成为健康饮酒的主选品牌。作为我国独创的果酒——枸杞酒产业，正面临着巨大的市场机遇。枸杞酒开创了酒的新品类，是全世界第一个用鲜果酿造的枸杞果酒。目前，宁夏红已具备每年两万吨的果酒生产能力，枸杞果酒低温发酵技术属于国内首创；在产品的创新方面，宁夏红已经拥有了

20 多项独特的专利技术；在枸杞果酒的研发上，已经拥有了完全自主知识产权的技术体系，并建立了博士后工作站和科研技术中心。近期，宁夏红酒业集团被评为"中国最具竞争力 100 强企业"之一，排名第 53 位，"宁夏红"与茅台、五粮液和水井坊等名酒一起，入选中国最具影响力的 20 个酒类品牌，已成为世人公认的宁夏名片。在海外，枸杞酒也正在赢得高度认可。目前，"宁夏红"枸杞酒已经打入日本、蒙古市场；在韩国炙手可热，价格超过"茅台"；获得美国 FDA（美国食品安全认证）注册；与加拿大国际贸易公司签订了 41 万美元的销售合同。

二、案例聚焦："宁夏红"的品牌发展战略

（一）存在的问题

宁夏香山酒业集团的创建者张金山以其战略的眼光和过人的胆识，首先从酒类的生产与消费趋势及近年一些大企业的重大调整中，看准了保健型果酒的发展前景；其次是从多年来宁夏枸杞加工业的现实中发现，开发枸杞产品搞低水平重复建设没有出路，生产保健型枸杞酒必须在技术上有所突破，将原来的用干（鲜）果浸泡改为用鲜果酿造，突破传统工艺和方法，才能将享誉海内外的宁夏中宁枸杞加工成符合现代潮流的保健型果酒；他迅速采取了一系列有效的措施，例如收购县属国有企业、联合国内权威科研机构作技术依托、及时筹措资金更新设备、实施技改项目、组织营销网络、强有力的宣传及企业文化等。

张金山在带领企业发展的过程中发现，要实现其品牌战略必须解决好以下问题：

1. 枸杞酒消费推广及普及力度不够

论原料的知名度及美誉度，国内恐怕没有任何一种酒可以跟枸杞酒相比，但枸杞酒是一个新兴的酒种，目前推广形式较为单一，主要是通过两家生产经营企业在电视媒体上做些广告而已。众所周知，单靠一两个企业根本无法胜任该工作，这就需要整个枸杞行业的共同努力，也需要地方政府及行业协会发挥作用。前几年在乳制品协会的带领下，大搞一杯牛奶壮大一个民族的宣传，结果使整个乳制品行业获得飞速发展。

2. 饮酒习惯及偏好

饮酒文化的差异，造就了中国人特殊的饮酒习惯。在国外，果酒尤其是葡萄酒主要用于佐餐，提倡美食配美酒，而且已习惯天天饮用；而在中国，天天喝酒的人并不多，但喝起酒来就要尽兴，因此，酒精度数与价格是影响人们消费酒类产品的两个主要参数。国人已普遍接受了白酒及啤酒，黄酒、葡萄酒还处在宣传引导阶段，更别说出生才两年多一点的枸杞酒，除去纯粹商业促销行为，靠自然流通及指名购买，枸杞酒问津者依然很少。虽然习惯可以改变，但需要一段较为漫长的时间。

3. 价格

枸杞酒价格比人们日常饮用的啤酒、白酒要贵得多，白酒一桌一两瓶就差不多，但是枸杞酒可能需要一箱。在酒店，酒的价格比外面高出一倍多，在这里消费对比心理价影响着消费者的消费行为。举例来说，一瓶 500ML 的 12 度枸杞酒价格在 100 元左右，一桌 6 个客人，则最少要喝 4~6 瓶枸杞酒才能勉强过瘾，酒水价格在 400~600 元左右，这时，大部分消费者会放弃选择枸杞酒而喝一瓶茅台或五粮液，因为从感受和

颜面而言，后者带给消费者的满足感是枸杞酒无法比及的。

4. 管理混乱

目前，枸杞酒还没有统一的标准，这就直接导致枸杞酒在酒精度、保质期和原汁含量等指标及产品分类和命名方面五花八门、怪象百出，因此在各地技术监督局的质检抽查中问题频繁出现。2003 年，国家废止了半汁型葡萄酒行业标准，但很快又出现了两个标准之争，时至今日却是两个标准共存，于是各种葡萄酒产品鱼目混珠，严重伤害了消费者的信心，而宁夏枸杞酒正在重蹈葡萄酒尤其是通化葡萄酒的覆辙。

5. 市场定位错位、营销人才缺位

产品必须成功地确认一个可生存的市场细分板块，否则将无法取得差异化优势，只能成为一个销售"我也是"产品的公司。

酒是一种感情的载体，它主要通过酒精刺激饮用者的感官及神经使其得到不同程度的感官满足。有人提出了"器官经济学""体验经济学"的理论，很是形象地概括了酒精饮料的功能及效用。

中国是一个礼仪之邦，饮食文化源远流长。在日常生活中，烟酒是承载人们传情达意、联络感情的重要工具，因此也就有了无酒不成席、无酒不成礼、烟酒不分家的说法。酒因消费场所、消费人群的不同，消费酒的品种也不一样。例如高档酒楼是商务应酬的场所，以驰名白酒及葡萄酒消费为主；在酒吧、歌厅等娱乐场所是啤酒和葡萄酒的天下；大众餐饮及家庭饮用多为中低档白酒及啤酒。那么枸杞酒的目标市场究竟在哪里？

枸杞酒以健康果酒的身份闯入消费者的视线，但在果酒市场，葡萄酒占去了 90%以上的市场份额，留给其他果酒诸如苹果酒、青梅酒和枸杞酒的市场空间不足 10%。十几年来，葡萄酒产销量一直徘徊在 30 万吨左右，经过几十年的发展，其今日修为和地位又岂能是别的果酒能正面较量或轻言取代的？

目前，宁夏枸杞酒企业未能建立有效的执行体系，专业营销管理人才是营销工作中的执行力，没有执行力谈何竞争力？营销政策的制定及执行都需要依靠专业人员来完成，而大多数宁夏枸杞酒企业因经营理念、用人观念和资金链短缺等因素根本无力为其搭建这一平台。目前，宁夏枸杞酒行业专业营销人才极度匮乏，这也直接导致了大部分企业的营销行为不伦不类，除了概念炒作、哗众取宠外，更多的是江湖术士行为。目前充斥这个行业的"生命不息、跟风不止"的现象就是最佳例证。

6. 原料基地建设

目前，宁夏枸杞种植面积达 20 万亩，但大多为个体农户经营管理。如葡萄酒一样，酿造高品质的枸杞酒，就需要高品质的枸杞鲜果。由于枸杞鲜果的特殊性，对采摘、保鲜的时间要求很严格，而这些方面一般种植户难以做到，这就需要企业自建或与农户联合经营枸杞原料基地，科学种植、科学管理、科学采摘直至送进企业的发酵车间。此外，为取得规模经济优势、降低成本，有实力的企业应在原料基地建设方面加大投资。

市场定位模糊，目标市场有限且不成熟是困扰枸杞酒的一大难题。枸杞酒最大的卖点是其功能——健康，而大部分喝酒的人对这一点并不是很在乎，他们追求的是酒精的效果。其实，有三类人在买酒时会注重健康：一是收入高且会喝酒的人，这类人有着科学的饮酒习惯，但他们通常会选择品质好的葡萄酒或白酒，而且这部分人不多；二是中老年人，辛苦了大半辈子，比较重视健康问题，所以爱喝保健酒或吃保健食品；三是自己不喝，购买目的是当作礼品送人的人，这部分消费主要是礼品酒。

（二）"宁夏红"的品牌创新战略

品牌是地方经济实力的象征，是振兴地方经济的关键。"宁夏红"的发展揭示了这样一个道理：品牌源自不断创新。对于宁夏红来说，成功的最大秘诀就是创新。

1. 产品创新：中国"波尔多"第一品牌

众所周知，法国是世界葡萄与葡萄酒生产王国，而法国的葡萄与葡萄酒又以波尔多地区最为著名。"波尔多"历经数百年发展，在世界葡萄酒市场上享有盛誉。而宁夏红则依托得天独厚的"枸杞之乡"的地域优势，打造出了"中国波尔多"的概念。

世界的枸杞在中国，中国的枸杞在宁夏，中宁作为"宁夏红"的原料种植基地，这里光照充足、有效积温高且昼夜温差大，发源于六盘山与黄河交汇处的山洪冲积土壤矿物质含量极为丰富、腐殖质多、熟化度高、灌溉便利以及水质独特，正是这一独特的地理环境和小区域气候为枸杞生长提供了最优越的自然环境，从而使中宁县成为中国枸杞的发源地，成为中国"枸杞之乡"。就世界范围来看，中宁枸杞产区的特殊地位可以与法国波尔多葡萄产区的地位相媲美。中宁枸杞早已闻名遐迩、独领风骚。但特产只是一种地域资源，要真正发挥其特色优势，还必须通过产业链的锻造，孵化出一种提升这种特产资源高附加值的产业助推器，使资源优势变为经济效益优势。

"宁夏红"独具慧眼，在充分研究中宁枸杞的资源现状和产业发展的基础上，联合国内权威科研院所，引进一系列高科技生产设备和新工艺，从鲜果的采摘到原酒的形成，几十道生产工序无不精益求精，严格工艺。通过对枸杞鲜果清洗、精选、高压菌制、真空脱气、发酵精酿以及高温瞬时灭菌等，在传统的酿造工艺基础上，结合现代生物食品技术酿制而成的低度"宁夏红"枸杞酒，将枸杞酿造提升为方便、天然、安全、营养和健康的日常饮品。既充分保留了枸杞鲜果的色、香、味之优点，又使其产品具有更易被人体吸收等特点。"宁夏红"集团巧妙地利用得天独厚的原产地优势，在枸杞原产地打造出独树一帜的"中国红酒"品牌，并向世人展示了与法国波尔多地区齐名的"中国红酒"的独特魅力。

2. 概念创新：健康饮酒、饮酒健康

21 世纪消费者的健康意识更加突出。张金山开始了新的思考和探索：人们几千年沿袭下来的饮酒方式与饮酒文化，如何注入时代的新内涵？如何确保健康的营养，又不失饮酒的气氛？

结合对市场和消费者的了解，张金山发现了新的市场机遇，并确立"健康果酒"的产品定位，率先提出了"健康饮酒、饮酒健康"的时尚消费观念，以全新的果酒消费方式给予人们充满人性与健康的关怀，对传统饮酒消费方式进行革命性引导，让健康的饮酒观念深入人心。

"宁夏红"义无反顾地举起了中国健康果酒的大旗，造就了果酒消费的新时代。"红色智慧"聚人气、夺商机，独具差异化的亲和式营销行为极大地吸引了消费者的注意力。"宁夏红"实现了多赢,知名度迅速飙升,产品年生产能力率先突破 20 000 吨。"宁夏红"的出炉,瞬间创造了一个奇迹,凭借其独特的品质,销售网络覆盖全国 28 个省区的 800 多个地县,并出口到日本、韩国、加拿大、中国香港、不丹等国家和地区市场,销售网络逐步健全,并已成就了部分重点销售区域。

国内果酒泰斗,惜言如金的中国食品发酵研究院顶级专家郭其昌先生评价:"宁夏红"枸杞酒的诞生是一项科学技术方面的创新,更是中国酒行业发展的重大突破,是对人类健康做出的贡献。"宁夏红"的崛起,使中国消费市场上又增添了一个著名品牌。

宁夏红一举打破了白酒、啤酒和葡萄酒三分天下的中国酒类传统格局,为酒类市场带来新鲜的力量,为中国果酒的发展注入一支强心剂,开创中国果酒类新纪元。

3. 渠道创新:果酒行业率先信息化、专业化

对于一个企业来说,扩大市场占有率和品牌影响力、增加产品的市场份额,是其孜孜追求的终极目标。在这个过程中,产品的优劣、品牌知名度的高低及营销手段的合理选择都将对其市场的开拓产生深远影响。但是,所有这些是否都能够成功转化为市场销售的动能,还要依赖于企业营销管理手段的选择。

困扰糖酒、食品行业的一个主要问题即在于企业对销售终端的掌控不强,无论企业政策的有效推广、资金的成功回收还是市场网络的铺垫建设都受到渠道中间环节的严重制约。因此,众多龙头企业均在积极寻求解决这一问题的方法,都在寻求管理手段的突破,以达到市场份额的提升。

随着企业的发展,"宁夏红"已经在全国范围内建立起较为完善的营销网络,此时,总裁张金山和其带领的团队以崭新的视角和战略性的眼光审视企业的发展,建设性地对营销网络进行规划与改进,用深度分销、渠道精耕的管理思路和方法指导销售业务,以期在全国范围内增强对终端市场的掌控力度。"宁夏红"通过长期的考察和选型,借力"国链网"的深度分销管理平台实现渠道精耕。

通过信息化的专业管理平台对渠道加以管理与维护是科学掌控渠道分销链条的必要手段。因此,总裁张金山认为,网络的作用对于当今的生产企业来讲,不再是简单的信息传递"工具",而是一种高效管理的"通路"与未来管理竞争的"手段",应予以高度重视。

张金山说:"企业经营管理手段的改造,是关乎一个企业兴衰存亡的大事,我们需要的不只是一种工具或是一套系统,而是一个企业发展过程中可以相濡以沫、荣辱与共并具有高度专业水平和先进服务理念的合作伙伴。同时希望借助一个跨行业、多企业、资源共享的信息管理平台,使企业可以通过直属的基层销售管理队伍,对市场销售终端进行有效管理,使'企业大脑'所发出的各项指令可以良好地传达到各销售网点的'市场神经末梢',并及时得到各类市场回馈信息,使中国 960 万平方千米的广大市场尽收于方寸之间。"

"宁夏红"已经为打造世界枸杞第一品牌的战略目标迈出了坚实的一步。2006 年,宁夏红将借助国际资本市场的力量,实施产业和品牌发展战略,以更高的层次、更大的竞争实力再掀强劲的"红色风暴"。围绕枸杞产业,宁夏红还将以"健康饮酒、饮酒

健康"的全新理念，打造枸杞产业链，打造世界枸杞之都，让枸杞从宁夏真正走向全国，走向世界。

作为国家农业产业化重点龙头企业的宁夏香山集团，以"宁夏红"枸杞果酒成功带红了长期沉寂的枸杞产业。2005 年，以"宁夏红"为代表的枸杞果酒年销售额突破 15 亿元大关，一举打破了白酒、啤酒和葡萄酒三分天下的中国酒业格局。枸杞果酒激活了宁夏枸杞产业，枸杞产业的大发展带动了农民增收。

"宁夏红"董事长张金山说，枸杞是宁夏最具特色的农业资源之一，其社会价值被广泛认同。但长期以来，受各种条件的限制，这一资源一直处于以卖原材料为主的原始加工状态，没有成熟的、高附加值的专业深加工产品，更没有品牌，致使枸杞市场一直停滞不前，甚至出现萎缩局面，极大地挫伤了农民的种植积极性，出现了反复砍树还田的现象。

2000 年 4 月，"宁夏红"经过市场调研、营销策划和产品研发，一方面对原有设备进行了改造，另一方面与中国食品工业研究所、南昌中德联合研究院等国内权威科研机构结成了战略合作伙伴，经过两年多时间，采用现代生物发酵技术与传统技术相结合的方式，打造出了具有自主知识产权的"宁夏红"枸杞果酒。其主要特点是最大限度地发挥枸杞"抗癌保肝，治虚安神，补肾明目，益寿延年"的功效。

该公司生产规模已达两万吨，年可消化鲜枸杞两万吨，引进了意大利全自动生产线，按照 GMP 标准建造了新的生产车间，建成了一流的开放式观光车间设施和观光基地。为适应市场需要，目前公司正在不断扩大生产规模。

目前，"宁夏红"已形成了辐射全国各省、自治区、省会城市、地级城市、部分县级城市、部分乡镇的销售网络。"宁夏红"吸引了更多目光关注宁夏、关注枸杞，增加了枸杞的整体消费能力，培育了枸杞的市场消费群体，带动了宁夏乃至全国的枸杞产业发展。参与的资本超过 6 亿元，参与的劳动力超过 100 万人，逐渐成为中国又一新兴朝阳产业。

张金山认为"宁夏红"还应重点开拓海外市场。目前，已在美国及东南亚的五个国家和地区分别通过马德里国际注册和逐一国家申请方式首批申请注册商标 30 个，为"宁夏红"国际目标市场的拓展取得了通行证。

据宁夏回族自治区政府政策研究室调研，以"宁夏红"为代表的枸杞果酒企业已有几十家，至少带动了全区 5 万农户依靠枸杞产业增收致富，有 25 万人加入了枸杞种植和深加工领域。在枸杞收获时，摘枸杞手工费每千克达 1 元，鲜枸杞价格也从 2001 年的每千克 1.5 元增长到目前的每千克 4 元左右；干枸杞从每千克 6.5 元增长到 12 元左右，最高达到 16 元左右。区内外至少有 100 家企业介入了枸杞深加工领域，形成了一个以"宁夏红"为龙头的枸杞产业大军，促进了枸杞产业的大发展。

（三）面对的竞争对手

经过 2002 年、2003 年两年的快速发展，进入 2004 年，枸杞酒的发展步伐明显慢了下来。按市场占有率划分，"宁夏红"是该行业的领导者，恒生西夏王的"杞浓"是一个强有力的挑战者，其余均为跟随者。目前，该行业集中度高，"宁夏红"与"杞浓"占据了 90% 之多的市场份额。

枸杞酒两大品牌"宁夏红""杞浓"眼下都面临着同样一个问题：缺乏拉动需求、满足大众消费的中低价位产品。为争夺这一块市场，它们将相继开发出自己的中低价位产品，同时调整完善自己的产品结构及价格体系。现有企业以人们熟悉的方式争夺市场份额，战术应用上通常是广告战、价格战、增加服务和推出新品。市场跟进者受财力、开发能力的限制，大多会选择价格战来推出低价位产品，继而拉动大盘价格走低。

同为一种酒，但在包装、口感及酒体颜色方面大相径庭的产品在全国实属罕见，但这一现象却在枸杞酒行业发生了。"宁夏红"是该行业的领导者，扁瓶型、大红包装，酒体为红色；"杞浓"是挑战者，波尔多瓶包装，酒体为金黄色，两者的产品风格迥异。"宁夏红"是该行业的缔造者，其扁瓶型、大红包装处处透着喜庆、吉祥，与枸杞产品的内涵及文化巧妙地融为一体，可以说该包装在宁夏红初期市场开发的攻城拔寨中，功不可没。但随着市场的发展，该包装的弊端也暴露出来。首先，在国人的包装意识中，果酒的瓶型应该是那种装葡萄酒的瓶子，虽然他们并不一定能叫出那是"波尔多"瓶或"莱茵瓶"，而且，果酒一般不用外包盒（礼品酒除外）。其实，大家稍加留意不难发现，在商场超市，宁夏红枸杞酒几乎全与白酒陈列在一起。其次，红颜色本为一种暖色，炎炎夏日，看到产品心里就发热，又有几人愿意饮用？"杞浓"虽然在包装上回归果酒，但"宁夏红"先入为主，其标新立异战略制造的消费壁垒，使"杞浓"的包装优势在短时间内还无法凸现。"宁夏红"枸杞酒虽然定位于健康果酒，但其包装、功能及效用都与保健酒的诉求契合，而且消费者十之八九也认为其是保健酒，如果，宁夏红保持现有包装及酿造工艺不变，其出路就是被列入保健酒行业。

三、案例评析

（一）核心竞争力培育的关键在领导

品牌战略的基础是培育核心竞争力，而对核心竞争力的培育的关键在领导，领导者所特有的企业家禀赋将带领企业走向成功。心理学家斯腾伯格的成功智力理论认为，智力包括三个方面：一是分析性智力，是指对形式和问题的分析和思考能力；二是创造性智力，是指发现和发明的能力；三是实践性能力，是指将设想和决策变为实施方案并组织贯彻实践的能力。香山酒业的案例无疑为斯腾伯格的理论作了成功的注释。香山酒业集团的创建者张金山的分析性智力表现在：他从酒类的生产与消费趋势及近年一些大企业的重大调整中，看准了保健型果酒的发展前景；他的创造性智力表现在他从多年来宁夏枸杞加工业的现实中发现，开发枸杞产品搞低水平重复建设没有出路，生产保健型枸杞酒必须在技术上有所突破，将原来的用干（鲜）果浸泡改为用鲜果酿造，突破传统工艺和方法，才能将享誉海内外的宁夏中宁枸杞加工成符合现代潮流的保健型果酒；他的实践性能力体现在他迅速采取了一系列有效的措施，如收购县属国有企业、联合国内权威科研机构作技术依托、及时筹措资金更新设备、实施技改项目、组织营销网络、强有力的宣传及企业文化等。

（二）品牌战略要求赋予品牌鲜明的个性化特征

品牌战略要求赋予品牌以企业的核心能力与消费者需求高度匹配为出发点进行匹

配定位,并赋予品牌鲜明的个性化特征。随着买方市场的形成,消费者购买商品除了为得到实用价值,还在于产品带来的附加利益。企业应针对消费者情感诉求点,结合企业提供的产品与服务的特点进行定位,使品牌具有本身的独特性与不可替代性;突出品牌优势,不仅能向消费者提供使用价值,还能满足心理和精神的需求。没有特色的单一模仿和骑墙战略会获得短期利益,但最终会失败。

"宁夏红"快速发展的意义不仅在于它是一项对科学技术方面的创新和中国酒行业发展的重大突破,打破了白酒、啤酒和葡萄酒市场三分天下的中国酒类传统格局,最重要的是,"宁夏红"掀起了一个产业风暴,将枸杞资源优势变成产业优势,将产业优势变为品牌优势,将品牌优势变为了经济优势。同时解决了"大农业"和"小市场"之间的矛盾,起到了连接农户与市场的桥梁和纽带作用。

(三)品牌战略必须地方化、民族化

世界经济发展的历史证明,只有地方化、民族化的东西才能世界化。实施品牌战略必须与国情和企业资源的具体情况结合起来,使之符合企业实际财力、品牌营销能力和特定的市场环境条件,立足于长远,实现可持续发展。世界的枸杞在中国,中国的枸杞在宁夏;但特产只是一种地域资源,真正发挥其特色优势,还必须通过产业链的锻造,孵化出一种提升这种特产资源高附加值的产业助推器,使资源优势变为经济效益优势。宁夏红集团巧妙地利用得天独厚的原产地优势,在枸杞原产地打造了独树一帜的"中国红酒"品牌,并向世人展示了与法国波尔多地区齐名的"中国红酒"的独特魅力。

(四)品牌价值需要不断的再创造

市场环境在不断变化,品牌定位也需要不断创新,通过创新与竞争者拉开差距,通过创新不断使其产生新的生命力。

在实施品牌战略的过程中,创牌难,保牌更难。世上没有一成不变的东西,要使开发的品牌成为名牌,长久地被消费者认可,就需要持之以恒的维护,就需要不断创新来维护品牌价值;纵观许多"短命"品牌,原因虽有不少,但不注重品牌价值的持续创造是其中一个主要原因。

"宁夏红"是中国民族特色的果酒,是一个独创的酒类新产品,是酒家族中的一个新成员。面对日趋激烈的市场竞争,"宁夏红"经过多年的培育、锻造和提升,以其卓越的品质,发达的销售网络,完善的售后服务,现代化的管理模式以及创新的经营理念,塑造了良好的品牌和企业形象,成为了国内和宁夏经济增长的一个亮点。

(五)实施品牌战略,应向规模要效益,不断扩大市场占有率

企业要想创出自己的品牌,必须具备一定的规模和实力,世界前 50 个驰名商标都属于规模庞大、实力雄厚的世界 500 强企业所有。以品牌产品为龙头组建大型企业集团,可以有效克服部门和地方条块分割,存量资本难以流动以及增量资本难以集中的弊端,按市场效益原则实现资源的合理配置,同时使高效企业得以发展壮大,更进一步增强竞争实力。目前,宁夏红已具备每年两万吨的果酒生产能力,营销网络遍布全国 28 个省、市、自治区和 200 多个中心城市。据全国主要市场的反馈信息,"宁夏红"的提示知名度和未提示知名度均高居品类第一,已成为健康果酒的品类代表,当之无

愧成为枸杞产业深度加工产品的品类代言人。

（六）结论

新经济时代的企业营销面临的主要问题是如何建立和管理企业的品牌。谁拥有了强有力的品牌，谁就拥有了竞争的资本。毫无疑问，未来的营销是品牌之间的生死较量。企业的品牌从默默无闻发展成为一个著名的品牌，是一个从小到大的过程，是和企业成长的生命周期密切相关的，必须不断经营。

资料来源：揭筱纹.战略管理——概论、案例与分析［M］.北京：清华大学出版社，2009.

思考题：

1."宁夏红"的竞争战略能否被竞争对手效仿？

2."宁夏红"的竞争战略如何进行调整？

案例9　剑南春发展战略

一、剑南春如何与茅台、五粮液三分天下

对于中国酒类企业来说，要在未来的市场竞争中占据竞争优势，必须要强化"三点一线"的核心竞争要素：资源优势、品质保证、文化内核力以及市场推广力。剑南春在近10年的市场操作中，在深刻把握行业发展脉搏和自身优劣势的前提下，紧紧把握着这"三点一线"的市场思维，强化巩固了行业领导者的市场地位。

自1998年到2008年的10年来，随着白酒行业的市场整合，作为行业老三的剑南春正面临着一系列的发展困惑，正可谓内忧外患。第一集团军的茅台、五粮液借助资本和品牌的力量不断突破市场，和剑南春的差距不断拉开；而以洋河、稻花香等为代表的后起之秀二名酒也在攻城拔地，向上延伸，冲击剑南春市场。如何巩固和维护其行业领导者地位，成为剑南春迫切需要解决的战略问题。建立行业标准，引领行业发展方向，提高二名酒市场壁垒成为剑南春营销的发力点和着脚点。

剑南春"第一集团军"企业战略将会受到茅台、五粮液的巨大挤压。"茅五剑"是剑南春自始至终坚持品质战略的结晶，对品牌优势产生了巨大的号召力。消费者将剑南春和茅台、五粮液并驾齐驱，也验证了其行业第一集团军的市场位置。如果短时间内剑南春偶然退居第三就不必大惊小怪，然而在逐渐进入垄断竞争的当代白酒品牌中，"三四"法则的神秘作用将更加趋于现实，也就是说稳居第一军团第三的剑南春，一旦退出了前三名（第四名以后），那就意味着剑南春的强势即将被削弱，这与剑南春自身的纵向发展无关。所以无论是剑南春集团自己还是行业研究人员，鉴于对强势名酒负责的态度，都应该及时地辩证地积极地加以细研。然而，依据"三四法则"中的第一、第二、第三名的稳定性规律，第三所面对的要比第一和第二有着更多更不确定因素的挑战。随着中国白酒行业高端白酒垄断竞争环境的不断加剧，剑南春能否稳居第三就多了更大的变数，要弄清变数的方向，就必须先弄清剑南春成为行业第三的历史和渊源。

老牌名酒率先打破中高端市场格局，剑南春失去了第一轮竞争的主动权。2000 年之前，从全国意义上来看，高端白酒真正意义上只有茅台、五粮液；剑南春、泸州老窖占据中高端白酒市场。2000 年之后，是中国高端白酒品牌战略较量的转折年，也是"茅五剑"高端三巨头地位开始受到战略性和现实性冲击的起始年。2002 年，第二集团军的全兴大曲推出了水井坊，泸州老窖的国窖 1573 也横空出世，导入比"茅五剑"价位还要高的超高端市场，来势之猛，发展之快使整个业界震惊。然而，剑南春却迟迟没有推出高端产品，始终占据百元左右中端市场霸主地位。区域二名酒复苏与异军突起，形成了对以中高端市场为主的剑南春的直接冲击。近 5 年来，二名酒可以用"比学赶超"来形容。向第一集团军冲击几乎是所有名酒的一致口号，最为突出的就是古井贡酒、洋河以及郎酒等。而几乎所有的二名酒均是以区域市场为突破，剑指中高端市场。江苏洋河酒业凭借蓝色经典引发的蓝色风暴，2007 年销售一举突破 24 亿元；山西汾酒异军突起，全年实现销售收入 18.47 亿元，同比增长 20.91%；古井贡酒在新任老总曹杰的带领下，已经发出了向一线名酒冲击的号召。安徽口子窖盘中盘魔咒，发力终端餐饮市场，迅速进入 10 亿元俱乐部；四川郎酒改制后，采取群狼战术，迅速崛起。区域二名酒的异军突起，从很大程度上直接冲击了定位中高端的剑南春、泸州老窖的地位，也改变了中国白酒的势力范围。

剑南春借助年份酒的事件行销，四招打造高端品牌形象。即：第一招：剑南春告诉消费者什么是高端白酒？高端白酒的标准是什么？第二招：剑南春告诉消费者年份酒有标准，年份酒可以鉴别。第三招：文化内核力营销，打造剑南春百年品牌核心竞争力。第四招："标准 100%，够年份"，15 年剑南春成功借势营销。具体如下：

核心思路：通过资源整合，剑南春告诉消费者什么是高端白酒？高端白酒的标准是什么？资源整合更多的是从企业自身优势出发，整合企业内外部市场资源，进行最大化、最优化配置，以期达到市场效果最大化。剑南春实施的基酒资源整合的"纯粮固态发酵标准"公关行为以及谋求上市以获得资本支持就是很好的资源整合战略。自 2005 年以来，对于中国白酒行业竞争来说，竞争的核心要素已经逐步从"依靠终端、渠道"为重心的渠道战转移到以"基酒资源"为重心的资源战上。谁控制最上游资源，谁将引领行业走向。这些上游资源包括原料资源、基酒资源、社会资源以及资本资源等，而占据行业上游的基酒资源，就能够有效控制未来竞争的"源动力"。剑南春集团年产能 6 万吨白酒，名酒剑南春为 6 000 吨。2006 年实现销售额 25 亿元，2007 年销售额达到 32 亿元。对于名酒剑南春来说，其市场是持续与稳定的。

关键字："高端白酒""纯粮固态发酵""中国食品工业协会""人民大会堂""剑南春""第一"。

这些关键字背后凸显的是什么？"纯粮固态发酵标准，中国高端白酒身份证"就是剑南春资源整合营销最大的一张王牌。凸显的是剑南春的巧妙的嫁接营销战略。第一，剑南春作为和茅台、五粮液并列的第一集团军，有能力、有责任对行业负责，对消费者负责。在消费者普遍的"高价酒＝高端酒""好包装＝高端酒"的迷茫的情况下，剑南春第一个从技术层面上提出了"纯粮固态发酵工艺"是"高端白酒身份证"的口号，并且通过最权威的机构——中国食品工业协会，在人民大会堂进行新闻发布。剑南春成功占据了高端白酒行业标准的领头羊位置，品牌形象大大提高。剑南春是第一个将"技术力"转化为"营销力"的企业。对剑南春来说，纯粮固态发酵标志认证具有巨大的品牌"推力"。白酒将被清晰地分成两个世界——纯粮固态发酵白酒和非纯粮固态发酵白酒。

2005年6月，几乎在一夜之间。在北京火车站广场旁边，树立起巨大的户外广告牌："纯粮固态发酵标志 高端白酒身份证""剑南春第一个获得纯粮固态发酵标志"。紧跟其后，剑南春一场声势浩大的"纯粮固态发酵标志"在全国拉开序幕。时隔三年，剑南春第一个倡导的"纯粮固态发酵标准"已经成为白酒行业普遍遵循的产业标准。而受益最大的，就是剑南春。2005年5月13日，中国食品工业协会在人民大会堂召开新闻发布会，宣布剑南春首家通过"纯粮固态发酵白酒标志"审核并颁发证书，成为第一个获得该标志的中国名酒。剑南春是第一个提出酒体设计理论的企业，也是第一个将纳米技术运用于白酒科研并首先获得突破，绘制出各大名酒"基因图谱"的企业，技术力量非常雄厚。

千年历史，独门工艺。"唐时宫廷酒，今日剑南春"，剑南春宫廷御酒的历史文化背景和千年不遂的工艺传承，再加之最近剑南春遗址的考古大发现（2004年中国考古十大发现之一），无疑成为剑南春首家通过标志认证的最好注脚。因此剑南春有必要对全社会进行广泛的宣传，一方面要告知消费者"纯粮固态发酵白酒标志"的意义和作用；另一方面要宣传剑南春是首获认证标志的中国名酒。纯粮固态发酵法是中国积累千年的传统白酒工艺，在世界六大蒸馏酒中享有独一无二地位（唯一采用固态发酵法的酒种），工艺神奇、独特，是中国白酒的真正代表。标志认证显示出政府对民族特色酿酒工艺的保护、提倡，具有全国性消费导向作用，而剑南春则是"消费导向"指示的第一个目标，因而将非常引人注目。

第一个市场推广，将技术力转为营销力。作为第一家通过认证的剑南春，在宣传上的优势也非常大。"文化与品牌的核心是（质量）诚信、可靠，该标志就是诚信、可靠的证明。通过该标志，你可以理直气壮地对消费者说：'我是诚信、可靠的！'就剑南春而言，这也是对他们坚持千年传统生产工艺的证明与肯定，有利于将它的技术优势转化为营销力！"

反观剑南春资本战略——上市之路路漫漫兮。作为行业领导者的"茅五剑"，目前只有剑南春依旧没有借助资本的力量。而茅台、五粮液借助资本的力量，进一步巩固和强化了行业领导者的市场地位。剑南春一直在谋求上市之路，以寻求资本，做大规模，适时进军国际市场，巩固行业前三位置；做强品牌，提升品牌含金量，向真正意义上的第一集团军进军。为此，一方面剑南春借势国内资本寻求资本，另一方面剑南春也试图在香港上市。剑南春核心领导人稳健的性格已深深融入到了剑南春的战略发展中：不求第一，不追第二，只求做强。无论是时髦的广告轰炸或者概念炒作，无论是借鸡下蛋式的买断经营或者OEM营销模式的大获成功，剑南春似乎都不为之所动。其十年来，紧抓白酒的核心价值——产品质量和核心品牌——剑南春不惊不躁地稳步推进、步步为营。

年份酒泛滥，消费者质疑。年份酒面世以来，以其稀有、珍贵、精美和风味独特，迅速风靡市场，受到高端消费群体的追捧，个别名优品牌年份酒甚至长期供不应求。此后，受市场启发和利益驱动，不同规模白酒企业生产的年份白酒开始逐年增多。据行业协会最新抽样调查测算，销售额排序前 100 名的白酒企业中，有近 60% 推出了年份酒，年销售额不少于 50 亿元。特别值得关注的是，大量中小型白酒企业也在生产年份酒。随着年份酒热销和生产企业增多，年份酒品牌发展迅猛，标称的年份越来越长，价格也越卖越贵。由此，年份酒开始受到消费者和舆论的质疑，也引起各级市场和产品质量监督部门的关注，社会上关于规范年份酒生产经营秩序的呼声越来越高。

剑南春第一个站出来从行业的专业角度提出年份酒鉴定标准。八年磨一剑，"年份酒"要酿个明白，神奇"挥发系数"首次判定白酒年份。

作为中国白酒行业前三强企业之一，剑南春集团公司这次在公布年份酒鉴定标准的同时，郑重推出其 15 年年份酒，进军千元以上白酒高端市场。这是国内第一家企业公开承诺"100%年份酒"的高端白酒，其真实贮存年份与商品标识年份完全一致。这种底气来源于剑南春得天独厚的优越酿酒条件和首创的年份型白酒鉴定技术。据悉，"挥发系数鉴别年份白酒的方法"，目前已申请国家专利。据专家介绍，白酒伴随贮存时间的延长，呈现绵柔、醇厚、陈香突出的风味，老百姓也习惯认为"酒是陈的香"。但是，如何通过科学手段，准确鉴定白酒贮存年份，却成为困扰白酒行业和广大消费者的难题。因为白酒中含有醇、酸、酯、醛类几百种影响香味和口感的微量成分，其总量却不到酒体的 2%。并且不同香型的白酒生产工艺又千差万别，产品风格特色千姿百态，而影响白酒特色的风味物质又极其丰富，在目前科技手段下，要想探索出行之有效的白酒和其他蒸馏酒贮存时间的鉴别方法，是世界性的科技难题，国内外酒类企业和管理部门投入很大精力研究探索年份酒的监管方法及其标准，但至今仍难以找到科学有效的方法。

巧推广，巧借势，建立行业标准：好酒要有量化标准。

中国食品工业协会副秘书长、中国白酒专业委员会常务副会长马勇指出，在目前科技手段下，探索出行之有效的白酒贮存时间鉴别方法属于世界性的科技难题，剑南春的破题堪称不易。"剑南春年份型白酒科学鉴定方法"，为中国白酒行业年份酒建立了技术标准，为中国白酒行业健康发展做出了重大贡献。中国白酒行业未来的发展，需要更多的自主创新，需要诚信的市场环境。这一技术标准，可以影响白酒行业产生新的运行规则和规范。中国食品工业协会和政府有关部门一道，将共同推动建立完善的中国年份型白酒鉴定标准体系，并进一步加强市场监管力度。

通过白酒量化标准的推行，一方面剑南春可以有效地强化其在国内市场的中高端市场地位；另一方面，也给剑南春走出国门以更好的保证。多年以来，由于缺乏"定量、定性"式的"数据化"分析，中国的白酒和中药一样难以走出国门。尽管历经多年努力，目前白酒质量鉴评已逐步实现感官评定与理化指标分析的有机结合，但从行业总体水平看，白酒的分析检测水平依然停留在数据化分析的"模糊"概念上。"剑南春年份酒科学鉴定方法"的问世，最大意义在于：它把白酒质量鉴别的层次，第一次从"模拟信号"变成了"数字化模式"，真正找到了科学化的方法和依据。剑南春要想走向国际化，第一靠标准，第二靠质量，标准已经成为进出口贸易的准入证。发达国家采取国际产业垄断的策略就是技术专业化、专业标准化、标准全球化，这是当前国际技术、产业垄断的一大趋势。"剑南春年份型白酒科学鉴定方法及其技术标准"的制定，不仅是剑南春一家企业的标准，而且高于国家标准水平的要求。国家标准化管理委员会将进一步对这项技术进行专家论证，用最快的时间将它上升为国际标准，它涉及我们民族白酒产业走向国际的大问题。有了高于国家标准水平的企业内控标准，企业在科研阶段就率先抢占了走向国际的先机。

二、剑南春亮相南京秋糖会，创新战略打造"十三五"百亿目标

（一）剑南春"十三五"规划百亿目标，剑指南京高峰论坛

在白酒行业一向以稳健、低调著称的剑南春，近日，以营销战略在"十三五"期间突破 100 亿，而震惊整个南京高峰论坛。剑南春集团董事、副总经理乔愚明确规定在"十三五"期间，即：从 2016 年到 2020 年的五年期间，剑南春销售规模将达到 100亿元。白酒系列 300~400 元的销售将占据绝对的市场领导地位。

剑南春提出"十三五"规划之际，中国著名财经评论家水皮和盛初（中国）咨询集团有限公司的董事长王朝成就行业趋势做出了深度分析。专家一致认为，在白酒市场面临严峻竞争压力的情况下，剑南春依然保持着 10% 左右的增幅。其珍藏级剑南春、金剑南、银剑南发展势头良好。截至 2015 年 9 月底，销售成绩已经突破 60 亿元大关。剑南春不仅大力出击打造重要板块市场，更从实体和虚拟网络两方面同时出发；以长远眼光谋求发展，剑南春还将会加强唐文化的复苏交流，发扬历史文化特色。剑南春综合市场情况，提出六大战略营销计划，为实现"十三五"勇夺 100 亿，打下坚实的基础保障。

（1）对重点区域进行重点打造，争取做大做强 3 个 10 亿、4 个 5 亿、5 个 3 亿的产品项目市场。

（2）加强并落实传统销售渠道的网点建设，并且在"十三五"期满之前达到 6 万个有效网点。网点终端品牌的推广诸如品牌形象展示、生动化陈列、门头也是推广工作的重心。

（3）加强消费者促销，重视与消费者的有效沟通，新兴的沟通方式可以帮助建立有效的沟通途径和更好的沟通效果，从而锁定品牌忠实度更高的客户群，有效建立消费者的大数据库，并能够定期回访维护。

（4）建设水晶剑南春、珍藏级剑南春品牌的同时，积极开发更多的剑南春原酒、纪念版、事件版等来适应新渠道的需求以及消费者个性定制的个性消费需求。

（5）对新兴渠道、销售模式的发展都有所关注，保持剑南春自身的销售不落后。

（6）经销商体系也应该有新的气象，对经销商进行结构优化，除了建立完善的考评制度之外还要有完美的经销商进出机制，对不适应水晶剑南春产品运营及恶意破坏市场平衡的经销商应适时淘汰，对适应认同剑南春发展理念的优质经销商，也应及时纳入体系。

王朝成认为作为中国名牌酒品的剑南春，此次的"十三五规划"是具备长远目光的战略决策，更是新的机遇，以剑南春的实力，必能达到。

（二）剑南春高瞻战略应对行业竞争挑战，智取营销新纪元

伴随经济的快速发展，市场品类的扩充进入新常态趋势，酒类市场的格局也由单一向多元化发展。相关数据表明，红酒洋酒将会抢占国内传统白酒的部分市场份额。想要发展，除了守住自己原有的阵地之外，也要积极地开拓新的市场。剑南春在发展自身酿酒技艺的基础上，在"十三五"规划中首次提出百亿计划目标，剑南春将一如既往地确定水晶剑南春为公司核心产品，一如既往将中高档产品做成亲民主线，努力稳固提升剑南春作为国内一线品牌的市场影响力，在接下来的工作中，剑南春将结合新的商业模式和营销策略，并且在强化唐文化的同时加强与消费者之间的直接沟通。剑南春的品牌定位与诉求一直没有改变，作为"中国白酒价值典范"的剑南春得到了市场和消费者的肯定。

盛唐的河水涟漪的倒影中临照出剑南春美酒的华章，剑南春当代的酿酒师们尽力追寻这盛唐的气息，将记载着岁月的原酒之味升沉回旋成悠远的国风。在市场经济高速发展带来的挑战与机遇中，剑南春将更加积极地参与到市场活动之中，再创中国白酒领头军的辉煌。

三、剑南春 2016 年经营策略

2016 年 6 月 28 日下午，四川剑南春股份有限公司（备注：剑南春股份公司数据不代表剑南春集团数据）2015 年度股东大会在剑南春会议中心 3 楼举行。《四川剑南春股份有限公司董事会 2015 年度工作报告》（以下简称报告）显示，2015 年剑南春实现销售收入 34.56 亿元，同比增长 8.85%；其中公司及控股公司实现酒业销售收入 17.3 亿元，同比增长 3.9%；2016 年剑南春将推行深度分销模式，开发各系列新品，占领不同价格带，开发 APP 并推出适合网络和移动终端销售的新产品，并开发保健酒、预调酒。

记者查询获悉，剑南春股份公司下属及参股公司有德阳天元酒业有限公司、四川绵竹剑南春酒厂有限公司、绵竹剑南春酒类经营有限公司、德阳银行股份有限公司、四川金瑞电工有限责任公司、绵竹市金汇典当有限公司、绵竹市天益酒类有限公司、四川汇金商贸有限公司、四川绵竹剑南春大酒店有限公司、四川绵竹剑南春对外经济贸易有限公司等 12 家企业。

2015 年实现销售 34.56 亿元，完成了 6 大核心工作。报告显示，2015 年公司及控股公司实现酒业销售收入 17.3 亿元，比上年上升 3.9%，实现酒业和其他销售收入 34.56 亿元，比上年上升 8.85%；实现合并利润总额 2.71 亿元，比上年增长 34.83%；净利润 1.83 亿元，比上一年增长 30.69%；其中归属母公司所有者的净利润为 1.34 亿元，比上一年增长 53.73%。实现应交税费 5.3 亿元，入库各项税费 7.48 亿元。

报告指出，2015 年剑南春应对白酒市场整体增速减缓、中低端白酒市场竞争加剧的现状，继续对销售体系组织架构进行了优化调整，实施市场营销策略调整及销售模式创新；通过调整销售政策、深入扎实做好市场服务工作，确保核心大客户和经销商队伍的稳定；继续健全以公司为主导的深度分销渠道操作模式，增加对经销商渠道的控制力，强化对终端网点的服务，保障了剑南春及系列产品的市场竞争力和市场份额。

同时，报告还对 2015 年生产管理、质量把控、安全管理、科研成果、重点工程建

设、广告投放、企业管理等工作进行了汇报。

本次股东大会上，四川剑南春股份有限公司提出了 2016 年的经营目标：实现合并营业收入 33 亿元，同比减少 4.5%；合并利润总额 3.5 亿元，增长 29.15%。合并净利润 2.5 亿元，同比增长 36.29% 的年度目标。

同时，股东大会对剑南春 2016 年的主要工作进行了安排：

（1）进一步规范和完善公司治理结构，完善"三会"制度。继续完善"三会"制度和议事规则，完善重大事项决策、处置权限和程序等基础制度建设。

（2）建设现代企业制度，规范公司管理。开展公司资产清理，完善对资产的分类和集中管理，避免资产闲置或浪费，确保资产保值增值。对子公司和对外借款进行清理和规范，对与公司核心业务关联不大、经营困难的子公司通过股权转让、重组合作、清算、破产等多种方式进行退出。重点完场四川金瑞电工有限责任公司的重组事宜。

（3）采取多种措施，促进销售稳定和增长。

①确定发展思路，调整品种结构，以系列酒为单位整合现有白酒品牌，一方面巩固剑南春的竞争优势，另一方面将东方红、金银剑南、剑南系列打造成各自价格带上优势品牌。同时，开发各系列新白酒品牌，以占领不同价格带和满足不同消费者的需要；丰富产品结构，开发适合网络销售的白酒产品；开发保健酒、预调酒等，向多元化发展。

②充实传统渠道网点建设，通过建设互联网大数据等新兴沟通方式建立与消费者沟通的有效途径，建立消费者数据库，培育核心消费群；优化经销商结构，健全经销商考评制度。

③深入推进深度分销经销模式，加强营销队伍建设和考核管理，以营销管理者和基层营销人员两类核心人才为主；以信息化、电子化、互联网等方法，推进实现前后端无缝链接，增强公司对经销商和消费者的服务能力。

④加强公司现有网络平台及新型平台的合作，开发 APP 将销售平台向手机终端发展，开发适合网络和移动终端销售的新的白酒产品，并实现适合电子商务发展的销售政策。

（4）加强技术研发和应用，以技术引领曲酒产品质量提高。

（5）完善人力资源管理，激发员工活力。

资料来源：http://news.cnfol.com/shangyeyaowen/20151029/21685152.shtml

http://pinpai.9998.tv/xinxi/jiannanchun_126997.html

http://www.cehuajie.cn/a/jiual/20140319/412.html

思考题：

1. 剑南春 2016 年经营战略是什么？

2. 剑南春与茅台、五粮液竞争的战略是什么？

3. 剑南春发展战略的启示是什么？

案例 10 劲酒发展战略

一、劲酒的营销战略

在酒类行业，有一个企业不能忽视，那就是劲酒。这个保健酒企业非常低调，但脚步坚定，最近十多年来，无论宏观环境如何变化，其销售规模都能稳定增长，从2010 年开始其销售规模每年都能增加 10 个亿，2013 年规模达到 67 亿元，增速超过 18%。

劲酒值得学习的地方很多，比如消费者培育、终端的精细化操作等，但对于目前的白酒行业来说，笔者觉得劲酒最值得学习的地方是开辟新细分市场——保健酒市场，创造新需求。显然，在目前的创造性增长时代，酒类企业一个重要的任务就是要像劲酒那样创造需求，不断开发出新的细分市场来，然后用合适的产品去满足这个市场，最终成就自己的蓝海。

我们可以把消费需求分为两种：一种是显见的、已经发生的消费需求，只要我们留心观察生活中的各种现象就会发现它；另一种则是从来没有发生过的，也是从来没有存在的消费需求，这就需要企业通过新产品或新服务去创造新的消费需求。

多数时候，其实只需要我们抓住那些已经显露的消费需求就足够了，比如中高端人群对健康的需求同样存在，在做这个人群的团购业务时，我们都能感觉到他们对普通白酒消费的厌倦感，希望能轻松、健康地饮酒。面对这样的需求，我们该拿什么产品去满足？这和劲酒显然不一样，这个人群是更高端的，需要拿出不一样的产品和策略去满足他们。我们是否可以考虑开发出功能性的白酒来满足他们？

对于显露的消费需求不一定需要我们拿出新产品去满足，可能只需要做一些改变就行了。国窖 2013 年在全国举行的"生命中的那坛酒"吸引了一批有价值的消费者，它的创新点只是改变了产品的规格，用大坛酒去迎合现实中的某种需求。汾酒有一个新开发产品，同样是大瓶装的，在互联网上热卖。2014 年年初，笔者去安徽调研，就发现安徽白酒市场有个不同之处，徽酒企业们喜欢把每箱"1×4"的规格变成长形的礼盒便携装，在终端大做堆头，这显然可以占据礼品市场的一席之地。想想看，这仅仅是规格或者包装形式的改变，就形成了不同的产品个性，随之产生了不同的消费群体和消费体验。

在对"满足市场新需求"的渴望下，有时候一些边缘性的需求或者做法也会被主流厂商追逐。比如定制酒这个做法一直就有，但从来都是团购的补充性做法，在需求不足的市场环境下，大企业们纷纷将这个边缘性策略"升级"为主策略之一，比如茅台、泸州老窖、西凤等企业先后成立专门的定制酒公司。"小酒"也一直是边缘性的产品，但从 2013 年开始，这个细分市场突然升温，而且实际上也成为一些企业的业绩支撑点。

创造需求就是更高的境界了，难度也更大，这需要企业创造一种新的、没有发生过的需求。白酒在时尚化方面由口号到实际市场行动就是一种新需求的创造，创造目的就是为白酒市场增加年轻一代的消费群，要求我们将啤酒、饮料的年轻消费群争取过来。还有一种需求我们也可以尝试，那就是女性用酒。随着经济的发展，以及女性社会参与程度的急剧提高，饮酒的女性消费人数一直是在持续增长的。在这方面，国际酒业巨头已经开始动手了。从 2012 年开始，帝亚吉欧倾力主推一款零售价仅百元左右的爱尔兰酒——百利甜酒，增速超过 40%。帝亚吉欧自己也在研究"百利"的增长原因，他们发现，很多女性消费者会在超市里买一瓶百利甜酒回家，或是和朋友聚会时分享，也会用作送给其他女性朋友的礼物。另一酒业巨头——保乐力加也在中国推广针对女性的酒类品牌，比如"巴黎之花"香槟、杰卡斯起泡酒等。对于女性用酒市场，这两个企业关注的问题很细致：产品的品牌形象是否为女性所喜欢；口感是否为女性接受；她们在什么场合甚至在什么心情下会饮用？

在创造性增长时代，需要开辟各种个性化的战场，所以这也是考验酒类从业者想象力的时代。

二、劲酒收购的战略

有媒体称：2015 年 12 月 24 号下午，劲牌有限公司副总裁夏振千与仁怀市副市长魏琴进行座谈，就全资收购"贵州台轩酒业"进行意向性合作洽谈，此举意味着劲酒有意收购一家酱香型白酒企业。该媒体介绍，目前双方仍然处在谈判阶段。

据了解，贵州台轩酒业是一家与茅台集团隔岸相望的大型酒企，其占地面积约为 300 亩。据介绍，台轩酒业成立的时间并不长，其在 2014 年 12 月底被仁怀市环保局批复年产 5 000 吨的酱香型白酒技改项目。

劲酒收购的战略意图会是什么？

劲酒已经成为保健酒领域的龙头企业，目前整个企业的销售规模已经近 80 亿。盛初咨询董事长王朝成告诉微酒记者：翻阅近三年的数据，"劲酒在保健酒领域的市场占有率已经很高，增速已经较之前放缓，主要的原因就是市场规模问题，保健酒市场规模大大低于白酒"。

因此劲酒要在保健酒之外寻求发展壮大，就必须进军白酒行业，而劲酒在白酒行业最重要的战略是做功能化白酒，并且劲酒将这一策略在省内的"毛铺苦荞酒"上进行了落地，效果也很理想。

左右脑策略机构营销专家权图认为，劲酒最近一直在仁怀考察酱酒企业，劲酒在贵州一直用租赁生产的方式做调味酒。劲酒此次的意图有两点，"一是需要酱酒作调味酒，之前一直在租赁生产；二是应该在酱酒这个品类上有想法"。除了台轩酒业之外，谈得比较深的还有一家是"九工坊"。

权图认为，"这次买厂应该是在酱酒品类上有想法，否则就没有必要买厂了"。如果劲酒进入酱酒领域，对这个品类是好事，"酱酒需要大玩家"。

成功的毛铺苦荞"功能化"战略落地能否复制？

盛初咨询董事长王朝成认为，"毛铺苦荞酒现在在武汉和鄂东地区发展迅速"，预计今年可以做到 8 个亿的销售额，成为白云边之后湖北省内风头正劲的中高档白酒，而且功能特点非常有概念。这个在一个省内是非常了不起的成就，而且是靠功能而不是靠传统的品牌优势。

这对整个白酒行业都是一个很大的威胁，就像劲酒当年也是靠功能获胜。功能性白酒会不会颠覆整个白酒行业，劲酒现在收购酱香型酒厂，到底是让它的苦荞酒成为兼香还是以酱酒为基酒再去做一款功能性酱酒，值得关注。劲酒高层认为，酱香型白酒在工艺上符合健康的趋势，与劲酒健康的理念一脉相承。

功能化白酒会不会颠覆白酒行业？

以功能性进入白酒行业，从目前的情况看，也是一种可能性，至少在保健酒以及毛铺苦荞酒上是成功的。如果这种可能性发生，这意味着劲酒雄心勃勃的战略，不仅仅是要在传统的保健酒领域继续获得垄断地位，更要以功能性进入更为广阔的浓香清香和酱香领域，正如其一手打造的毛铺苦荞酒，以功能颠覆白酒。

而且坊间有更多的传言，劲酒正在与很多的白酒企业进行跨界合作。以功能性切入白酒行业，如果说保健酒做深是纵向扩张，那么功能化白酒则实现了劲酒的横向扩张。如果劲酒的功能性切入获得成功，那么过往白酒以文化为核心的产业模式将被劲酒颠覆。因此这一模式能否持续成功，值得行业关注。

三、劲酒战略新品，拥抱年轻消费者

据消息称，劲牌公司将会打破以往以保健酒为核心战斗力的局势，突破劲酒、参茸劲酒和韵酒等保健酒的趋势，首推饮料酒。

包装：红黑结合彰显劲牌保健的厚重，瓶形类似预调酒不失时尚。

酒度：4.5 度。

口感：配有果汁调制，饮用压力小。

口号：开心时刻，我要欢度

2015 年 7 月 6 日，欢度酒夏季铺市动员大会在广州举行，会上透露，将首先在劲牌劲酒强势渠道餐饮渠道展开铺货。市场零售价每支 12 元。

1. 新品拥抱年轻消费者

无论是从包装、酒精度数还是口感上都可以看出，新品欢度酒将直接面对年轻消费群体。另外，劲牌近年来开展了一系列与年轻人相关的活动，如劲酒广东办事处就不断赞助广东好声音、校园社团活动、毕业生劲酒基地探秘之旅等，一直走在教育年轻消费者的路上。

目前，劲牌公司对欢度酒的宣传工作还未正式展开，记者从少有的资料中发现，欢度酒也自称为"小欢"，俏皮的别称也是为其与年轻消费者进行沟通的基础。

在劲牌公司的官网上，共有中国劲酒、参茸劲酒、韵酒、健康白酒等 12 款产品，其产品虽然以成分的侧重不同有所区分，但都有较强的保健特性。消费群体为 30 岁至 55 岁之间的中年人，很难与年轻消费者形成共鸣。欢度酒的出现，或将打破这一局面，将消费群体向低龄化拓展。

2. 定位饮料酒，首推餐饮渠道

劲牌公司保健酒事业部总经理李清安称，欢度酒是公司战略新品，其定位有别于

市面上流行的调味酒，欢度酒是一种全新的活力型饮料酒。

区别一：在白酒和果汁的基础上加入了人参、玛珈等药材提取物；

区别二："开心时刻，我要欢度"的定位，为消费者在不愿意饮用高度酒时提供新选择；

区别三：渠道差异化，欢度酒本次铺市的重点是餐饮渠道，打造一个在餐饮渠道能畅饮的饮料酒。

据记者长期对劲酒的观察，劲酒在营销上与快消巨头红牛、加多宝等相似，对餐饮渠道和终端的把控力极强，这意味着欢度酒进入餐饮渠道并非难事。

据悉，动员大会当晚，就成功在广州5家餐饮店完成铺货，并进行冰柜陈列。劲牌公司方面表示，此次欢度酒拓展活动不仅是铺市，更多的是要把氛围布置、知晓度宣传、微博推送、微信营销等一系列活动进行整合传播营销。

3. 仅供餐饮，或遇三大阻力

从消费者、竞品和产品本身而言，欢度酒在前期市场中难免遭遇一些阻力：

（1）虽然欢度酒成分中还包含了人参、枸杞、玛咖等多种活性成分，但如果强调这款产品的保健功能，在普通的年轻消费者看来，自己并未到需要药材成分保健的年龄，因此这个差异化能否对年轻消费群体进行很好的分流效果仍待检验。而中老年消费者对低度饮料酒的兴趣并不大。

（2）对欢度酒而言，同样的低度、同样的果汁口感，无论如何强调特性，消费者也会将其与快速发展的预调酒相联系。

（3）在消费者眼中，劲牌公司属传统酒企行列，从各大白酒企业推预调酒的市场表现来看，长期以来企业在消费者心中形成的固有印象是厚重沉闷的，难以被突破，消费者在接受过程中不会太快。这就需要欢度酒从一开始就弱化傍"劲牌"的行为，而是积极体现其时尚的一面。

资料来源：http://www.tangjiu001.com/News/6965.html

http://www.9998.tv/news/118874.html

http://www.9998.tv/market/kaipingbaihui/13281.html

思考题：

1. 劲酒的收购战略是什么？

2. 劲酒成功推出战略新品的启示是什么？

第 12 章 房产企业案例

案例 1 万科战略转型

作为全球最大房地产开发商，万科发展的脚步似乎很少受到房地产市场起起落落的影响，2015 年再次以 2 614 亿元的销售额刷新全球纪录。

在大连也是如此。尽管去年大连楼市整体平淡，但万科在大连却实现了 40 亿的销售额，并且不断逆市拿地。2016 年，大连万科加速前行，为自己设定了 50 亿元的销售目标。作为房企标杆，万科的举动对于提振市场信心无疑具有极大的意义。

业绩目标的背后，是转型。近日，大连万科总经理单小海在城市之光营销中心接受了访问，之所以选择这里，不仅仅因为城市之光是大连万科 2016 年最重要的作品，更因为它与这次访谈的主题——"转型"有着密切的关系。

一、转型之一：从产品主义进入"作品时代"

万科是最早进入大连的全国开发商，至今已经 23 个年头了。相对于国内其他一、二线城市，大连房地产市场一直是波澜不惊，但这并没有影响万科在大连的发展。

在万科看来，大连楼市最大的特点就是稳定。首先是成交量稳定。这些年来，大连最差的年份也有 570 亿到 600 亿，好的年份大概七八百亿，"上看得到天花板，下看得到地板"。其次是人口和客户相对稳定。大连以前是人口流入，现在是基本平衡，在东三省仍然有优势。最后是开发商相对稳定。现在全国性的开发商占主流，小的开发商走到了舞台的边缘。正是由于需求与供应稳定，整个市场稳定，大连才是一个值得深耕的地方。

单小海坦言，从中山广场到沙西北区域，从西山到甘西北区域，从第一个项目万科邮电大厦到如今万科完成了 18 个项目。近年来，万科的产品虽然在不同程度创新，但是却鲜有当年万科城市花园洋房专利产品推出时，令业内与消费者折服、全城争购的作品问世。这与万科的全球房地产行业的地位，与大连万科的雄心是不匹配的。"到了今天，万科对市场的判断已经成型，战略也已经确定。在大连有限的土地资源上面，万科要给这个城市，要给业主留下作品。""要对城市保持友好姿态，以开放的态度兑现精工品质，让每一个万科项目都成为代表城市形象的作品。"

作为万科转型进入作品时代的首个代表，刚刚亮相的《万科城市之光》或可见证万科的用心和情怀。这一历时 14 年、经 60 个城市 200 个项目实践和改进而推出的升级版洋房作品，在户型创新和舒适度、施工管理、材料选择、施工工艺等方面，都令见多识广的地产记者们眼前一亮。尤其是具有专利的第五代升级洋房，万科更以先人一步的意识、正本清源重新定义洋房五大标准：定义星空、定义舒适、定义阳光、定义清风、定义附加值。此外，地铁上盖、生活广场、斥资百万的"天空树"景观、5万平方米城市综合体和精装修产业化住宅，为后来区域百万平方米大社区规划留足规划和发展空间的高端定位，这些都体现出万科在往作品层面去转型的积极行动。

二、转型之二：从住宅开发商转型成为"城市配套服务商"

全球最大的开发规模并没有让万科停止前进的脚步。这一努力来自业主和城市两个层面。一方面，对业主来说，万科如何从单纯房子的售卖变成生活方式的提供者？另一方面，不断发展的城市也对万科这样的行业领跑者提出了更多的责任要求。一直充满危机感的万科显然洞见了行业转型的新机会。于是，万科提出转型为城市配套服务商，也变得顺理成章。

目前，大连万科配套服务的聚焦点和发力点在社区教育。在万科看来，社会教育的市场很大，但良莠不齐。"通过共享方式，实现多品牌优质教育资源引入，为业主搭建家门口的一站式0~16岁优质全龄教育平台，让孩子可以随时得到丰富的课内外教育。这在万科蓝山已经落地，今年还会有4~5家这样的学习成长中心落地。我们希望把这一块做得更扎实，做成产业，以此来带动其他城市配套的发展。"单小海说。

以《万科城市之光》为例，除了地铁和BRT成熟的交通资源配套，政府规划的涵盖九年义务教育的学校和新甘井子人民医院、项目南侧政府规划建的40万平方米的商业集群之外，万科还会在项目内打造v-link——0~16岁小业主素质教育的全龄教育平台；方便业主和周边居住市民互动休闲的4万平方米生活广场；还会建设自己的幼儿园、建设自己的学校。这些都是万科向城市配套服务商转型的踏实行动。

三、转型之三：从埋头开发到与城市互动，参与城市更新和发展

急速的城市化带来了日新月异的城市面貌，也带来许多问题和遗憾。那些发展不平衡的区块往往与周边格格不入，可以称之为"灰色地带"。作为一个负责任的开发商，不能仅仅满足一块土地的开发获利，而应通过高水准的开发和持续的活化，给当年不被看好的"灰色地带"赋予了新价值和新生命。

单小海表示，万科近年来已经开始回归城市中心，未来会坚持两条发展路线：一是在城市核心区域建设精品，引领开发潮流，比如即将亮相的星海湾项目和中南路项目。更重要的是在主城区的规模开发，打造生活新城、改变城市面貌。"房地产要跟着人走，跟着客户的选择走。所以我们特别珍惜在甘区成片开发的机会。"30万平方米的城市之光只是个序幕，后续整个大区域的改造与规划都已经在进行之中，大连万科将全程参与、全情投入。

资料来源：http://house.gmw.cn/newspaper/2016-05/19/content_112558727.htm

思考题：

1. 万科三大转型对你有何启示？

2. 万科战略转型能成功吗？

案例 2　碧桂园海外战略升级

碧桂园作为一个起家于顺德的房地产企业，创建于 1992 年的碧桂园集团，以一句"给您一个五星级的家"的口号，在珠三角乃至全国范围内都拥有极高的知名度和美誉度。第一个在楼盘小区内兴办学校，第一个树起了中国地产规模开发之旗帜，第一个将"五星级的酒店式服务"引进楼盘小区管理中，并据此成功地构建了"碧桂园家园模式"和"五星级的家"的生活方式。自创建以来，在一直坚持"碧桂园，给您一个五星级的家"的服务理念基础上，勇于开拓的碧桂园一直在开发理念、产品建设、社区配套等各方面不断地进行着创新革命。

一、创新开发，汇聚全球顶尖开发理念

碧桂园集团董事局主席杨国强在发布会致辞中表示，森林城市将是他"有生以来呈现给世人的最好的一座城市，是一座理想中的未来之城"。这座未来智慧生态之城，规划了外企驻地、金融特区、创新天堂、旅游胜地、教育名城、养生乐园、会展中心、电商基地八大产业聚集地。

森林城市位于新马交界处——东南亚之心，也是"一带一路"的重要枢纽和节点性区域，项目土地是永久产权，房价仅为新加坡的四分之一。按照碧桂园的设计规划，森林城市将是中国企业在马来西亚建造的首座智慧生态城市，也是全球首个分层立体城市。

"森林城市整座城市立体分层，车辆在地下穿行，地面都是公园，建筑外墙长满垂直分布的植物，就像生活在森林里，地上是无污染的架空轨道交通；每一天，人们都生活在花园里，呼吸在森林里，愉悦在自然之中。"杨国强说。发布会现场的宣传视频显示，建成后的森林城市，地面上完全被各种公园覆盖，地下一层设计为行车层，地下二层即设计成为停车场等，所有的建筑都覆盖绿色植物，放眼望去一片绿色。

除了保证生态绿色的居住空间外，碧桂园还将在森林城市项目上汇聚全球顶尖的智慧生态城市理念与科技，为这座城市提供最为有力的云技术应用保障，使城市里的每个居民、每栋建筑都有一个独立的 ID 身份认证。在项目规划定位上，麦肯锡、SASAKI 等国际著名机构为其指明的道路是发展成为"全球智慧绿色生态之城典范"。

二、政策支持，承接新加坡产业外溢和转移

碧桂园森林城市项目的规划中，明确提出要承接新加坡部分产业的外溢和转移。为此，将通过填海造地，架设新马贸易升温的重要桥梁，引爆新马"特区"又一波投资潮涌。森林城市或将重新定义马来西亚"第二家园"的投资置业价值。

目前，森林城市已经获批成为马来西亚依斯干达特区的一部分，享受特区优惠政策，同时还将申请其他优惠政策。该区是马来西亚和新加坡两国深化经贸合作的前沿阵地。过去七八年间，伊斯干达成功吸引了超过原定目标两倍的投资额，既吸引了包

括马来西亚主权财富基金 Khazanah 和新加坡主权基金淡马锡在内的国有巨头，也带动私有企业和开发商前来投资。Pinewood 影城、教育城、乐高主题乐园等一系列重大项目的完工带动了整个特区的发展势头。

在马来西亚联邦政府的大力支持下，森林城市 2015 年已经取得政府颁发的批准函，其中针对教育、医疗、旅游的优惠政策已经落地。符合条件的产业可获得税务优惠，包括 5 年免税或者 5 年 100% 投资税抵免；与森林城市项目公司合作开发，亦可享受企业所得税减免。另外，马来西亚为在本国设立基地并投入资本超过 250 万马币的企业也有税率优惠，只需缴交 0~10% 的企业所得税。与科技相关的产业也可申请优惠配套，获得批准的公司可取得 5 年 100% 免税的优惠。

森林城市在规划建设之初，就提出"借势新加坡、反哺新加坡"的策略考量。首先是产业定位与新加坡实现衔接互补，在教育、医疗、养老、金融和制造业领域承接新加坡部分产业链条的外溢与转移；其次，针对目前新加坡房地产市场降温、投资开发脚步放缓的现状，森林城市独一无二的区位优势，对新马投资者来说，将会是下一个投资聚焦的热点。

资料来源：http://epaper.southcn.com/nfdaily/html/2015 - 12/25/content_7502386.htm？COLLCC = 1438290626&

思考题：

1. 碧桂园实施的海外战略有何启示？
2. 碧桂园海外战略能成功吗？

案例 3　保利发展战略

一、"5P 战略"迎接新机遇

中国经济发展迈入新常态，这是一场由旧转新的蜕变，保利地产以企业发展新思路提出"5P 战略"，力求推动自身创新型发展以适应新常态。据介绍，"5P 战略"包括陪伴（Peiban）幸福晚年的养老地产、承诺（Promise）全生命周期的绿色建筑、成为业主好拍档（Partner）的社区 O2O、让便捷生活瞬达的"保利 APP"、充满力量（Power）的海外地产。

"保利地产一直对中国经济发展前景充满信心，对房地产行业中长期发展充满信心。新常态下的发展机会依然很多，我们要利用新机遇，培育新增长点，一心一意谋发展。"保利地产董事长宋广菊说。

1. 房地产新机遇：立足主业、做强主业

作为千亿级别的大型央企，保利地产选择在房地产行业全面调整之年适应新业态、新形势，立足主业、做强主业。在产品开发上，保利地产更加注重品质，坚持中小户型普通住宅的产品定位。2014 年，中小户型产品在保利开发的住宅产品中占比高达 93%，超八成购房者用于自住需求。面对楼市分化的新特点，保利地产以"去杠杆、去库存"为重要目标，及时调整城市布点结构，投资更加侧重一线及二线城市，规避投资风险。

在新业态下，保利地产深挖产业链价值，积极投身社区O2O建设。在全国245个保利社区、约5 000万平方米物业的基础上，通过线上线下联动的"若比邻"商业品牌打造社区O2O，形成标准化社区商业模型，同时研发推出保利地产APP，让业主轻松一"点"便可实现生活所需。

扎根国内大本营的同时，海外市场也成为保利地产全新的重要布点。2014年保利地产成立海外事业部，保利悉尼项目是"走出去"战略中的首个海外独立投资项目；2015年保利将继续关注拓展美国、欧洲等的产业机遇。

2. 养老产业新机遇：养老模式三位一体

如今，人口老龄化趋势更加明显，保利地产以"全链条"介入养老产业，提出居家、社区和机构三位一体的"中国式"养老模式。

在居家养老方面，针对可自由活动的老年人群体，以物业服务为平台，提供"助餐、助浴、助洁、助急、助医"的"五助"定制服务。在社区养老方面，主要针对活动程度下降的老年人群体，在社区规划建设适老住宅和持有型老龄公寓，打通社区与街道卫生、医疗、文体设施的功能衔接。在机构养老方面，主要针对不能自由行动的老年人群体，打造"和熹会"专业养老机构，引入当地三甲医院优质资源。

据介绍，目前保利地产三位一体的养老战略次第铺开，渐成规模。适老设计标准研究基本成熟，推动51个社区进行适老改造，北京"和熹会"成为机构养老试点，入住率超过64%。未来，保利地产将努力搭建"中国养老适老产业联盟"，形成全产业链，深耕养老产业。

3. 城镇化新机遇：积极参与城中村改造

城镇化建设正成为新型驱动力，保利地产积极参与旧城改造工程，探索新型城中村改造模式，实现政府、企业、村民三方共赢，加大介入保障性住房开发建设。

据介绍，在广州，保利地产主导实施的琶洲村改造项目，改造后总建筑面积超过260平方米，总投资额近200亿元，回迁地块总建筑面积达94.1万平方米，包括住宅、公寓、商铺、大型商场、肉菜市场、幼儿园、老人活动中心等，有效改善了当地的居住环境。

在保障性住房方面，保利地产在北京已建成及在建、拟建保障房共9 957套，面积86.23万平方米。其中经适房约1 860套，公租房约2 370套，自住型商品房约580套，回迁房约120套。

二、保利地产战略转型能否名副其实

作为央企，保利地产这两年接连制造噱头引爆舆论，营销方面可圈可点，但未来的转型能否名副其实还有待时间考验。此外，概念太多往往会削弱传统开发优势，这是需要警惕的一个风险。

1. 销售依然强势，再谋产业链延伸

保利地产副总经理王健表示，在确保主业发展健康的同时，保利地产将积极探索延伸产业链，整合上下游资源，创造新的利润增长点。

4月6日，保利地产正式向外界宣布其产业链延伸战略，推出其"5P战略"的生活蓝图——"全生命周期居住系统"。

据保利地产研究院院长张亮介绍，这个系统由"和悦系全生命周期住宅、社区商业服务、社区物业服务、健康养老、少儿艺术教育"五大部分组成，涵盖了从建筑到居家，从硬件设施到社区服务，从少儿到老年的所有需求。

与此同时，保利地产4月6日晚间发布的销售简报显示，公司2016年3月实现签约面积165.83万平方米，同比增长159.49%；实现签约金额222.34亿元，同比增长196.98%。

这是保利2016年以来销售业绩最好的一个月。第一季度，该集团累计实现签约面积343.52万平方米，同比增长117.19%；实现签约金额451.25亿元，同比增长131.35%。

长江证券分析认为，从公司3月的销售数据来看，无论是量抑或是价，同比以及环比都出现较大幅度的增长，这与近期一二线楼市回暖以及政策宽松带来的红利是分不开的，当然也主要受益于公司优异的项目布局。公司3月份销售的均价为13408元/平方米，同比环比分别增长14.45%和12.54%，同样受益于近期一二线城市价格的上涨。

值得注意的是，保利地产项目获取速度有所减缓。公司3月新增项目共计5个，其中4宗土地为合作方式取得，与前期拿地相比，公司本月项目增速有所减缓。新增项目土地面积共计48.08万平方米，计容积率面积共计122.58万平方米，权益计容积率面积共计68.63万平方米。项目位于南京、上海、广州、东莞、湛江，主要布局在一二线核心城市。

在销售依然强势的同时，保利地产的产业链延伸也在加速。"全生命周期居住系统"的推出即是最直白的体现。

保利地产技术研发中心总经理唐翔介绍，该系统是体现绿色环保、适老化、适幼化、空间复合、强化收纳、智能家居的生活住宅。围绕全生命周期居住系统，保利已经制定了多个标准和将近100条强制社区规定来保障设计在全国落地。

此外，保利地产推出社区商业服务，包括线下的比邻超市、社区O2O体验中心以及线上的微信、APP平台。

在养老地产方面，保利地产提出"全产链介入，打造三位一体中国式养老的战略规划"。

保利地产有关人士表示，从20世纪七八十年代的集体大院开始，形成了中国第一代居住；90年代小洋楼崛起，人们开始搬进了有物业管理的房子；2000年后，人们越来越关注健康、文化与教育等生活配套，以资源型服务为主体的社区生活，成为第三代居住的显著特征；2010年开始，智能科技变为人们获取服务与资源的方式，智能化应用造就了第四代居住；保利地产提出第五代居住模式"全生命周期居住系统"具有里程碑意义。

2. 新战略转型能否名副其实？

实际上，此次战略转型是保利地产在原有房地产业基础上的进一步探索。在此之前，该集团曾经积极涉足养老产业，专注于机构养老管理及运营服务的和熹会，目前在北京、上海、广州等地有八个在建或运营示范项目。

保利地产相关负责人表示，此番保利地产推进的"全生命周期居住系统"，是将原有服务理念进一步延伸，旨在覆盖从建筑到居家，从硬件设施到社区服务，从少儿到老年的所有需求。

对此，易居研究院智库中心研究总监严跃进在接受《中国经营报》记者采访时表示，保利提出居住产品"全生命周期系统"的概念，应该说是希望对居住者背后的各类潜在需求进行挖掘。如果从"全生命周期"的概念进行分析，那么其实包括衣食住行等都可以成为地产业务创新的一个很好要点。比如说对于此类地产业务来说，在后续项目的开发过程中就要针对居住者的各类生活需求甚至是商务需求进行产品的研发。并且在借助移动互联网的纽带的作用下，能够促使生活更加宜居、生活成本更低的效果。在这方面，保利确实走在了行业的前列。

严跃进指出，对于人居生活的改善，其实有很多房企都在积极进行探索，保利通过此类全生命周期的概念打造，是希望做一个全方位的支持和关怀。这其实是目前人居生活背后需求不断"绽放"下的市场机遇。

长江证券认为，保利地产未来转型值得期待。公司自提出 5P 战略以来，已经取得一定的进展。相继参与粤海高速定增并顺利取得悉尼项目，积极开拓海外业务。主业稳步增长的同时不断发掘新的增长点，赋予公司未来发展更多的可能性与活力。公司多渠道融资为后续的发展提供了有力的保障，从成本较低的公司债到获批的 100 亿定增，无不为公司未来的发展加大砝码。

资料来源：http://money.163.com/15/0529/14/AQPOFEQ700253B0H.html

http://www.yifang5.com/news/201604/158450-1/

思考题：

1. 保利地产是如何实施"5P 战略"的？

2. 保利地产战略转型有何启示？

案例 4 恒大多元化发展战略

一、恒大首提多元化发展战略

"恒大集团今明两年确保进入世界 500 强。"在近日恒大集团 2014 年上半年工作会议上，恒大集团董事局主席许家印称。同时，许家印还首次提出恒大将多元化发展的战略。

据悉，世界 500 强由权威的美国《财富》杂志评选，刚刚公布的 2014 年榜单中，最低门槛为营业收入 237 亿美元，预计 2015 年最低门槛约 1 500 亿元人民币。据了解，目前世界 500 强榜单中尚无中国房地产企业。

许家印表示，恒大先后经历了"规模取胜"战略阶段、"规模+品牌"战略过渡阶段、"规模+品牌"标准化运营战略阶段，而恒大自此将进入第四大阶段："多元+规模+品牌"战略阶段。同时，自 2015 年到 2017 年的恒大第七个"三年计划"主题也确定为"夯实基础、多元发展"。

目前，恒大集团总资产超过 4 000 亿元，员工 7.4 万人。恒大的产业已经进入全国 150 多个城市，项目总数超 300 个，去年销售额超过千亿元，今年上半年已达 693 亿元，半年纳税 102 亿元。许家印表示，到 2017 年，恒大会再进入 200 个城市，覆盖全国城市总数可达 350 个，并加速国际化进程，力争进入 10 至 20 个国家。

近年来，恒大矿泉水、恒大足球、恒大文化等产业发展迅速，这些成功的多元化探索已引起业界强烈关注。据了解，企业多元化战略是世界大型企业特别是跨国公司普遍采用的发展战略，据资料统计，在美国最大的 5 000 家工业企业中，有 94%的企业从事企业多元化战略，而通用、三星等世界 500 强企业几乎都实施了多元化战略。

二、恒大多元化发展战略的真实意图

（一）多元化之路"醉翁之意不在酒"

恒大高调宣布进军农业领域，并推出了首批产品——恒大绿色大米、绿色菜籽油、绿色大豆油、有机杂粮等产品，并传后继还将有恒大婴幼儿奶粉等产品面市。据广州日报的报道，另一家大型房企万达集团则早就将触角伸入了文化产业，早在 2012 年，万达集团和美国 AMC 影院公司在北京签署并购协议，并高调进入旅游行业。而 IT 企业同样跨界经营成风，最喜欢"扎堆"的，也是农业领域。

（二）"跨界"真实意图

1. "抢眼球" +获取政策红包

多位业内人士均表示，卖米卖油可谓"高难度"动作，恒大的选择或许还是想结合其矿泉水、畜牧业，实施其多元化版图策略，这与国家支持农业发展的方向是一致的，未来或将收到政策红包。

一位行业观察人士表示，先不论挣钱与否，不少大企业转型进入农业似乎是趋同选择，恒大在长白山、内蒙古的"圈地跑马"之下，畜牧业、乳业占据产业链上游就可以拥有较大市场主动权，也符合国家政策导向；水资源也选择了企业扎堆的最好水源地，只是后期经营发展有待观察。

行内人士说，互联网大佬们所谓进军农业，作秀成分居多，真正掏真金白银的少，希望抢得二、三线用户市场的眼球，毕竟农村市场商机的诱惑让人无法拒绝。据阿里巴巴研究中心测算，2013 年阿里各平台农产品销售额达到 500 亿元，2014 年有望达到 1 000 亿元。

2. 单一领域风险太大

恒大、万达、联想、阿里巴巴这些房地产或 IT 业内的"大佬"转型多元化的原因，很大程度上是对于主业发展风险的控制。盛富资本和协纵国际总裁黄立冲认为，不少房企已嗅到房地产主业未来可能遭遇到的压力和单一业态发展的瓶颈。

对于房企涉足影视产业，暨南大学管理学教授胡刚表示，"影视产业最后可能变成文化地产或旅游地产，比如万达现在将影视元素、旅游元素加入自己的地产项目中间。"

而在 IT 行业，对于为何多元化发展，柳传志此前接受本报记者专访时表示，电脑行业风险很大，因为新材料、新技术，新的业务模式的突破，都会带来无法预期的风险。高科技企业要想活得长，还是要多元化。多元化以后在原来的那个领域就敢于冒险和突破了，因为有活路了。而多元化做好了，像联想控股现在的金融、房地产做得都不错的话，股东不再那么恐惧，就会放手支持高科技领域去进行拼搏。

（三）多元化问题

1. 食品安全

然而，对于食品行业，业界经常戏言"挣的是卖面粉的钱，操的是卖白粉的心"。面对我国日益严峻的食品安全形势，党的十八届三中全会提出"完善统一权威的食品药品安全监管机构，建立最严格的覆盖全过程的监管制度，建立食品原产地可追溯制度和质量标识制度，保障食品药品安全"的战略决策。

尽管如此，近期百胜餐饮集团、麦当劳等洋快餐巨头再次遭遇"问题肉"危机，暴露出很多企业的食品安全保障工作还是存在很多问题，也折射出我国在食品安全监管中还是存在这样那样的问题。

针对食品安全方面的问题，恒大集团也声称自己"最重视质量管控"。比如仅粮油集团就招聘质量监察控制中心总经理 40 人，乳业集团招聘质量监察控制中心总经理 50 人，畜牧集团招聘质量监察控制中心总经理 70 人，质量相关人才超 1 000 人，占总招聘人数 6 成以上。

在食品行业，还有一句常说的话——"说得好不如做得好"。恒大集团进军的粮油、乳业、畜牧业同矿泉水行业相比，对于食品安全的要求都将更高，也是我国食品安全容易出现事故的重要领域。这些新进入的领域，对于恒大来说，既是机遇也是挑战，食品行业和房地产行业是完全不同的两个领域，也需要更高的智慧和责任才行。

2. 如何挨过投资期

虽然投资回报率高，但农业的风险也显而易见：一方面，由于生产周期长，投资者必须挨过漫长的培育期。联想佳沃总裁陈绍鹏在被问及佳沃何时能够盈利时便直言：农业的经营周期大概 10~15 年，真正要形成可持续发展的盈利，需要 10 年左右。显然，这相比于赚快钱的房地产来说，有些只出不进。

另一方面，农业产业链条较长，其中不可控因素较多，"靠天吃饭"带来的风险即便是在规模化养殖条件下也不能完全避免。

3. 危险的高负债率

据 21 世纪网报道，如果说"现金为王，销售为先"是恒大全国布局的产物，其付出的代价就是不断飙升的杠杆水平，甚至不惜以大量的类信托表外永续债来对赌中国楼市见底。

截至 6 月底，恒大上半年共录得收入 633.4 亿元，同比增加 51%。股东应占溢利70.9 亿元，增加 13.6%。前 6 个月合约销售金额为 693.2 亿元，已经完成全年销售目标 1 100 亿元的 63%。

不过，需要指出的是，在净利润 94.9 亿元，上半年录得 693.2 亿元的合约销售金额，640 亿元的现金流傲视全国房企的光芒四射的业绩背后，恒大地产超高杠杆的财务风险却始终无法被忽视，算上总额 445 亿元的永续债，恒大的实际净负债率已高达约 116%。

财报显示，恒大地产今年上半年发行单个项目永续债新增融资超过 175.8 亿元，使得永久资本工具的余额环比飙升 77.7% 至 444.82 亿元。而永续债的持有人上半年共计瓜分了恒大地产 18.84 亿元的净利润，占比高达 20%，而去年底这一比例为 0，反映永续债的抵押项目已陆续开始入账。

"为了补充一、二线城市的土地储备，短期负债率是高了些，但我可以保证恒大不欠政府一分钱地价和土地增值税。全国项目布局的目标已经完成，未来用于买地的预算会大幅减少。"许家印表示。

三、多元发展战略下恒大"铁军"蓄势再出发

（一）以人为本，恒大多元格局再启新篇

恒大 20 周年庆典当天举行的"恒大 20 周年辉煌成就展"，显示出恒大目前已形成了以地产为主业，金融、互联网等多元产业协同发展的新格局。展览以声光电的丰富形式，生动展示了各个产业现阶段的成绩、优势，以及未来的广阔前景，吸引了众多嘉宾驻足。

值得一提的是，今年 6 月，恒大地产集团有限公司更名中国恒大集团。由此，一个不具备地产符号的名字，将更精准地囊括恒大的多产业格局，成为恒大发展历程中浓墨重彩的一笔。

据了解，恒大 2015 年解决就业 130 多万人，平均每天向国家纳税一个多亿；20 年捐款超过 28 亿，无偿投入 30 亿结对帮扶毕节大方县。许家印表示，未来在抓好企业发展的同时，将继续以感恩之心积极承担社会责任。

20 年风雨历练，恒大从深耕一城到布局全国，成为中国精品地产领导者；20 年砥砺前行，恒大从单一地产到多元产业全面开花，并以"中国恒大集团"华丽转身。"恒大速度"有目共睹，恒大传奇仍在续写……

6 月 26 日至 28 日，恒大集团举行了系列活动庆祝成立 20 周年。28 日晚，作为本次庆典活动的压轴大戏——大型员工文艺汇演在广州天河体育馆精彩上演。恒大集团总部、各地区公司、产业集团及下属公司等单位共表演节目 20 多个，涵盖歌舞、音乐剧、小品、武术及创意类节目等，呈现一场丰富多彩的文化盛宴的同时，向外界展示了"恒大铁军"工作之外多才多艺的另一面。

（二）白手起家，20 年成就恒大传奇

为庆祝 20 年华诞，恒大举办了包括发展成就展、庆典典礼、文艺晚会、万人运动会、员工文艺汇演等系列活动。300 多份贺电贺信纷至沓来，1 800 多位国内外重量级嘉宾出席，恒大 26 日举行的 20 周年庆典可谓高朋云集，星光熠熠。恒大董事局主席许家印满怀深情的现场致辞，让到场嘉宾为之动容。

1996 年 6 月 26 日，在广州一间不足 100 平方米的民房里，恒大艰难起步。当时的恒大规模尚小，成立初期，许家印就先见性地为公司制定了发展战略、企业精神和目标，为恒大规划了发展蓝图。面对严峻的内外部环境，白手起家，瞄准房地产，抓住当时即将取消福利分房、实现住房商品化的机遇；实施"规模取胜"的发展战略及"艰苦创业 高速发展"的第一个"三年计划"。恒大通过首个项目"金碧花园"赢得了第一桶金，实现了从广州到全国的布局。

恒大胜在谋略，这是业内最为普遍的评价。分析人士指出，恒大 20 年跨越发展，不仅得益于掌门人许家印个人的眼光与胆识，更与贯穿恒大 20 年的企业精神、工作作风和企业宗旨分不开。自成立以来，恒大实行紧密型集团化管理模式、标准化运营模式以及民生地产的产品定位，确保了恒大规模与品牌的快速发展。而一直以来恒大强劲的业绩表现，也恰恰印证了"许氏管理"法则的独到之处。

资料来源：http://www.ocn.com.cn/info/201408/heidai061033.shtml

http://sz.winshang.com/news-282471.html

http://news.ifeng.com/a/20160701/49275563_0.shtml

思考题：

1. 恒大是如何实施多元化战略的？
2. 恒大的多元化战略能成功吗？

案例 5　龙湖商业战略新思路

近年来，关于商业经营模式是销售还是自持，一直争论不休。不管是销售还是自持，各有优缺点。面对这样的情况，龙湖 2016 商业战略做出了改变：楼上龙湖自持，楼下买铺共赢。

一、龙湖 2016 商业战略新思路，销售自持商业齐头并进

就销售模式而言，其最大的优势在于开发商可在短期内回笼资金，降低项目整体资金压力，不过最大的缺点是无法规划经营业态及规范整体形象，影响项目整体形象，容易造成项目后期经营不善。而自持商业，虽然可以降低商户的前期投入，提高资金的使用效率，规避产权销售后难以统筹规划和经营管理等诸多风险，但是其对开发商的资金实力要求很高。不过从长远目光来看，商业地产中自持物业是更好的经营模式，因为通过这种经营管理可以获得长期的利润收益，为企业带来持续性的收益。然而目前的市场环境、金融环境等因素造成开发商完全自持商业非常困难，基于此，龙湖2016 年做出一项大的改变，那就是在新壹街的运营上，采用销售与自持齐头并进模式，让开发商和商家都实现利益最大化。

二、楼上龙湖自持，楼下买铺共赢

此次，新壹街采用销售与自持齐头并进的模式，按照自持商铺与销售商铺 3∶7 的

比例，龙湖在新壹街商业抢先自持 10 000 平方米商铺，其中包含了双首层临街铺。而这些自持商业将会引入大型主力店，凭借着这些主力店的强大影响力，势必吸引四面八方的客流汇聚于此，客流自下而上流动，自然而然带动中间商铺的人流量和提升购买率，让商家更快更近地享受龙湖自持商业带来的人气溢出效应。龙湖用自身精心的管理和运营，为商家投下一颗定心丸，同时为商家的资产保驾护航，让双方实现共赢。

目前，CGV 星聚汇影城、永辉 BRAVO 精品超市、威尔士健身会所三大主力店已强势签约入驻，强强联手营造浓厚商业氛围。同时诸如哈根达斯、满记甜品、星巴克、苏荷酒吧、中国黄金等品牌商家竞相入驻，届时将会带来无限的商机。据了解，现项目压轴推出建筑面积 30~200 平方米步行街商铺，为观音桥端头形象铺，这是新壹街最后一批商铺，更是整个观音桥在售商铺的最后一批。

资料来源：http://cq.house.ifeng.com/detail/2016_05_06/50769505_0.shtml

思考题：

针对龙湖商业战略新思路有何看法？

案例 6　万达战略转型

一、战略清晰，启动"去房地产化"转型

王健林认为，商业地产的暴利时代即将过去，万达正在向轻资产的高科技服务业转型，重资产的比例会逐渐下降。作为全球最大的不动产企业，万达集团董事长王健林却在日前深交所举办的创业家思享汇上清晰地表达了"去房地产化"的思路："2020年万达集团收入的三分之二，利润的三分之二以上要来自于服务业企业，也就是说要来自于不动产以外的收入和利润。"

1. 不做地产转做服务

"明年开业的万达广场当中将就会有超过 20 个是轻资产。到 2017 年，万达集团重资产开业的会逐渐降到 10 个以下，一直到没有。"王健林表示，去房地产化是万达集团定的五年战略目标，公司将转型成商业服务业企业，完全轻资产化。

作为全球最大的不动产企业，万达为什么要抛弃传统的地产业务而转做服务呢？王健林说，这并不是他的"任性"之举，而是商业地产的"拐点"已经到来，暴利时代过去了，转型是必然的趋势。

细化来看，他认为万达转型轻资产有三大理由。第一个是要扩大竞争优势。重资产的模式受制于房地产的周期，轻资产能让规模在短时间内呈现翻倍式的增长。第二个理由是看中了三四线中小城市的商机。万达可以凭借强大的招商资源和轻资产的快速规模效应，可以迅速占领三四线城市的市场。"三四线城市土地价格很便宜，现在去还能选好的中心地段，40 万~50 万人有一个万达广场基本上就实现全覆盖。"此外，王健林还认为轻资产能够较大程度地扩大边际效益。目前万达正在尝试做一个集儿童的游乐、教育、培训、美食、零售于一体的"儿童 Mall"，并希望通过轻资产的规模效应

迅速在全国扩张开来。

实际上，去年转型的效果已经显现。2014 年文化集团收入 341.4 亿元，完成年计划的 108.9%，同比增长 32.3%，超过商业地产业务。王健林说，万达去房地产化的步伐会逐步加快，向高科技和服务性公司靠拢。"现在上市叫'万达商业地产股份有限公司'，可能这'地产'二字在今后三年，或者某一年就没有了。"

2. 进军互联网金融

今年的一个新词"互联网+"一出来便火遍全国，背后反映的是互联网对传统行业的改造和冲击。万达作为一个典型的传统行业的佼佼者，如何面对这个挑战呢？实业家王健林将突破口定在了互联网金融上。

实际上，万达早已加大了在金融业的布局，王健林前不久就宣布在上海成立一个万达金融集团，准备把第三方支付公司"快钱"注入进去进行一个平台化运作。而在互联网金融方面，万达打算再踏出一条与众不同的路。据王健林介绍，万达希望以拥有的几十万台 POS 机为切入口，向使用这些 POS 的商家发放贷款。目前，万达的电商公司已经成功试验出第一代云 POS 机。另外，万达还希望将每年 60 亿~70 亿消费人次的数据转换成大数据，通过消费数据链发放消费贷款。据了解，万达的大数据中心即将在今年 10 月在成都开业。

"现在就到了互联网时代了，你不'+'也'+'，被迫也得'+'。"在王健林看来，互联网必须跟实业结合才会有长久的生命力，实业必须加上互联网才能存续下去。"单纯的互联网如果没有后面这个'+'，将来也是有风险的。只有它和所有集合在一起，形成线上线下的互动，才可能有长久的生命力。"

3. 为深圳培养了 7 个"西班牙小将"

王健林坦言，当年退出足球圈主要的原因是实在看不惯当年圈内"暗箱操作"盛行的风气。"但是退出不意味着我不爱这个行业了。"退出足球圈的王健林依旧一直关注着中国足球的发展。当他发现足球注册的青少年人口从 20 世纪 90 年代 40 万下降到只有 1 万多人时，这个老球迷坐不住了，"我决定重新回到足球圈"。

这一次王健林同样另辟蹊径，他并没有从俱乐部层面支持国家队，而是把资助的力量倾向了青少年。在他看来，只有将中国玩足球的青少年数量做上去，支持青少年足球的发展，中国足球才有翻身的可能。四年内，他出资挑选了 100 多个孩子送往西班牙培训。他还透露，收购马德里竞技就是希望成为他们的股东，让他们更用心地培训"我们的小孩"，让他们有更多国际比赛的经验。

他表示，近期深圳举办了一场青少年足球赛，深圳队以 5∶1 大胜国家队，与深圳队里有 7 个"西班牙小将"分不开。"我相信，再有三年，大家可以看得到抓青少年培养究竟重要还是不重要。"

关于中国足球可不可以上市的问题，王健林直言不讳："我看还差一点吧"。他认为，足球上市并需要具备产业氛围，但今天中国足球的产业氛围还没到那个水平。"现在中国足球的模式是不对的，非动大手术不可。"但与此同时，他看到最近中央在足改动作频频，对中国足球的未来仍抱有较大的期待。

二、以"加法"和"减法"推进万达战略转型

在今天的颠覆创新的时代，企业转型正纷纷寻求转型，国内最大的商业地产企业万达集团也吹响了转型的"号角"。记者注意到，今年以来，万达集团董事长王健林频频在公共场合阐述万达的发展战略。

此前王健林曾表示，他希望三到五年之内把"地产"去掉，变成商业发展公司或者商业服务公司。近日，万达被传出将砍掉 40 多家百货、80 多家 KTV 门店，王健林要求尽快完成这些工作。关掉盈利能力较差、甚至亏损的百货门店和过时的大歌星KTV 是万达的"减法"战略。

实际上，万达集团在转型的进程中，做更多的是"加法"，其中包括发力"互联网+O2O"、加速海外布局、万达旅游 5 年内打造全球最大旅游企业、成立体育控股公司加码文体产业……

8 月 8 日，万达推出了在美国、澳大利亚、西班牙的三个海外项目，其海外布局正在逐步展开。除此之外，万达的海外地产项目也被视为万达集团国际化并购与投资稳步扩张计划的重要组成部分。万达集团称力图将其打造为万达自有品牌酒店项目为主的海外综合地产项目投资及运营平台。据介绍，万达集团现已在英国、美国、澳大利亚、西班牙等国家的多个世界知名的国际化大都市布局了地产项目。

另外，在 8 月 10 日的首届"互联网+零售紫金峰会"上，王健林阐释了万达在"互联网+"领域所做的布局。

"5 年以后没有互联网公司能存活，互联网与实业融合，线上线下的融合，这才是未来互联网的发展方向，也是实业长期持续发展的方向。"他表示。

王健林称，万达集团做的第一件事就是"互联网+商业"。这一战略被称为"机构出资、我建广场"的扩张模式。

"现在因为万达正在全面推行轻资产，就是因为过去重资产模式通过销售获得现金流再投资广场太慢了，而且这个模式还受了一个限制，就是房价低的地区我们进不去，"他透露，"现在改为轻资产模式，用别人的人钱投资，产权是别人的，租金绝大部分是别人的，我们只提供设计、招商、服务等，这个模式下来以后，一下子打开了思路，所有只要超过 40 万人的城市都可以进去。"轻资产模式的推行，意味着万达广场大量加速。

其次，王健林尤为看重的另一个方向是"互联网+金融"的战略。他表示，万达正在筹建金融集团，这个金融集团需要跟互联网结合。"我们掌握这么多现金流的入口，需要把这方面转化成为金融集团服务的一个价值。万达广场里面 95% 是 500 平方米以下的中小店，主力店只有两三个，主力店是商业的稳定器，但是租金提升幅度不大，小的商家租金可以提升，这些商家在传统金融机构里面很难通过信贷模式获得成本低的贷款，所以我们的互联网金融集团是有可能解决这个问题的。"他透露。

此外，万达集团也成立了旅游控股公司，发展"互联网+旅游"。"万达的目标是 5 年内打造成为全球最大的旅游企业，我们这个是对规模而言，不是讲收入，到访人次超过 2 亿，成为规模最大的企业。"王健林称，"中国目前还没有出现有目的地的线下

公司和线上渠道在一起的情况，现在很多旅游网就是纯线上，旅游是纯线下，但是没有目的地，我们正在打造大型的目的地，我们把这种线上线下目的地捆绑在一起，我们推出若干个产品，这样就有比较便宜的价格，现在正在做这个事情，因为融合刚刚完成，所有产品会在明年陆陆续续推出来。"

万达集团的第四个 O2O 布局为"互联网+电影"，万达集团旗下的万达院线已经打造了全球最大的会员渠道和线上的销售平台。王健林称，线上线下融合才使电影院公司收入增长，互联网+电影要把电影制作和电影发行叠加在一起，所以万达发展非常快的一些行业都是线上线下融合。

"互联网+如何走在全世界都是新课题，也没有成功模式，但是这是今后所有实业公司和互联网公司唯一的方向，谁不融合谁就会被抛弃。"王健林意味深长地说道。

三、2015 年发展战略：万达将在 7 件事上动真格

与往年一样，王健林在万达年会上发表了 100 分钟左右的演讲，当然，也与往年一样，这个演讲全部由他手写，而且在他念出第一个字之前，没人知道他到底要讲什么。

在演讲中，王健林总结了万达这一年的三大教训，并用较长的篇幅谈到了 2015 年万达的发展战略，可以说，研究万达的打法和战略，需要研究透这 7 点。

（一）2015 年经营主要目标

全集团资产 6 100 亿元，收入 2 740 亿元。

商业地产开业 26 个万达广场、14 间酒店。收入、租金、利润指标内部下达。

文化集团收入 450 亿元。其中 AMC 收入 183.8 亿元。

万达院线收入和利润指标内部下达，这里不公布。

大歌星收入 10 亿元，确保实现净利润目标。

万达旅业收入 107.5 亿元，向万达文旅项目输送游客不少于 40 万人次。

儿童娱乐新开店 27 家，收入 1.4 亿元。儿童娱乐的重要性已经显现出来，我们做了分析，有了儿童娱乐后，万达广场的人流有一定增长。

影视传媒制作发行 8 部影片，票房 21 亿元，收入 3.2 亿元。

武汉电影乐园和汉秀收入 11.8 亿元；文化集团其他收入 71.7 亿元。

百货公司收入 288 亿元，新开门店 17 家。

快钱公司收入 29 亿元。

电商公司开业成都云数据中心，完成 15 个智慧产品的上线，活跃会员人数达到 1 亿人。

（二）开始全新转型升级

1. 第四次转型

万达过去二十多年的高速发展与成功，就在于不断创新与转型。第一次转型是 1993 年走出大连，万达由地方企业向全国性企业转型，突破地域局限，为扩大企业规模奠定基础。第二次转型是 2000 年，由单纯住宅向商业地产转型，这次转型创新了万达商业模式，使万达商业地产在中国一骑绝尘，成为全球不动产的领袖企业。第三次

转型是从 2006 年，万达开始大规模进军文化旅游产业，使万达由单一的房地产企业发展为综合性企业集团。2015 年万达要开始第四次，也是范围更广、力度更大的一次全新转型。

2. 万达集团的转型

万达集团转型分为两方面，从空间上看，是从中国企业转型为跨国企业；从内容上看，是从以房地产为主的企业转型为服务业为主的企业。万达已宣布到 2020 年的发展目标，资产 1 万亿元，收入 6 000 亿元，净利润 600 亿元，成为世界一流跨国企业。同时确定两个具体转型目标，一是 2020 年集团服务业收入、净利占比超过 65%，房地产销售收入、净利占比低于 35%；二是 2020 年海外收入占比超过 20%。今后万达商业地产要实行新的发展模式，同时加快发展文化旅游、金融产业、电子商务 3 个产业，到 2020 年形成商业、文旅、金融、电商基本相当的四大板块，彻底实现转型升级。

3. 商业地产的转型

不能认为转型就是集团的事，商业地产自身也要全新转型。

第一，力推轻资产模式。过去万达的成功靠的是城市综合体，建一个万达广场，旁边配建一些公寓、写字楼、商铺用来销售，通过房地产销售产生的现金流来投资持有的万达广场，这是重资产模式。现在万达要推一种轻资产模式，就是万达广场的设计、建造、招商、运营、慧云系统、电子商务系统都由万达自己做，使用万达广场品牌，但所有投资由别人出，资产归投资方。这种模式没有房地产销售，是准金融投资行为，万达与投资方从净租金收益中分成。

第二，提升租金净利占比。目标是 3 年内将租金占净利润的比重提升超过 50%。

第三，改变目标考核体系。收入、回款、入伙指标今年起不再是核心指标，核心考核指标调整为考核租金、净利润、持有物业增长指标。只要这三个指标保持较高增长，房地产收入指标就可以少增长，可以不增长，甚至可以负增长。

（三）加快发展电子商务

（1）确保成都云计算中心 10 月之前竣工，支持电商全国联网运行。

（2）搞好技术研发。2015 年完成已确定的 15 个智慧产品的研发，同时要制定今后 3 年更多的技术研发目标。万达打造 O2O，已经拥有线下资源，关键是线上技术，要研究怎样做到好用，大家愿意用。

（3）做大支付规模。全集团要为快钱的发展提供支持，由曲德君、王贵亚牵头做具体方案。不仅万达电商用快钱支付，万达广场商家也要用，商管公司要一家一家去谈，动员他们使用快钱。但我认为，快钱主要发展方向不是支付规模，而是互联网金融。要研究推出一整套优惠方案，提供大力度的支持，下周集团开专题会研究这个问题。

（4）万达电商基本成熟后，要考虑向社会开放，力争做成一个开放的平台级电商。我们先做 3 年，成功后，就跟其他购物中心、百货店、电影院、餐饮商家去谈合作。万达电商手里有巨大的线下平台，有数亿会员，如果他们愿意加入，我们出钱做数据中心、网络改造。

（5）强化互联网思维。这是对万达所有领导讲的，特别是副总裁级以上的领导，必须要有互联网思维。什么叫互联网思维？就是要敢于拥抱互联网，而不能仅仅把互联网看成工具。怎样教育大家形成互联网思维？执行层要研究出一个办法。

（四）推进国际战略

（1）坚持并购为主、投资为辅的方针；2015 年完成 2 至 3 家较大规模的并购。

（2）落实 3 个海外文华酒店项目。海外酒店还是坚持走传统路子，结合公寓开发，以平衡现金流。

（3）加大海外人才储备。人力资源中心要保持适度的海外人才储备，这点成本是可以付出的，确保做到人等项目，不能项目等人。

（五）发展金融产业

（1）2015 年一季度成立万达（专题阅读）金融集团，注册资本 100 亿元，制定到 2020 年的发展规划。

（2）年内并购 1 至 2 家金融企业，把金融集团框架搭起来。

（3）向互联网金融方向走，不搞开门店、拉人头的传统模式。

（六）更高提升企业管理

（1）做好交钥匙工程这件大事，要保工期、保质量、保效率。

（2）搞好文旅项目经营。从今年开始，万达文化旅游项目就进入丰收期，今年西双版纳度假区开业，明年合肥、南昌万达城开业，2017 年后每年 3 个以上文旅项目开业。必须做好文旅项目经营，只有经营收入达到预期，万达文化旅游的商业模式才能站得住。

（3）逐步推行固定租金加抽成的新模式。过去万达都是固定租金，今年先选 2 个万达广场做实验，固定租金和抽成，两者取其高。如果试点理想，就逐渐推广这种模式，基本目标使万达广场租金到 2020 年比原测算增长 10% 以上。

（4）百货打好翻身仗。百货就看今年，希望你们坚决完成收入和利润指标。如果完成，就意味着百货彻底翻身，丢掉集团落后单位的帽子。

（5）坚决控制费用增长，落实总部管理费三年不增长的目标。

（6）强化对商管的监督审计。我们发现，万达广场火了，到期调租金的时候，有个别管理人员吃回扣，审计一查人就跑了。跑了就行了吗？如果金额大，照样移送司法。事后调查发现部分商家敢怒不敢言。为什么敢怒不敢言？万达有投诉部门，今年审计部门要对所有商家做一次普及教育，告诉投诉办法，可以直接投诉到集团审计中心。

（七）带头承担社会责任

（1）2015 年新增服务业就业岗位 15 万人，其中大学生就业 4.5 万人。

（2）支持 100 名应届大学生创业，成功率 95% 以上。

（3）全年纳税 300 亿元。

（4）全年捐赠 4 亿元人民币；义工活动突破 10 万人次；全面启动丹寨包县扶贫行动，在丹寨县招聘 1 万名农民工到与万达合作的施工企业务工，开工职业学院以及生猪扩繁、育肥及深加工工厂。

资料来源：http://travel.ifeng.com/news/detail_2015_04/21/41015537_0.shtml

http://news.xinhuanet.com/house/cq/2015-08-12/c_1116214945.htm

http://ln.sina.com.cn/news/finance/2015-04-18/detail-iavxeafs5764809.shtml

思考题：

1. 万达的战略转型有何启示？
2. 万达商业地产是如何转型的？

案例7　华润发展战略

一、华润置地可持续发展之道

作为华润集团旗下的地产业务的旗舰，华润置地始终坚持可持续发展之道，历经商海磨练，如今已经成长为房地产行业领先的企业。

2014年7月26日，华润置地正式发布商业地产战略，并明确提出将致力于成为"中国商业地产领导者"的商业地产战略目标。据华润置地总裁唐勇介绍，按照目前的战略布局和开发速度，2017年和2018年，华润置地将迎来商业项目开业的高峰期。"预计到2017年年底，华润置地将有40多个商业项目投入运营，投入运营的零售物业建筑总面积将超过600万平方米，年客流量将达4.5亿；预计年累计购物营业额将超过500亿元人民币，会员总数将超200万人"。

华润置地在实现自身发展与价值创造的同时，在践行社会责任方面也得到了社会认可。近日，华润发布首份独立社会责任报告——《华润置地有限公司2013年社会责任报告》（以下简称"报告"），从社会责任、员工关怀、股东回报、业主服务、生态保护等各个维度进行了详细解读，并获得中国社会科学院综合评价"四星级"优秀报告。

"践行社会责任是企业可持续发展的基石。"华润置地董事长吴向东在报告开篇中这样写道，一个企业，在创造经济价值的同时，还应该不断实现社会价值，包括对股东、员工、客户、合作伙伴、环境以及社会承担应尽的社会责任。

1. 致力经济发展

七十多年前，身负领导重托，诞生于香港中环一个不起眼的小阁楼中的华润集团，如今已经发展为下设七大战略业务单元、19家一级利润中心、1 200多家实体企业、36万员工的大型多元化企业。

华润置地作为华润集团旗下的地产业务的旗舰，秉承了华润集团的社会责任理念，一直将社会责任纳入公司的发展战略，并通过践行社会责任，带动城市经济的发展，改善城市面貌，引领城市生活方式改变，实现企业与社会的和谐共存。

事实上，努力承担社会责任，不仅成为打造世界一流企业必备的条件，也正在成为华润置地作为央企成员的应有义务。

作为一个经济组织，华润实现着巨大的价值创造。2013年，华润置地全年实现综合营业额713.89亿港元，净利润146.96亿港元，比2012年分别增长60.9%和39.1%。其中，住宅开发业务营业额达到648.18亿港元，同比增长68.3%；包括酒店经营在内的投资物业营业额达到46.22亿港元，同比增长27.4%。

在创造价值的同时，华润在履行社会责任方面的实践更加丰富。其中，在社会公益方面，华润置地正积极参与华润希望小镇建设，为实现希望小镇村民"走水泥路、喝自来水、用清洁灶、上卫生厕、住整洁房"的目标，华润置地自2008年起陆续承担了8个希望小镇的民居改造、公共配套设施及市政基础建设。

据了解，在项目所在地，华润置地还不断完善周边配套设施，以方便居民出行，改善居民生活质量。具体举措包括：投资建设幼儿园、小学，并引入教育资源，以满足周边居民适龄儿童教育的需求，提高教育水平；投资建设市政道路、广场、消防站等公共设施，投资建设净菜超市等生活配套设施。

环境保护方面，华润置地在项目开发建设中，在保护原有生态的同时，还致力于投资建设污水处理厂，改善水环境质量。以海南（楼盘）万宁石梅湾项目为例，华润置地配套建设了总占地面积19 980平方米的污水处理厂，日处理污水规模达到10 000吨/日。

华润置地一位负责人表示，无论是过去，还是未来，华润置地会始终把"社会责任"作为企业发展战略的重要组成部分，使更多有需要的人体验到真正的高品质。

2. 专注品质提升

对于房地产开发商来说，为消费者提供高品质住宅才是硬道理，只有保证项目品质，增值业主服务，才能抵御房地产市场的"寒冬"。

作为全国一线地产品牌开发商，华润置地将追求高品质作为发展战略，秉承"品质给城市更多改变"的品牌理念，在质量管理、综合服务等方面得到了专业机构和广大业主的认可。

2014年8月1日，华润橡树湾家园三期项目获得中国土木工程学会住宅工程指导工作委员会颁发的"2014中国土木工程詹天佑奖优秀住宅小区金奖"。这一土木工程领域最高奖项的获得是华润置地多年来坚守项目品质的又一成果。据了解，为践行高品质标准，华润置地发布了高品质战略，并提出了"精细设计准则，毫厘工程标准，情感悉心服务"的高品质内涵，力争为客户提供高品质的产品和服务。

例如，在不断实践、总结的基础上，华润置地逐渐形成了一套系统的工程高品质企业标准，包括"安全坚固、功能适用、美观精致、易维护、耐久、节能环保"六个维度，内容涵盖基础与结构、屋面与外立面、内装修、机电与小市政、园林景观五大分部工程；通过标准的发布，进一步完善了华润置地"总部-大区-城市公司"三级质量管理体系，促进华润置地高品质战略落地。

3. 创新生意模式

在住宅商业开发双线并进的同时，华润置地还开发了新的盈利点——增值服务，致力为住宅产品注入更多附加值。通过注重室内设计、精装修到家具配饰等多个环节的细节满足顾客的功能化需求，使华润置地增值服务区别于市场"精装修"的无个性批量复制模式。

"这种差异化生意模式，使得华润置地成为了具有综合开发能力的地产发展商，利润的来源多元化，同时对风险的抵御能力层次化，企业可以通过住宅的开发带来近期增长动力，而通过收租物业的资本增值带来长期回报。"《中国商业地产创新案例研究报告》给出了这样的评价。

"现在的购房者已不仅仅购买栖身之所，对居住品质的要求也逐渐提高。"华润置地的一位负责人表示，作为全国一线地产品牌开发商，华润置地不只是简单地造房子、卖房子，而是为业主寻找理想居所，提供更高品质的生活方式。

4. 保障股东回报

数据显示，2013 年，华润置地共实现综合营业额 713.89 亿港币，其中，住宅项目的签约额 663.06 亿人民币，股东应占溢利达 146.96 亿港币。

据华润置地披露的年报显示，目前，华润置地已经完成在全国十个大区的 52 座城市的布局，发展 110 多个项目，商业地产的总建筑面积已超过 220 万平方米，合作商家超 1 000 家，合作品牌逾 2 500 个。预计到 2017 年年底，华润置地在全中国将有 40 多个商业项目投入运营。届时，零售物业建筑总面积将超过 600 万平方米，年客流量将达 4.5 亿；预计年累计购物营业额将超过 500 亿元人民币，会员总数将超 200 万人。

2004 年 12 月 9 日开业的首家万象城，开启了深圳（楼盘）的购物中心新时代，同时，这也被视作华润置地进军商业地产的开端。

2013 年，华润置地发布商业地产新的战略目标，致力成为"中国零售物业领导者"——在全国复制"万象城"城市综合体的同时，华润置地逐步发展出万象城、万象汇（五彩城）和 1234space 三条商业产品线，分别定位为高端商业中心、区域商业中心、轻奢潮人体验馆，聚焦于不同层次的消费者。

《中国商业地产创新案例研究报告》分析认为，华润置地商业地产涵盖了从高端综合体到社区购物中心多种类型的商业形态，形成了高、中、大众化定位的互补型购物中心产品系列，这一差异化竞争战略形成了自身的比较优势。

据了解，华润置地的快速成长首先得益于其清晰的战略规划和高效的执行力，其次得益于三次战略转型——从"单一住宅开发模式"到"住宅开发+投资物业"并举，再到"住宅+投资物业+客户增值服务"多领域发力。

业内人士分析认为，这种差异化商业战略能给投资客户更多的保障。对于股东和投资者而言，持有物业可为其投资的地产企业产生持续平稳的现金流回报，形成资产上的潜在长期收益，帮助企业有效抵抗市场风险，从而给股东和投资者带来更多价值。

从盈利模式上说，业内人士表示，华润置地地产开发项目在一二线城市居多，公司将受益于行业正面、积极的前景，相信这会成为华润置地新的业绩增长点。

"未来我们将致力于不断改进和完善与投资者的沟通，为投资者创造更多机会了解公司业务，同时让公司管理层更多地了解资本市场对公司的要求，以此实现公司内部管理、盈利能力及管治水平的不断提高。"华润置地公司负责人表示。

二、华润新发展战略

2016 年 3 月，万科临时股东大会上，一直支持万科的华润集团（下称"华润"）虽在会上投了赞成票，但在会后却突然公开质疑万科与深圳地铁集团合作的程序合法性。

华润一向处事低调，即使在去年万宝之争的深水期，在外界看来，华润只发布寥寥几句象征性表态，便继续静悄悄扮演财务投资角色——谁要想从华润挖点什么，碰到的常常只有铜墙铁壁。

而这次对媒体主动喂料的华润"太主动，太高调，太不央企了"，很多人表示"从没见过华润这样"。对此，香颂资本执行董事沈萌曾称，万科与深圳地铁合作，华润话语权被大幅"稀释"，没有形成众赢格局。

就在人人关心"谁的万科"博弈战中，华润将怎样重新定位的时候，却鲜有人发现，华润旗下的地产平台华润置地有限公司（下称"华润置地"，01109.HK）将成为今年最有希望进入千亿军团的第 8 位成员。华润新掌舵人傅育宁上任后，华润整体战略也在悄然发生改变，其中重要的一环，就是华润置地权重和地位的重估。

1. 等待"千亿"

5 月 10 日下午，华润置地交出了今年前 4 个月的成绩单：前 4 个月公司合同销售总金额为 347.1 亿元（除非特别标注，以下币种皆为人民币），合同销售建筑面积约 59.93 万平方米，投资物业租金收入约港币 5.93 亿元（约合人民币 4.98 亿元）。

上述销售金额已完成全年 960 亿目标的 36%，有望提前完成目标并冲刺千亿销售额。华润置地 2013—2015 年的销售额分别为 663 亿元、692 亿元、851.5 亿元。

麦格理证券报告指出，华润置地是市场上少数多年毛利率仍然能维持在 30% 以上的房企，这主要受惠于其更严谨的成本控制和产品组合改善，以及更多一二线城市项目入账。

回顾 2015 年，华润置地实现签约额 851.5 亿元，签约面积 675.9 万平方米，同比分别增长 23% 和 2.4%，完成了对外宣称目标的 109%，排名在万科、绿地、恒大等 7 位千亿军团之后（万科 2 614 亿元，万达 1 640.8 亿元）。2015 年华润置地归属普通股东的净利润达 146.03 亿元，接近万科 181.19 亿元的净利润。此外，华润置地的净负债率已经降至 23%，融资成本为 4.63%，总负债金额为 761.5 亿元。

值得一提的是，2013 年华润置地内部曾制定未来两年的销售目标，即在 2014 年实现 800 亿~900 亿元的销售金额，2015 年正式破千亿。可惜造化弄人，由于在城市布局上曾有过短暂的战略失误，华润的千亿之旅相比快周转的其他上市企业要费一些周章，而紧随其后的融创中国（734.6 亿元）和华夏幸福（600340）（723.5 亿元），与它的差距越来越小。

2010 年，一二线城市楼市过热引来调控重拳打压，华润置地与同期不少房企一样，将战线下沉至三四线。由此带来的影响很快就反映在年报上，2010 年，公司销售面积只有 218 万平方米，比 2009 年仅上涨 1.3%。销售金额只有 222.6 亿元，同比下降了 11.3%。当时，管理层总结的原因是二三线项目的比重上升较快。

虽然销售业绩出现下滑，但华润置地依然大手笔斥资 190 亿元，增加扬州、唐山、长春、万宁等 9 个均位于三线城市约 660 万平方米土地储备。2011 年华润置地继续攻城略地，公司在 8 个三四线城市揽入 942 万平方米的新增土储。

城市数量大幅上升，但并不给力。2011 年开始，华润置地开始重点强调周转率，把大部分项目的周转期控制在一年以内，试图拉动 ROE，弥补逐渐下降的毛利缺口。

至 2012 年，两年前在三四线拿下的项目集中进入结算期。住宅开发业务营收为

385 亿港元，然而三四线城市所贡献业绩不足 10%。华润置地毛利率出现了自 2007 年上市后的首次下降，从 2011 年的 39.6% 降至 2012 年的 37.6%。

在 2010—2014 年的 4 年间，华润置地一直在围绕毛利率战斗。并在认清形势后，迅速调头回归一二线。此时的华润动作很快，2015 年全年华润置地拿地金额占据销售额的 68%——公司年内以总地价 592.1 亿元在北京、上海和供求关系健康的二线城市购入 18 宗地，计容建筑面积为 511 万平方米。

至此，华润置地已布局 53 个城市，总土地储备面积达 4 126 万平方米。其中 85% 的土地位于一二线城市，基本正式完成从三四线城市回归一二线城市的战略转变。稳住了阵脚的 2015 年，华润置地扣除投资物业评估增值后利润为 142.1 亿港元，毛利润率为 31.2%，同比 2014 年的 30.6% 有所改善。

今年公司高层在业绩会上透露，可售货源为 1 108 亿元，而华润置地今年的销售目标是 960 亿元。

经过战略纠错，2015 年年报显示，深圳大区贡献率 27%，上海大区 10.2%，北京大区 9.3%，北京和上海的比例仍然有待提高。

为提升毛利率，公司为扩大销售规模而重返核心城市，为重返核心城市而频繁拿地，同时为拿地又频繁融资。与此同时，华润置地向华润集团请求资源注入以孵化更多优质项目，华润置地力争尽快实现期待已久的"千亿"目标。

2. "买买买"

"买买买"一直是华润置地从去年到今年不可间断的动作。

"2015 年我们整个投资策略还是比较成功的。全公司也没有买一块贵得离谱的地。"在业绩发布会上，华润置地董事会副主席、总经理唐勇很自信地如上表述。

但 2015 年前 8 个月华润置地连夺四大"阶段性"地王也被很多投资者质疑。1 月份，联合首开、平安竞得北京丰台区花乡白盆窑村地块，86.25 亿元；3 月和 6 月，联合华发竞得上海闸北区姊妹地块，分别为 70.52 亿元和 87.95 亿元；8 月，竞得武汉光谷地块，47.2 亿元刷新武昌单价地王纪录。华润置地高层曾对此回应"总价高，单价合理。"

长期以来，华润置地位居房企销售榜第二梯队，业绩增速平稳，规模扩张缓慢，在拿地方面也鲜有大手笔。2014 年中傅育宁上任后，华润置地土地投资策略明显转变，也有声音认为这是"激进派"华润置地执行董事吴向东风格的延续，不管怎样，华润步子迈得凶猛确是事实。

2015 年成为华润的"购地年"。公司在一二线城市砸下 293.6 亿元（权益部分，地块出让金总额为 592.1 亿）增持 18 宗土地，较 2014 年增长了 96%，若加上购买集团土地注资花费的 186.4 亿港元，合计金额更是达 748 亿元。与此对照的是 2013—2014 年间，华润置地新增土地建筑面积持续下降，从 1 010 万平方米减少至 510.6 万平方米，地块数量也从 34 幅下降至 18 幅。

2016 年，华润拿地势头未减。2016 年前 4 个月，公司又在南昌、上海、成都、珠海、佛山、沈阳、海口等 11 个城市完成 11 宗土地收购，建筑面积共计 440 万平方米（权益面积 240 万平方米），地块总出让金共计 250.51 亿元（权益出让金 141.93 亿元）。其间，11 块土地中仅有上海静安苏河湾项目位于一线城市，其余均为二线城市地块。招商证券（600999）高级分析师苏淳德表示，这并非是华润今年重二线而轻一线，这与一二线城市供地节奏有直接关系。"一线从严调控，这也影响到土地供应情况，由于土地有限，地方政府更加倾向于旧改"。

与规模接近的房企对比，华润 2015 的新增土储均价在 TOP20 房企中居首位（融创未公布），明显高于同样定位中高端的世茂、绿城和龙湖。

但 2013—2015 年，据 CRIC 报告显示，华润在上海、北京和深圳这三座城市的土储还是有所增长，合计占比从 24.4% 上升至 32.6%，其中在北上主要靠招拍挂，深圳则旧改居多，并由集团注入了大冲村项目。相对一线城市，华润置地在某些二线城市如沈阳土储下降幅度最大，达 4.2%，海南区域也未有新地块补充。

一线城市"面粉"价格高涨，但华润置地高总价地块仍集中在核心位置，未来必然要打造高端项目；另一方面，华润置地的合作项目明显增加，通过与华发、九龙仓、华侨城、平安等"合体"减轻资金承压。

3. 力推"轻资产"

2014 年 4 月，傅育宁临危受命，从招商局集团董事长任上空降华润集团。

傅育宁是标准的"下过乡、留过洋"的央企掌门人。1975 年，在河北省插队当知青，1986 年，在英国布鲁诺尔大学获海洋工程学博士学位，1988 年回国。任招商局集团董事长期间，傅育宁协助招商局走出了 1998 年的亚洲金融风暴，也扛住了 2008 年全球金融危机冲击。2013 年，招商局利润总额 268.66 亿元，在各央企中排名第 10 位。媒体曾用"学者型商人"来形容他，称他"内敛深静""渊博儒雅"。在赴任之后的 20多天时间内，傅育宁走遍华润集团旗下医药、地产、金融、消费、电力、水泥、燃气七大战略业务及相关企业。

傅育宁上任后，在香港首次召开的集团大会上，他特别提出："希望华润敢打敢拼敢冲的商业文化不要改变"。尽管华润集团旗下有金融板块，但规模小，与房地产的结合甚少。有着多年招商集团背景的傅育宁，深谙"地产+金融"模式能带来的利好。在其治下的招商局集团，金融作为业务重要支撑，贡献了集团近过半利润。

因此，傅育宁为华润带来产融结合的新战略布局。4 月初，傅育宁在集团内部讲话中提出，将加快建立产业基金："决定组建大健康、商业地产、华创消费品、能源、微电子等 9 个产业基金。"

早在今年 2 月，华润置地深圳公司便与华润信托等成立基金，并签订了合作协议，这是华润置地首次在商业地产开发中引入基金。基金先由新丰乐旗下的 SPV 作为普通合伙人出资 1 亿元，LP 份额的初始募集总规模预计为 47.98 亿元。募集资金将用于华润置地在珠海横琴自贸区的国际化商贸综合体"万象世界"，总建筑面积 100 万平方米，预计总投资额超过 170 亿元。按照规定，该基金不会作为公司的子公司而纳入华润置地合并会计报表的合并范围。

空降华润后，傅育宁愈发看重金融和互联网业务发展。有业内人士表示，华润置地旗下多个商业项目未来有做成资产包上市或向证券化方向发展的可能。数据显示，2015 年华润的购物中心收入 42.33 亿元，同比增长 29.9%，占营收的 4.09%；同时，华润投资物业的毛利率达 59.6%，拉高了公司整体盈利水平。

截至 2015 年年末，华润置地运营的商业面积达 492.2 万平方米，包括 21 个购物中心。从物业销售及商业运营两个口径评价，华润在国内处于第一阵营，拥有著名的万象城、五彩城，其品牌优势，国内无出其右。截至去年年末，华润置地在营业的投资物业总建筑面积为 491.2 万平方米。其中已开业的万象城 11 个，新增体量约 160 万平方米，其间五彩城（万象汇）7 个，其他购物中心两个，2016 年和 2017 年将分别再有2 个和 5 个开业。

华润公司内部认为，持有型物业将是华润置地抵抗行业风险的重要资产，未来 3 至 5 年内，发展商业物业仍是公司重心之一。预计，2018 年华润将持有 38 个购物中心，总建筑面积达 880 万平方米。到 2017 年和 2018 年，华润置地将迎来其商业项目开业高峰期。唐勇曾表态，到 2017 年，华润置地的商业地产单独剥离后的估值相当于一家市值 1 000 亿元的上市公司。但大量自持商业为华润置地带来了长期的资金沉淀，如何让不动产动起来，松绑华润沉淀的资金，新掌门人傅育宁治下的华润未来走向资产证券化等轻资产路径或成大概率事件。

4. 整合中的辗转与腾挪

据悉，傅育宁在招商局工作期间，表现出强大的管理功力，同时对资本市场非常了解，对集团多元化发展也颇有心得。这也恰好适用于旗下产业跨度大、关联度低（包括零售、啤酒、食品、饮料、电力、地产、水泥、燃气、医药、金融等，下属公司超过 2 000 家），且前期大量的并购产业难以消化的华润集团。

"空降"至华润仅一年，傅育宁便果断对消费和医疗板块上市平台"大开刀"。据相关报道，"华润创业"剥离了麾下零售饮品等业务仅保留啤酒业务，并从百威英博回购了华润雪花啤酒 49% 股权，叫停了主营西药的"华润双鹤（600062）"对主营中药"华润三九（000999）"进行整合，转而并购主营化学处方药的华润塞科；同时华润医疗板块借壳凤凰医疗上市。

2015 年，华润集团实现销售收入 4 729.2 亿元，利润总额 440.3 亿元，资产总额 9 994.8 亿元。而华润置地营收和利润占比分别为 18.3% 和 26.8%，是贡献集团利润的功臣之一。背靠大树，华润置地的房地产业务可与集团金融板块中的银行、信托、基金等板块产生协同。不少其他房企的项目中均闪现过华润信托的身影。事实上，从 2014 年起，华润置地不断撬动财务杠杆，融资近 230 亿元。2015 年，为增加土地储备，公司先后通过配股、发债、票据兑现、出售股票、短期融资等手段，在资本市场融资超过 270 亿元。

2015 年 5 月 12 日，华润置地通过"先旧后新"的方式，以每股 25.25 港元的价格配售 4 亿股股票，成功筹集股权资本 101 亿港元，成为华润集团系内规模最大的一次新股配售，也是 2015 年香港房地产上市公司规模最大的配售交易。本次配售可谓对公司资本结构进行优化梳理，并为华润置地未来实现更快更有质量的增长鸣锣开道。

CRIC 分析师傅一辰总结归纳出傅育宁整合思路：果断剥离营利性弱业务，缩小产业跨度，集中发力盈利强、前景好的板块；加大整合业务间的协同关联性；最终借力资本市场实现证券化，使"大象"变轻。分析师进一步预测，华润置地拿地力度的加大表明傅看好房地产板块，未来"不排除大刀阔斧并购和改革可能"，而这或影响宝万之争棋局的最终走向。事实上，身为国企，华润置地独特的运作让人羡慕不已。华润置地会在项目产生明确盈利预期前，先在集团公司（上市公司母公司）孵化，等盈利预期明确即安排资产注入相应上市公司。

2015 年年初，华润置地以总代价 186.4 亿港元，从集团收购深圳大冲村、深圳三九银湖、深圳帝王居、济南兴隆和济南档案馆共 5 个项目。此次注资交易于 2014 年 5 月正式启动，是集团对华润置地的第 9 次注资，也是历年来规模最大、资产最优、过程最长、交易结构最复杂，被称为"四最"的一次注资。该类做法灵活，极大支持了华润置地开发周期长开发难度大（如旧城改造）等项目，为职业经理人做出精品提供了缓冲期与可能性。

资料来源：http://house.hexun.com/2014-08-16/167581736.html
　　　　　http://stock.10jqka.com.cn/hks/20160608/c590844226.shtml

思考题：

1. 华润置地可持续发展之道是什么？
2. 对华润新战略有何启发？

案例 8　富力发展战略

一、富力淡出一线地产开发商

博弈论中讲述的"囚徒困境"故事正在被富力地产（02777. HK，富力）重新演绎，只不过博弈的对象是富力自己。这家中国地产界曾经的"华南五虎"之首，过去数年因为战略选择的屡屡失误，在左手商业地产开发与右手住宅开发的互搏中牵绊住自己，如今不仅已经淡出一线地产开发商阵列，而且困境难解、进退维谷。

2014 年 7 月 2 日，富力地产公布上半年销售额为 257 亿元，只占 700 亿元年度销售目标的 36.8%。在中国房地产测评中心的报告里，富力上半年具体项目的去化率仅为 43%，在上半年 TOP50 房企中排名 34 位。

在连续数年销售额徘徊在 300 亿元左右之后，富力敢于把今年的销售目标同比提升 67%，是因为去年花了 434 亿元增加了 2 090 万平方米的土地储备，占总土储的 48%。这些钱不但超过其过去 5 年买地花费的总和，甚至超出了当年 422 亿元的销售额，这也让富力的净负债率达到 5 年来的新高，高达 110.82%。

富力似乎总是踏错战略节拍，与市场无法同步。当万科等同行专注住宅开发、实行高周转战略时，富力选择了加大现金回流缓慢的商业地产开发力度，商业与住宅开发比例一度高达 1：1，这使富力失去了高速扩张的机会，被当年的"小伙伴们"远远地超越。

而今富力正试图走出这种困境。2013 年富力重回扩张路线，并把今年的销售目标定在 700 亿元的高位。但当其重新捡起"高周转"之剑，却发现市场已经变了，楼没那么好卖了。

摆脱困境，重回一线，对富力而言，是个巨大的挑战。

1."旧改王"广州掘金史

富力是中国少有的从"旧改"起家并跻身一线的开发商。依靠对市场以及政策脉搏的精准把握，香港人李思廉和广州人张力，带领富力完成了从广州"旧改王"到"CBD霸主"的进化。

2013年12月6日，富力东山新天地全球发售。这是富力广州杨箕村旧改项目的首秀，在历经三年的拆迁与改造后，终于作为富力20年的豪宅旗舰面市。5万元/平方米起的售价，8 529元/平方米的楼面价，利润空间巨大，让富力再一次尝到"旧改"的甜头。

富力的旧改故事，已经成为地产界传奇。自1994年介入广州荔湾区嘉邦化工厂旧改项目开始，富力在旧厂改造之路上一路高歌猛进，原广州铜材厂、同济化工厂、老殡仪馆、建材厂等变为一个个富力楼盘。业界甚至流传着这样一句话，"每一根烟囱的倒下，都有富力的一份功劳"。到2001年末，富力完成广州旧厂改造总面积超过250万平方米。

在广州不少地产业内人士看来，富力联席董事长张力和李思廉当时敢于尝试旧厂房改造项目，是因为敏锐地看到了当时广州市政府推行城市功能转变的机遇。

2010年，广州新一轮三旧改造正式启动，旧城拟拆除建筑1 050万平方米，涉及整体拆除重建地块的用地约5.53平方公里。富力借机再次先后拿下猎德村、同和村、杨箕村的城中村旧改项目，进一步扩展了在广州老城区的版图。

"开发商垫付资金、政府出台政策、村委会协助的'猎德模式'被富力运用到其他城中村项目中。"合富辉煌首席分析师黎文江指出，甚至时任广州市政府常务副市长苏泽群都公开声称其他城中村改造方案"借鉴这种模式"。

珠江新城某开发商中层则向时代周报记者表示，富力是一个深谙政商关系的企业。良好的政府关系、善于对旧改项目的评估及丰富的谈判技巧，让富力在旧改上表现突出、收获颇多，"像杨箕村那么好的地段，一般开发商肯定拿不到"。

富力凭什么能拿到位于广州大道、寸土寸金的杨箕村旧改项目？

"在杨箕村2007年启动旧改方案后，富力就出现并有诸多接洽，如双方在2010年签署了旧改协议，村里先期3亿元的拆迁费用也是富力出的，"杨箕村村委某工作人员曾向时代周报记者透露，一般都认为杨箕村项目已是富力囊中之物，但村民意见"极大"，担心协议出让会让杨箕村被"贱卖"，要求采取公开拍卖的形式。

最后，2010年12月，杨箕村旧改项目出让公告出现在广州市国土资源房管局网站上。不过这份公告对竞拍者提出了诸多要求：如注册资本在8亿元以上、在周边区域自持物业15万平方米以上、不接受联合竞拍。满堂红研究部高级主任肖文晓向时代周报记者表示，此条件堪称严格，在广州仅富力、越秀、保利几家符合条件。

竞拍之前，一直有传言称保利要与富力角逐该地块，但保利最后并未出现。"富力在杨箕村扎得很深了，并垫付了很多拆迁资金，保利再参与竞拍，显得不合时宜。"广州一位业内人士向时代周报记者指出，如保利竞拍成功，不仅要支付富力垫付的拆迁费用，旧改方案还要与杨箕村重新谈判一次，这将异常尴尬。

最终，富力如愿以偿。2011 年 1 月 18 日，富力作为唯一竞拍者，以 4.73 亿元底价拍得杨箕村 27.38 万平方米的土地，加上 18.8 亿元的改造成本，折合地价为 8529 元/平方米。

富力地产董事长助理陆毅曾公开表示："在中国，社会关系还是最大的生产力。政府关系好的话，你可以第一时间获得很多很准确的信息。政府起着全面调控的作用，你必须让政府更好地理解、了解你的想法。这样的话，企业的很多决策就能准确地配合整个城市的发展步伐。"陆毅说，在富力各个职能层面，一直跟各级政府保持非常良好的关系，包括我们老板张力，他是全国政协委员，经常就城市建设的各种问题，向中央以及省市领导提交了很多提案，得到政府部门的高度重视。

李思廉也曾感叹，旧改项目十分复杂，需与当地政府有较好的关系才会有信心。富力曾一度决定，不碰外地项目，就是因为在此之前，富力希望介入武汉旧改项目，无奈在招、拍、挂市场上输给上海复地。

广州 CBD："富力新城"？

凭借旧改上位积累的业绩以及上市后的春风得意，2007 年富力以 161 亿元销售额排名房企第四位，仅次于万科、绿地和中海，居"华南五虎"之首。也是凭借于此，张力以 420 亿元身家，稳居胡润百富榜前五位。

但激进的商业地产和拿地战略，将富力从高位上拉了下来。

商业地产是个吸金黑洞，富力对这一点深有体会。

富力的商业地产之旅起源于广州，更确切地说，是在十年之前的珠江新城。

规划了近 10 年却仍一片沉寂的珠江新城，在 2003 年重新启动。当年 1 月 22 日，广州市政府发出通告，历时 5 年的《珠江新城规划检讨》替代原有规划，由政府发布通告并正式实施，成为指导珠江新城下一步规划设计和建设管理的文件依据。

2004 年，珠江新城核心区建设全面启动，市政重点配套设施广州歌剧院、广州图书馆、广东省博物馆、广州市第二少年宫、超高双塔（分东塔和西塔）等六大标志性建筑纷纷布子珠江新城，且力保要在 2010 年"广州亚运年"前建成。

先知先觉的富力早已抢先一年捷足先登。在 2003 年 9 月 30 日的土地拍卖中，富力以 7.7 亿元独揽 4 幅地块，楼面地价仅在 2 380 元/平方米。之后一年内，富力又拿到 3 块地，总建筑面积达到 52 万平方米。富力放言，珠江新城的地"出一块拿一块"。

"在当时，同行们都觉得张力疯了，"熟悉富力的人士对时代周报记者说，对于 2005 年香港上市之前全年销售仅约为 60 亿元的富力来说，如此大手笔投资商业地产，有些冒险。

但张力成竹在胸。"张力原先在天河区政府任职，并且参与了 20 世纪 90 年代广州旧工厂的改造，积累了不少人脉资源和开发经验。"黎文江认为，富力对此可谓轻车熟路。

商业地产运营，也是富力擅长给资本市场讲的一个好故事。富力某离职中层张先生（化名）对时代周报记者回忆，富力地产香港 IPO 时的远景规划是 2010 年及以后，销售额是 300 亿~350 亿元，同时有 25 亿~30 亿元的年租金收入。

这一份在当时内地房企中少见的商业规划，也使境外投资者在对富力保持每年100%高速综合增长率同时仍能维持稳健现金流的状况建立信心，使其股价从 2005 年 7 月发行时的 10.8 港元上涨至 2007 年 9 月 21 日的复权价 134.8 元。

2005 年，富力 H 股上市，成为首家被纳入恒生中国企业指数的内地房企，并荣登市值最高公司之一。汹涌而来的辉煌，让富力想在更多的地方插上自己商业地产的旗帜。仅在广州的 CBD 珠江新城，富力就接连拿下 17 个项目，坊间戏称珠江新城为"富力新城"，而在北京、天津、成都、重庆等地，富力亦有相当面积的商业物业体量。

富力学习的是新鸿基，以商业物业来平衡住宅物业可能出现的风险。

"但富力并没有累积足够雄厚的资金实力，难以支撑租售并举的模式，即使获取了如此多的商业地产，也并不能以长线持有来获取稳定收益，依然要像卖住宅楼盘一样去销售商业项目，"兰德咨询总裁宋延庆评价称，至今，他还没有看到富力商业地产的品牌运营影响力。

果然，重仓商业地产，让富力数度面临危机，最集中的一次爆发在 2008 年。这一年，富力商业地产和住宅地产开发速度比例高达 1:1，激进的发展策略让富力地产的资金链几乎绷断，一度陷入破产危机。在当时，富力的官方口径喊道"要撑过明年"。

李思廉坦承，富力走了极端，有太多商业物业同期落成，大量资金被冻结，导致债务与资产比率比较高。在当时，富力并不愿意将手中商业地产项目廉价出售，为了解决商业地产导致的资金困局，富力多方面努力，例如打包 REITs 等，但商业项目均未成熟，让打包计划久久不能成行。2008 年，富力宣布，收回新项目开工权，暂停大型商业项目开发。

幸运的是，在 2008 年及 2010 年两次调控之后，商业地产价值开始显现。2012—2013 年，富力商业部分销售提供了三成以上年度贡献，并以 54%的毛利率拉高富力整体毛利水平。时代周报记者梳理发现，楼板价为 2 751 元/平方米的富力天域中心，去年均价为 2.65 万元/平方米，带来业绩 7.24 亿元。而当前销售均价为 6.2 万元/平方米的富力盈凯广场，楼板价仅为 4 308 元/平方米。

2. 失落的 6 年

在上一个房地产黄金十年里，富力并没有完全踩对市场的节拍。

"在富力赴港上市之前，我受邀为它写一本书。在书的最后一节，一向低调的富力发出要做中国第一的宣言。"广东省体制改革研究会副会长彭澎称，令他没想到的是，这几年房企业绩分化严重，富力掉队了。

生猛与激进，一度是富力 2005 年上市后最明显的行事风格。

2006 年，富力大举拿下 21 宗土地，全国布局蓝图全面打开；2007 年，富力继续高歌猛进，仅天津、佛山、广州三幅地王合计地价就要 112 亿元。这一年，富力拿地 1 030 万平方米，土地储备增加了 46%，总建筑面积达到约 2 617 万平方米，以 161 亿元销售额夺得"华南五虎"之首的桂冠。

在随后到来的 2008 年金融危机和楼市调整双向夹击中，富力开始走下坡路。它急需为大肆买地投资而攀升的高负债买单，这一数字从 2005 年上市之初的 20.5%，于2007 年底飙升为 139.5%。

当年，富力挖角时任中海地产华东区总经理朱荣斌，任命其为富力的副总裁兼华南区总经理，并调低售价，加大促销力度，希望借此扭转颓势。

即便如此，富力 2008 年预计 200 多亿的销售额，只实现 160 亿元。当年，富力在没有买地，也没有交纳大量土地出让金的情况下，资产负债率依然高达近 124%，各种负债总数高达 204 亿元，年终仅余 14 亿元现金。

据知情人士向时代周报记者透露，在 2009 年初与投行的内部交流会上，富力的负债率受到质疑，甚至有股东开始怀疑管理层的决策力。在 2009 年 3 月份举行的 2008 年业绩说明会上，李思廉公开表示，当年首要任务是降低负债比，但投资者信心难拾。

从 2009 年 3 月份开始，外资投资银行对富力的减持已经开始。4 月突然恶化，摩根士丹利当月 16 次减持，共抛售了富力地产 2 570.89 万股股票，摩根大通、瑞银集团、德意志银行等国际投行纷纷跟进。一时间，香港各媒体的股票分析版面都列出了"小心富力"的标题，富力的股价出现节节向下的局面。

深谙资本市场游戏规则的富力，在该年 5 月份就以约 18 亿元分别拿下了北京广渠门、广州从化的两幅地块，股价重拾升势。富力再度延续了 2007 年的策略，轰动一时的广州亚运城地王也是在 2009 年获得。

当年，市场回暖，富力获得 242 亿元销售额，但排名滑落到第 8 位。2010 年，房地产调控重拳出炉，随后的三年，富力的销售额始终在 300 亿元关口徘徊。

"当年富力的激进拿地也可能不是一时热血，背后不排除有一套系统的融资规划：中国香港 IPO 融资—迅速发债扩张—回归 A 股上市融资—平抑债务后再扩张。"上海某券商人士对时代周报记者说，富力是 H 股上市的中资股，无法通过股权融资将自身的杠杆降低，海外融资便利度不及恒大等红筹股。因此富力一直谋划回归 A 股上市，但数度冲刺至今未果。

"我们不想走钢丝过日子。"在 2013 年博鳌 21 世纪房地产论坛上，张力这样解释连续三年来的原地踏步，他说，发展速度快并不等于是一个好企业，富力不想跟别人争第一，最重要的是稳打稳扎，提高企业整体的抗风险能力。

但"稳健"的代价是巨大的。在 2013 年房企销售 50 强排名中，富力已下跌至第 16 位，约 422 亿元的销售额不足老大万科的四分之一，曾经被富力甩在后面的恒大、碧桂园也已挺进千亿俱乐部。

广州知名楼市专家韩世同则对时代周报记者说，2010 年开始，限购政策对富力的中高端路线产生影响，同时，富力本身的产品并没有过多品质优势，近年来更屡遭业主投诉，这也导致前几年的销售额提升有限。

2010 年以来，相继曝光的北京富力又一城、广州亚运城和上海青浦区富力桃园等质量门事件，将富力推向舆论风口。同时，富力设计、开发、施工、总包、园林、物流等在内的全产业链模式也遭遇市场拷问。

3. 足球生意经

足球是张力最喜爱的运动项目，在中超 16 家球队中，富力占有一席之位。

2011 年 6 月 23～26 日，张力仅用了三天时间，将濒临解散的深圳凤凰队变成了广州富力队，注资成立了广州富力足球俱乐部。

在当年的通气会上，富力宣布，五年内投资足球 10 亿元，花 5 亿元建高水平足校。后来又聘请瑞典名帅埃里克森出任富力队主帅，光年薪就达 300 万美元（约合人民币 1 840 万元）。由于共同的爱好，以及对名帅埃里克森的"追星"，一些政府官员一度成为富力足球俱乐部的座上宾。此外，富力还提出了要兴建专业足球场。此前，在恒大提出要在跑马场兴建可容纳 10 万人的专业足球场后，张力曾表示希望与恒大一起接手该项目。

富力俱乐部副董事长陆毅在接受媒体专访时曾坦承，"做地产我们是赚钱，做足球现在都没想过赚钱，全是花钱，这是最大的区别。"

"足球肯定是没得赚，但是我们不叫亏损，"李思廉说，"足球要这样看，它对于我们这一类型的全国性发展的公司是一种宣传与推广，因为与地产不同的情况是足球的见报率很高，这点不得不承认。"足球所有的开支控制在销售额的 1% 之内都可以接受，比如富力能够卖 300 亿，那么足球开支可以在 3 个亿内。而且多退少补，足球多花了钱，广告投放就少一点，这也是可以的。

4. 回归的挑战

不满于过去几年的温吞业绩，2013 年富力重回扩张路线，并剑指今年的 700 亿目标。但要实现 3 年内跻身千亿俱乐部的目标，广纳储备粮是关键的一步。于是，沉寂许久的富力在去年屡屡出手拿地，一年内花掉 434 亿元获得 2 090 万平方米土储，占总土储的 48%。

最远的一笔投资去了马来西亚，在柔佛州 116 英亩的土地上富力砸下了 80 亿元。去年 8 月份，碧桂园马来西亚金海湾项目开盘，仅两个月时间，金海湾成功卖出 6 000 多套房子，实现近百亿元人民币销售额，有望成为马来西亚第一大开发商。这给了富力信心。

"像碧桂园这样所有案场都来输送客源上岛支持海外项目，不是每家公司都能复制的，"易居中国联席总裁丁祖昱如此评价说。有消息人士对时代周报透露，富力为此挖走了碧桂园马来西亚项目上采购总监等几名高管。

在国内，富力于 2013 年、2014 年在上海连落三子。2014 年 3 月 27 日，李思廉在上海签下一份极具象征意义的合同，自此成为虹桥商务区最大"地主"。三幅地块地价 78.5 亿元，总投资近 200 亿元，开发体量达 66.7 万平方米。除此，富力还首次进入长沙、梅州、南宁、贵阳等 10 个二线城市。

在 2014 年 6 月份的一次媒体研讨会上，标普点名了包括富力在内的多家财务杠杆过于激进的房企，指富力在 2013 年债务增速超过 5 成。

"富力在去年的净负债率创下 2008 年以来新高，"申银万国在近期一份研报中提到，到 2013 年年末，公司负债增加了 72%，约 615 亿元，其中短贷冲高到 180 亿元，净负债率攀升至 111%。

此外，申银万国称，富力仍有总共 260 亿元土地款尚未支付，其中 2014 年需要支付的为 140 亿元。富力预计 2014 年建工开支将增长三成左右至 220 亿，各项税费增长两成至 210 亿。按此简单估算，即使不考虑新土地收购，富力全年的资本开支也已经达到 570 亿元。钱从哪来？

融资—拿地—销售，环环相扣，哪一个环节失误，都可能让富力再度滑向深渊。

"在行业集中度提升的情况下，富力希望跻身一线房企梯队，所以必然要积极拿地。但富力拿地动作较为激进，对于今年（2014 年）整个楼市的预计并不到位。大量的土地储备若没有比较好的杠杆率支持，容易积压成为包袱和累赘。"房地产业内人士严跃进称。

2014 年 7 月 2 日晚，富力上半年营运数据出炉，销售额 257 亿元，位列房企 50 强第 14 名，比 2013 年底上升 4 名。但从年度去化率看，富力未完成上半年 300 亿元的节奏安排，仅占年度销售目标 36.8%。

"大本营广州，依旧是富力业绩营收的重点区域，2014 年要贡献 20% 的业绩，销售压力挺大。刚需货很少，商业项目偏多，而珠江新城供过于求的情况已被屡屡提及。"跟富力相熟的业内人士对时代周报说，今年五一期间，富力在广州启动了促销季，其中南沙项目可以零首付购房。在外地，如南京，富力也推出了首付一成的所谓"火山爆发"活动，意图化解去化压力。

供过于求的隐忧，也出现在富力新进入的上海虹桥。睿信致成管理咨询董事总经理郝炬告诉时代周报，他服务的一个房企也重仓了虹桥区域，2014—2015 年，虹桥区域商办项目集中入市，对散售模式的房企的回款能力提出考验。

申银万国同样对富力 700 亿销售目标的达成表示担心，富力 67% 的年增长目标是目前（2014 年）上市公司中最高的涨幅，在乐观假设下认为，富力有能力实现全年销售增长三成至 550 亿元，基于 570 亿元的资本开支，预计年底的负债率水平几乎没有改善，"除非销售强势增长的态势非常明确，否则财务状况将持续打压公司的估值。"但在房地产下行的大势之下，强势的销售增长知易行难。

二、富力地产启动"互联网+"战略

2015 年 9 月 11 日，富力地产于广州富力丽思卡尔顿酒店举办主题为"极质互联，荣耀启幕"的发布会。发布会上富力地产正式发布"互联网+"战略，同时发布旗下高端品质楼盘壹號半岛正式开盘，发布会邀约 200 多位富力地产 VIP 业主和数十家媒体共同见证富力地产未来的华丽篇章。

1. 极质互联，富力地产重磅打造富力"互联网+"战略

富力地产成立二十多年来，以"创建非凡，至善共生"的理念紧跟时代脉搏，勇于创新，创造辉煌的富力时代，已成为中国房地产行业的标杆企业。今天，在"互联网+"的时代背景下，富力地产顺应时代潮流，推出"互联网+"战略，开创富力地产的"互联网+"的新时代！

发布会上，富力地产集团副总裁兼华南区域总经理刘瑧重点阐述了富力地产的"互联网+"战略及未来规划。刘总表示，富力地产"互联网+"战略是基于时代的选择，也是富力地产未来的重要战略。富力地产"互联网+"战略将"用户体验"作为核心，携手员工、客户以及可信赖的合作伙伴共建一个富力地产的互联网生态圈，让所有用户在这个互联网生态圈里都可以获得更多财富、更精彩的生活、更多元的娱乐和更有品质的圈层。富力地产"互联网+"战略对富力地产本身、地产行业都将起到示

范的作用，在"互联网+"战略下，富力地产的下一个新时代一定将更加辉煌。

发布会高潮部分，富力地产负责人与战略合作伙伴明源云客负责人，更连同全场嘉宾一起，携手共同启动"广州富力"微信公众号，标志着"广州富力"微信公众号正式上线运营。据介绍，"广州富力"微信公众号是富力地产打造的一个信息全面、互动性强的线上服务平台，用户可以在"广州富力"查询广州富力的所有在售项目及品牌信息，而公众号推出的"创富荟"更是一个全民皆可参与的创富平台，只要注册成为富力全民经纪人，即可随时随地利用自身资源在线销售富力旗下项目，轻松赚取创富佣金。

随后，主持人现场对"广州富力"微信公众号及富力淘宝店进行了生动的演绎，详细介绍了两大互联网平台的功能优势；为鼓励业主加入富力全民经纪人，富力还在发布会现场奖励了 10 位"富力全民经纪人"，他们作为表率也号召更多市民快快加入富力全民经纪人，共同实现创富梦想。

2. 富力壹號半岛荣耀启幕，高端项目打造私属产品

除了富力"互联网+"战略发布外，发布会还有另一个重头戏——富力壹號半岛启幕发布，富力壹號半岛一经发布，稀缺地段的臻品价值和规划中 36 个泊位码头立刻吸引了在场 VIP 客户的热情关注和热烈谈论，现场媒体也将焦点聚集于这一迄今为止富力旗下最高端的楼盘项目。

据介绍，富力壹號半岛是富力地产在琶洲国际化展贸中心倾力打造的高端品质且极具收藏价值的私属会馆。

富力壹號半岛位于广州市海珠区琶洲新港东路玥珑街 1 号，一线江景，三面环水，半岛形态，在市中心是非常难得的低密度定制高端物业。项目总规划仅为三栋楼，总楼高为 9 层，标准层层高 3.5 米，楼栋沿江面铺开，确保每一户均能俯览珠江水景景观。

富力壹號半岛为稀缺地段的臻品楼盘，总户数仅为 50 户，3 梯 2 户，各户型均为南北通透设计。项目主力户型"揽江大户"面积涵盖 280 平方米至 650 平方米，以 270 度雍容观景平台将珠江胜景收纳眼底，彰显稀缺地段的臻品设计。

另外特别值得一提的是，富力壹號半岛规划中设有 36 个游艇泊位，为高端客户私属拥有，打造专属圈层，这一亮点当即就吸引了现场 VIP 嘉宾的预约看房。

从"互联网+"战略的理念，到"广州富力"微信服务号、富力淘宝店的平台，再到富力壹號半岛的圈层效应，富力地产"互联网+"战略正在从理念一步步变为实际动作，这也将引领富力地产走向一个全新的时代。

资料来源：http://finance.ifeng.com/a/20140717/12743316_0.shtml

思考题：

1. 富力淡出一线地产开发商的原因是什么？

2. 富力地产实施"互联网+"战略能成功吗？

案例 9　蓝光发展战略

一、蓝光战略转型

近日，蓝光地产（相关干货）内部人士对外透露，公司正准备向全国市场推出"雍景系"高端产品，相关地块也已经确定，较之前的"金悦系"，其向改善型物业发展商转型的意味更为强烈，未来蓝光给人的印象将不再是"刚需王"。

2015 年以来，川派房企标杆蓝光地产借助母公司蓝光发展这一强大的资本平台优势，加速整合社会优质资源，一个明显的标志就是其对产品线的不断创新，引来业内高度关注。

除了即将面市的"雍景系"高端产品线之外，蓝光地产还准备向全国扩张其"耍街"系街区商业品牌，这将既移植成都"耍"文化基因又能丰富当地特色的商业产品线。

1. 蓝光谋变高端产品线

"标杆房企已拥有自己的产品线，对于正在走出去的蓝光也是必由之路。"锐理数据相关负责人表示，回顾蓝光擅长的"短平快"项目开发模式，COCO 系列产品应市，试水蓉城。

2012 年，蓝光 COCO 时代、COCO 金沙与 COCO 蜜城系推出之后，因其所有户型的灵活可变性，引来青年刚需人群的高度追捧，成为那时市场的主流产品，蓝光地产也在成都楼市异军突起。

随着成都热销 COCO 系产品，蓝光地产将这种标准化、可复制性强的产品迅速推向周边的重庆、昆明以及中东部多个布局城市。2013 年，蓝光地产首次突破全国销售额 200 亿元大关。

2014 年，全国楼市迎来供需大逆转，市场持续低迷，蓝光地产在仍然继续保持 200 亿元销售额基础上，成功斩获 241 亿元销售额，跻身全国房企综合排名第 25 位。

2012 年至 2014 年，蓝光地产成功实现全国化突围的秘诀正是主打青年刚需，以此为基础的"高周转"快销模式，但其背后巨量的全国化土地储备，也使蓝光地产背负了一定的融资压力和相对高昂的资金成本，这对构筑其核心竞争力的利润率指标存在一定掣肘。

2015 年以来，蓝光地产从推出其与在线短租巨头途家网合作的"蓝途计划"，到发布 i5 生活平台，这种自我求变的速度明显加快。

蓝光地产相关负责人表示："放眼全局，业内外普遍认识到中国房企已经到了大起大落的时代，传统的拼规模已经成为过去时，新的战略新的价值，乃至不动产新的思维成为行业新的聚焦点。"

发布 i5 生活平台之后不久，蓝光地产在成都楼市推出了主要面向首次改善型兼顾刚需型的"金悦系"系列产品，主要是金悦城、金悦派和金悦府。

不过，蓝光地产内部人士认为，"金悦系"仅是本轮产品升级的过渡性产品，还谈不上公司真正的产品线大转型。该人士透露，蓝光地产正在筹划全国落地"雍景系"中高端产品，将涵盖独栋、双拼、叠拼等别墅、高端住宅产品，除了在成都落地之外，还将在合肥等核心城市落地。

实际上，蓝光地产在筹划"雍景系"之前，早已储备了不少高端经验，其中位于成都的蓝光1881公馆以及蓝光观岭国际社区，分别代表了蓝光地产在高端住宅、别墅方面的成功探索。该相关负责人解释说："对蓝光而言，这是一个运筹帷幄决策未来的时间关口，回首我们走过的24年，这样激烈的时刻也是为数不多的。因此，变是历史的必然，是企业的选择，是摆在蓝光面前的十字路口，主动迎变、应变，是国民经济新常态下的主基调。"

据了解，蓝光地产如今试图转型打造高端产品，但这并不意味着其就放弃了对刚需型产品的持续推出，因为毕竟每年还有大量的青年刚需客涌入市场，这仍是蓝光地产继续巩固业绩的基础。

按照蓝光地产"民生地产"的战略定位，未来其将构筑起以"COCO系"为核心的刚需型产品、以"雍景系"等品牌为核心的中高端改善型产品线，实现蓝光地产产品线的丰富化、标准化、品牌化，以及在此基础上基于互联网思维模式下的个性化与接地气。

2. 创新"耍街系"街区商业

继去年5月份发布"红街·金种子计划"，蓝光地产正在强力推出"耍街"这一街区商业品牌项目，这被业内观察人士称之为是蓝光地产商业地产第四代作品。

蓝光地产内部人士透露，目前"耍街系"首个项目已经落地青岛，川蜀特色是蓝光耍街商业示范区最大的亮点，置身其中，仿佛就能切身体会到那份来源于成都、追求轻松享乐的休闲文化。这也正是蓝光"耍街"建设的初衷之一。

据了解，青岛蓝光·耍街商业示范区是融合了古朴建筑风情与休闲商业氛围的示范商铺，将蓝光·耍街的精髓——"来自成都，更懂生活"这句话作出极好的诠释。

值得一提的是，耍街商业示范区古色古香的建筑立面和飞檐翘角的别致造型，流露出的是中国人引以为傲的古风建筑精粹美感。实际上，这一建筑设计理念和风格正是蓝光地产充分汲取了其成功打造COCO"红街系"的民国建筑风情的经验。

此外，耍街商业示范区西侧一排为示范商铺，更以十分精妙的情景式包装，活灵活现地演绎出现代商业的休闲与繁华。

尤其是耍街还囊括了童趣十足的"熊猫学校"，令人仿佛看到孩子们在此学习与欢闹的场景，而装点精美的鲜花店，为这春末夏初的好时节再添一份生机，以及高端时尚的休闲咖啡厅，文化韵味十足的茶馆和串串香美食店，无不令人流连驻足，畅想未来下楼即能享吃喝玩乐的幸福生活。

二、蓝光地产全国战略受创

面对行业利润率的持续下滑，中小房企更难以避免。据四川蓝光发展股份有限公司发布2015年年度报告。2015年全年，蓝光发展实现营业收入175.98亿元，比2014

年同期增长 14.89%。但 2015 年内,蓝光归属于上市公司股东的净利润共计 8.05 亿元,比 2014 年下降 7.51%。完成借壳上市,渴望实现快速扩张的蓝光地产仍将面临新的挑战。

1. 净利下滑

根据公司 2015 年年报,蓝光发展年内营业利润为 15.13 亿元,比 2014 年同期增长 8.87%。2015 年内,蓝光归属于上市公司股东的净利润共计 8.05 亿元,比 2014 年下降 7.51%。同时,公告显示,蓝光发展期内共计负债 448.93 亿元,房地产开发部分负债共计 450.34 亿元,现代服务业部分负债 2.44 亿元。

房地产开发业务方面,蓝光 2015 年内营业收入共计 160.77 亿元,同比 2014 年增长 15.11%,年内毛利率为 27.67%,比 2014 年减少 0.08%。其中,商业地产业务年内毛利率从 2014 年下降 5.29% 至 56.82%,住宅及配套业务毛利率下降 3.39% 至 13.58%。

相关人士表示,这是蓝光借壳上市一年后首次披露年报。从蓝光业绩表现来看,与中上游房企业绩增幅相比仍有一定差距。

2. 全国布局

上述人士分析,行业利润率持续下滑已成常态,中小房企将面临更大压力。尤其是中小房企在努力完成全国布局的情况下将付出更多的成本。

资料显示,蓝光地产从商业地产起家,该公司 1992 年成立。2000 年以后蓝光奠定了四川"第一商业品牌"的地位,开发了多个成功的商业地产项目。2004 年,蓝光集团进军住宅开发。2008 年,蓝光地产开始走出四川。

2012 年,蓝光全国化进程提速,逐渐进入"以成都、西安为中心的成都区域""以武汉、合肥、长沙为中心的华中区域""以北京、青岛为中心的环渤海区域""以重庆、昆明为中心的滇渝区域""以上海、苏州为中心的长三角区域"五大区域。之后,蓝光地产提出"九年 1 000 亿元"目标后,蓝光便走上了扩张之路,先后进驻北京、昆明、苏州、武汉、长沙等城市。

据不完全统计,截至 2015 年 12 月,蓝光已进驻全国近 20 个城市,分布在成都、滇渝、华中、长三角、环渤海五大区域,开发项目超过 100 个;共持有 231.19 万平方米的可开发土地,规划计容建筑面积共计达 425.06 万平方米。

但从区域贡献上来看,成都区域仍然是 2015 年度营业收入最多的区域,而另外 4 个区域营收只有环渤海区域营收增长最大,其他区域业绩则表现一般。业内人士分析,若要寻求突破,蓝光必须寻求在成都以外的城市形成突破和深耕。

3. 深耕战略

资料显示,蓝光地产集团以房地产开发及运营为核心,经营模式以自主开发销售为主,主要收入来源于房产销售和自有物业出租收益。

作为四川本土的大型房企,蓝光地产自 2008 年起开始寻求借壳上市,并于 2013 年启动迪康药业的重组预案。2015 年 3 月 30 日完成重组,4 月 13 日迪康药业宣布更名,蓝光地产长达七年的上市目标终于达成。

蓝光地产表示,蓝光不再满足于四川市场的开发和布局,除了成都区域之外,其他几个布局地区的营收都呈上涨趋势。在滇渝地区、环渤海地区、长三角地区以及华中地区，蓝光已着手深耕。

此外，商业板块仍是公司不可或缺的业务收入来源。年报中显示，蓝光发展的商业地产板块收入达 52.37 亿元，同比增长 57.14%。但同时，商业地产的营业成本增加了近八成，因此毛利率减少 5.29 个百分点。

资料来源：http://news.winshang.com/news-528581.html

http://news.163.com/16/0407/00/BK0Q791R00014AED.html

思考题：

1. 蓝光地产战略转型成功的关键是什么？
2. 蓝光地产全国战略受创的原因是什么？

案例 10　中粮发展战略

一、战略布局合理，建立多层次产品线

中粮地产的发展一向稳健，在业内素以"精细化、深耕化"的操作方式著称，战略上以"北上广深"一线城市为大本营，深耕重点城市，择机拓展新城市，强化城市分类管理，提升城市公司发展内驱力，以一线和重点二线城市为主。目前集团已经进入北京、深圳、广州、上海、成都、杭州、长沙、沈阳、南京、天津等城市，另外在产品上，通过近几年的积极转型，公司的产品线结构已近日趋合理。传统上，公司是素来以开发中高端住宅为主的房地产企业，例如成都的中粮·御岭湾项目、上海翡翠别墅、长沙的中粮·北纬 28°等都是其高端豪宅的典型代表，市场认可度高，在豪宅市场有引领市场的号召力。公司根据自身战略要求，及时调整产品线，着力打造首置首改的刚需型产品，形成了较好的产品线梯度。其中面向刚需型打造的都市精品系列有：北京长阳半岛、北京祥云、南京彩云居、南京颐和南园、上海奉贤项目、深圳鸿云、深圳锦云、天津中粮大道、成都香榭丽都等。产品线间互不干扰，形成了较好的产品线梯度。

中粮地产在北京开发的项目北京祥云国际就位于与孙河项目相隔不远的北京中央别墅区。祥云国际包含了联排别墅、景观大宅在内的多种户型产品，景观设计和建筑设计是由专门聘请的澳大利亚专业建筑设计公司担任。

祥云国际打造以祥云小镇为商业特色的社区，将引进全球人熟识的酒店、医院、学校、会所、餐饮娱乐、购物品牌，组成全景式国际生活样板，突出街区商业主题风格。目前在售的产品房型设计美观，舒适性高，富有国际气息。

作为一家国有房地产类开发公司，多年的房产开发经验，使得公司在公租房建设方面更是如鱼得水。公司目前在南京、杭州等地区有多例四十平左右房产开发项目，产品可以直接复制应用于北京的安居房开发项目。

二、中粮地产系之惑

地产黄金十年，不少央企、国企实现了规模大跨越，完成从百亿到千亿的蜕变。而同为央企的中粮，旗下地产业务却一直保持稳健的发展风格，在销售规模和品牌知名度等方面，都尚未进入行业第一阵营。

2015 年 4 月，中粮地产发布 2015 年第一季度财报，其一季度营业收入约为 6.49 亿元，同比下滑 33.22%；归属于上市公司股东的净利润约为 7 193 万元，同比增长 7.29%。

而中粮集团旗下的商业地产业务平台——大悦城地产，截至 2014 年 12 月 31 日，集团的营业收入为 57.13 亿元，较去年 68.09 亿元同比下降 16.1%。虽然扩张的步伐在继续，但大悦城地产最近的业绩预警也同样引人瞩目。受到投资物业公平值预期下降和新开项目的影响，大悦城地产 2014 年度综合溢利将较 2013 年度下跌约 45% 至 50%。

（一）黄金十年，中粮错失了什么？

在众房企迅速崛起的大背景下，中粮地产业务为何稍逊一筹？白银时代，中粮能否迎头赶上？

1. 起步较晚，未能充分把握时机

过去中粮模式讲求"合"，宁高宁希望在一个体系下的中粮地产、商业、旅游、酒店等齐头并进，但是"整而不合"的最终结果让宁高宁放弃该模式。股权和业务的梳理受阻是上一次整合最大的绊脚石。2015 年 1 月，中粮置地控股改名为大悦城地产。中粮将大悦城悉数归于大悦城地产，并借壳在港上市，体现了宁高宁对于厘清股权及业务的决心。大悦城业务系列的整合，两个主要地产子公司业务分工明确，互不干扰，形成两个助推器。

不过，再往前梳理，我们发现：2006 年中粮集团收购深宝恒，更名中粮地产，标志着中粮正式进入规模化住宅开发与销售行业，然而，这在央企房地产企业中，算起步较晚的。

2014 年中粮地产实现合约销售约 154 亿元，同比增长 37%，位列中国房地产企业销售第 50 名。而与此同时，起步较早的中海、保利经历了房地产发展的黄金十年，都已成功进入千亿级房企的行列，且在业绩上有稳定的增长；尽管华润没有达到千亿规模，但这几年业绩不断攀升，年均增长超过百亿，牢牢占据房地产企业销售前十强的席位。

商业地产方面，在实体零售公司业绩跌声一片时，宁高宁所推崇的"大悦城"战略发展相对稳健，逆市扩张。尽管大悦城方面的计划面面俱到，在业内人士看来，大悦城地产旗下项目具备独到的定位，形成了较为成熟的模式，但面对购物中心整体的发展困境，以大悦城地产为代表的一批商业地产公司也正处于探索当中。按照企业 2008 年所说的 5 年 20"城"目标，中粮目前的进展与计划相比，尚有一定距离。

"以前购物中心经营一般面临选址难和招商难两大问题，现在又新添了运营难。"中国商业地产联盟秘书长王永平直言。事实上，经济下行导致消费力不足，实体商业竞争无序、O2O 模式尚未成型，诸多问题都在困扰着购物中心发展。对此，克而瑞总结分析认为，形成中粮集团地产整体业务稳健风格的重要内在原因，就是对于整体业务的不断梳理和调整。早在 2004 年宁高宁入主中粮集团之后，就开始酝酿地产业务的整合。2006 年中粮地产借壳深宝恒成功实现 A 股上市，中粮集团也下定决心划分住宅与商业地产的业务。2010 年宁高宁提出了地产业务整合的"三步走"战略，包含"人员整合，股权整合，资产整合"，时至今日，中粮地产酒店业务已形成了以发展持有型物业为主的中粮置地控股和以开发销售型业务为主的中粮地产这"两驾马车"。遗憾的是，此时恰逢中国房地产发展的黄金时期，中粮在发展的同时不得不兼顾整合，在一定程度上错失了市场高速发展的机会。

2. 部分高价地块挑战企业开发能力

在展开业务整合以来，中粮的地产业务曾经激进扩张过，但是部分高价地块的获取为企业后续发展带来了较大的压力和挑战。对此，克而瑞分析认为，从近几年中粮地产拿地情况来看，大规模的购地都集中在 2010 年和 2013 年。这两年房地产市场的形势极其相似：一方面都是房地产市场量价齐升、火热发展的年份，土地市场竞争激烈，重点城市平均地价上涨，企业拿地成本亦水涨船高；另一方面，紧接的 2011 年和 2014 年房地产市场都处于调整期，整体市场表现不佳，这对于前一年刚刚大举购地的中粮地产来说，资金链压力较大。在市场较为平淡的 2011 年、2012 年，重点城市平均地价均呈现下跌走势，但中粮地产由于前期拿地过多，且拿地成本不低，导致资金紧张，错失在土地市场抄底的机会。

市场高位拿地，对企业后续项目去化带来一定的压力。首先在较高的土地成本驱动下，项目销售定价相对较高，影响去化。同时由于中粮的大户型和高端产品比例相对较高，部分产品定位在改善型高收入客户圈层，去化速率也相对较慢。项目的去化缓慢，直接导致资金回笼受阻等一系列问题。

高成本项目的去化不畅，不仅制约企业规模增长，企业利润也无法保障。为了加速去化，企业往往会回调销售价格，但是高昂的土地成本是不可忽视的，因此随着这些项目陆续进入结算周期，2012 年、2013 年中粮地产的毛利率低于万科、保利等企业。

（二）白银时代中粮能否迎头赶上？

可以说，整而不合、拿地时机不当等因素阻碍了中粮过去几年的扩张。对于未来，中粮将以怎样的步伐跑赢市场？对此，易居智库研究中心研究总监严跃进表示，对中粮集团的地产板块来说，把"大悦城"品牌打响，是推进商业项目升级的重要一步，这符合目前很多商业地产商的战略逻辑，即以具体品牌来驱动企业品牌升级。

当然，中粮集团目前也在积极配合国企改革，后续若要做大规模，应该积极往城市运营上的路线上靠拢。比较目前中粮集团在金融投资、工业物业、商住物业上都有比较好的布局，后续应该加强此类资源的整合。事实上，从最近中粮地产业务的一系列整合以及企业自身一些变化来看，中粮在经历了前期整合、高价拿地、业务调整的阵痛之后，中粮成长潜力正在慢慢恢复，利润等各项指标呈现好转的态势。对此，克而瑞将原因归结为以下几方面：

（1）中粮地产 2010 年高价地项目已经陆续进入结算周期，目前已经消化大半，随着近年企业新购项目进入销售环节，2010 年高价地给企业带来的负面影响也逐步消除，中粮地产已经开始重整迈向新的发展阶段。

（2）近年企业购地渐趋理性成熟。近几年中粮购地较少，即使在土地市场火热的 2013 年，中粮地产在招拍挂的土地市场购地只有 3 宗，其余地块都是通过入股旧改项目，自有工业用地转为经营性用地，或者收购公司等途径获取。

（3）除了资产整合，释放 A+H 两个平台的发展活力，工业用地储备充足，盘活潜力不可小觑。据悉，中粮地产在深圳宝安区拥有可出租的工业地产物业约 120 万平方米，其中新安片区占地面积约 30 万平方米，建筑面积约 50 万平方米，福永片区占地面积约 50 万平方米，建筑面积约 70 万平方米。深圳作为特大一线城市，土地市场供应十分有限且地价高企，盘活工业用地资源是未来增加土地供应的重要途径，而中粮地产在宝安区的工业用地体量巨大。此外，作为央企，中粮地产在工业用地转经营性用地方面，有着天然的优势，如果未来这些工业用地能够顺利转化成经营性用地，企业发展潜力巨大。

（4）中粮还需要把握好抄底机会，可参与旧改、合作购地、非公开市场收购等方式灵活购地。

首先，中粮可以考虑加大对棚改项目的投入。对于许多大中城市来说，未来土地供应量极为有限，棚户区改造是未来土地供应的最重要的方式之一，这一块的蛋糕将会十分诱人。事实上，其他央企也在做旧改的相关工作，华润置地的旧改业务的发展已较为成熟，保利也成立旧改公司——保利城投公司，旧改公司直接与总部合署办公，且由保利地产总经理朱铭新兼任城投公司董事长，足见其对旧改的重视。

其次，中粮地产应该强化合作购地。这既能减少企业拿地资金的支出，降低企业资金压力；又能与合作方共担风险，学习对方的优秀操盘经验；同时达到企业规模扩张的目的。目前，中粮在这方面也已有涉足，位于北京的中粮万科长阳半岛项目在业绩方面表现就相当不错。

同时，中粮地产可以考虑通过非公开的市场，股权收购一些小公司，获取其土地资源等。在市场调整期，通常都会有一些中小型房企资金周转不过来，中粮地产可留意一些这样的机会，购地方式不会竞争太激烈，可以以较高的性价比获得土地。

资料来源：http://finance.eastmoney.com/news/1354,20150115468131346.html
　　　　　http://house.china.com.cn/home/view/789344.htm

思考题：

1. 中粮地产的产品战略是如何实施的？

2. 中粮地产的战略选择存在哪些问题？

第13章 家电企业案例

案例1 格力电器发展战略

一、格力电器"走出去"战略

2014年被称为中国企业"走出去"的元年，中国企业境外投资总量首次超过外商对华投资。2015年1月，在瑞士达沃斯世界经济论坛上，国务院总理李克强也再次展现了鼓励中国企业"走出去"的一贯态度。

应该看到，与中国企业上一轮国际化实践不同，在中国经济新常态和全球经济新常态下，中国企业"走出去"不仅要思考如何应对荆棘和挑战，更需要深入思考的是走出去后"我是谁"。

也就是说，新常态下的"走出去"对企业提出了更高的要求。企业不仅承担着推动中国经济向全球产业价值链中高端升级的任务，还要以世界级公司为标杆考量自身，为中国企业和中国制造业赢得更高的国际声誉。

谁能担此大任呢？我们看到，在随同李克强参加会议的企业家阵容中，董明珠所带领的格力电器，就是一颗正在冉冉升起的全球企业新星。

1. 销售"全球领先"

纵观美国著名《财富》500强榜上的世界级公司，他们身上有五个共同的特征：一是主要业务生产规模和营业收入处于全球前列；二是具有全球化的品牌形象；三是对行业技术或商业模式的变革创新做出了显著贡献；四是拥有自己独特的发展战略或商业运营模式；五是公司员工具有非常高的职业化和专业化水平。

比照来看，在家电行业内，特别是空调行业，格力电器的生产规模、营业收入以及各项业绩增速，都位居世界前列。

数据显示，目前格力电器家用空调年产能已超过6 000万台套，商用空调年产能550万台套。员工总数7万多人。产品种类有20个大类、400个系列、12 700多个品种规格，其中商用空调有10大系列、1 000多个品种。

营业收入方面，格力电器不仅是中国首家实现千亿的家电上市企业，格力产品已经远销全球200多个国家和地区，其中"格力"品牌空调（自主品牌）远销全球160多个国家和地区。格力家用空调产销量自1995年起连续20年位居中国空调行业第一，自2005年起连续10年位居世界第一。

就在达沃斯会议前两天，格力电器发布了2014年业绩快报，顺利实现了1 400亿元的营收目标。从 2011 年至 2015 年，格力电器销售额连续 4 年保持着 23.4% 的年均增速，净利润连续 4 年保持着 35.1% 的年均增速。按照格力电器董事长董明珠的规划，到 2017 年格力电器的营业收入要突破 2 000 亿元。

虽然与世界排名前十的家电企业相比，格力电器在营业收入方面仍有较大差距，但从国内企业目前的成长能力来看，格力电器无疑是目前国内最具有潜力成长为全球企业的"种子选手"。

2. 技术"国际领先"

在技术创新方面，格力电器的"国际领先"性为业界所公认。

截至 2015 年，格力电器累计申请技术专利 1.4 万多项，其中申请发明专利近 5 000 项。自主研发的超低温数码多联机组、高效离心式冷水机组、1 赫兹低频控制技术、变频空调关键技术的研究和应用、超高效定速压缩机、R290 环保冷媒空调、多功能地暖户式中央空调、永磁同步变频离心式冷水机组、无稀土磁阻变频压缩机、双级变频压缩机、光伏直驱变频离心机系统、磁悬浮变频离心式制冷压缩机及冷水机组共 12 项"国际领先"成果，填补了行业空白，改写了空调业百年历史。

上述技术字眼听起来非常专业，用产品实例也可以很好地说明。以"永磁同步直流变频离心式冷水机组"为例，2013 年 4 月，格力直流变频离心机组实现系列化量产，引领大型中央空调进入了直流变频时代。

以"1 赫兹低频控制技术"为例，实现了变频空调 1 赫兹低频稳定运行，不仅节能省电，而且可以保持房间温度恒定，从而给人带来更为舒适的感觉。这项技术是一个历史性突破，不仅超越了国内同行，也实现了对国际同行的超越。目前，1 赫兹变频技术已应用于格力电器全部家用空调产品。

"光伏直驱变频离心机系统"，把"不用电费的中央空调"由梦想变为现实。它可使太阳能以高效形式转化为电能直接驱动中央空调机组。这项创新技术还使空调兼具了储电功能，能将富余的电量输送给城市电网。

格力电器在技术研发上的投入从不设上限，每年科研投入超过 40 亿元。目前格力电器拥有 8000 多名科研人员、2 个国家级技术研究中心、1 个省级企业重点实验室、6 个研究院（制冷技术研究院、机电技术研究院、家电技术研究院、自动化研究院、新能源环境技术研究院、健康技术研究院）、52 个研究所、570 多个实验室。仅 2014 年申请专利就达 4 100 多项，平均每天有 11 项专利问世。

3. 品牌"全球形象"

在家电行业的领先地位，以及多项国际领先技术的取得和企业社会责任的塑造，自然让格力的品牌形象也大有提升。

格力空调是中国空调行业唯一的"世界名牌"产品，格力电器连续 12 年上榜美国《财富》杂志"中国上市公司 100 强"。董明珠本人是 2014 年夏季达沃斯论坛青年导师，而且在去年 9 月份还被联合国开发计划署聘为"城市可持续发展宣传大使"。

其实，十多年前格力电器就已叩开了国际市场的大门。早在 1994 年底拿到国内第一张欧盟 CE 认证证书后，产品就通往了欧洲市场；1998 年，格力电器正式决定走出去，格力空调敲开巴西市场，以"格力"品牌进行销售；2001 年，格力投资 3 000 万美元在巴西正式建厂；2006年，格力在南亚巴基斯坦建立了第二个海外生产基地，生产线由当地经销商投资，格力提供技术支持，但生产销售的都是格力牌空调。

格力空调先后中标过2008年"北京奥运媒体村"、2010年南非"世界杯"主场馆及多个配套工程、2010年广州亚运会14个比赛场馆、2014年俄罗斯索契冬奥会配套工程等国际知名空调招标项目，在国际舞台上赢得了广泛的知名度和影响力。

在达沃斯会议期间接受凤凰卫视采访时，董明珠曾谦虚地说，现在还不能说世界上所有国家都认识了"格力"，但使用格力品牌空调的100多个国家，不仅认识了格力，还通过格力的产品质量和研发技术重新认识了中国制造业已经不再是"低质低价"的代名词。

4. 领导力"远见"

格力早期的国际化战略，奉行的是"先有市场后有工厂"的经营思路，坚持以"技术创新抢占制高点"，严格把控产品的质量关。2006年，格力被巴西国家质量技术监督局授予了"巴西人最满意品牌"的称号。

据董明珠透露，格力电器下一步要在欧洲建厂。但是她特别强调，格力如今进入海外市场不再只是简单地建厂，不再只是简单地出去抢占市场份额，而是希望通过格力的研发技术、管理服务、企业文化与当地市场深度融合，选择当地合作伙伴，更多地输入技术，实现合作共赢，真正发展成为无国界的全球性企业，既服务于当地的消费者，同时又利于促进当地的经济发展。

中国企业走到国际舞台，在不断提高自身竞争力的同时，与当地"小伙伴"抱团取暖是业内专家们公认的法则。站在世界经济论坛的讲台上，董明珠向世界传递了格力电器成长为全球性企业的信心和优势，也向世界展现了格力电器敞开怀抱服务世界经济的成长理念。

格力电器还获得了自主创新工程体系国家科技进步奖。相比于格力电器此前获取的单项技术奖，这个奖项的分量更重，因为该奖项更加关注企业"软"的创新组织管理行为。这说明，格力电器不仅仅是董明珠一个人在发光，在她的带领下，格力电器已经形成了系统化的管理体系和企业文化，"创新""责任感"已经自然而然地内化于每个格力人的基因。

总之，新常态下，中国企业"走出去"已经是大势所趋。格力电器已经具备技术创新、企业责任、品牌形象和高管领导力等多项成长为世界级公司的基础和条件。从"营销女皇"到"董小姐"，人们对董明珠的钦羡和喜爱溢于言表。我们期待，董明珠和格力电器的高管们能够带领格力电器在"走出去"的路上再树标杆，尽早成长为世界级公司，为中国企业和中国制造业的转型升级再创声誉。

二、格力业绩回落3年前

格力冲破2 000亿的目标或随着业绩遭遇滑铁卢而难以实现。据格力公布的2015年业绩数据来看，其营收977.5亿元，同比下降近30%，净利润125.3亿元，同比下降11.5%。从格力最近几年的业绩来看，2015年营收直降422亿元，已回落到2012年。

作为空调界的老大，格力为何业绩下滑如此之快？这与曾一手将格力推向千亿大军的格力掌门人董明珠不无关系，一位长期关注格力的证券分析师认为，格力这是在"还债"，过去每年 200 亿的增长只能说是一种"假象"。而这一定论也得到空调渠道商的一些证实。

1. 欲速则不达

从格力最近 5 年的业绩来看，2011 年营收 835.9 亿元，同比增长 37.5%。净利润 52.4 亿元，同比增长 22.7%；2012 年营收 1000.84 亿元，同比增长 19.8%。净利润 73.8 亿元，同比增长 41%。2013 年营收 1 200 亿元，同比增长 20%。净利润 108 亿元，同比增长 46.5%。2014 年营收 1 400 亿元，同比增长 16.7%。净利润 141 亿元，同比增长 30.6%。很显然，格力业绩在 2015 年之前一直处于高速发展中，"其占据空调近一半的市场份额；产品高端、高价；多年的自建渠道使之长期拥有渠道话语权。"这些因素也让外界有理由相信格力的增长速度。

董明珠曾对外称，格力将以每年 200 亿元的增速发展，这曾让同行和竞争对手羡慕不已。与格力增速形成反差的是，随着家电下乡、以旧换新等政策红利结束后，国内家电市场便开始陷入增长瓶颈，"靠天吃饭"的空调陷入滞销。据相关数据显示，截至 2015 年，空调行业库存总量已突破 4 000 万台，行业库存与 2014 年末相当。2015 年，中国空调整体零售量下滑，2016 年即使空调企业不生产空调也可以通过库存满足市场。

"如果以格力占据近 50% 空调市场份额来看，格力将承担一半的库存量。"一位空调业内人士表示。

那为何早已陷入库存危机的格力，其业绩却是一直增长？"压货。"该空调业内人士表示，格力为了达到每年的增长业绩，一直以向经销商压库存的方式来填平这个虚增的缺口，直到 2015 年，泛滥成灾的洪水（库存）终究冲垮了大堤。

2. 渠道神话或将破灭

格力从 4 000 万到 1 200 亿的规模增长，一直被业界归功为其不易被复制的格力式渠道。格力早期通过股份制销售公司的模式创建了格力独有的市场模式，将格力与经销商利益进行捆绑，目前格力旗下 30 多个省、市、自治区的经销商都由格力电器控股，以资本为纽带合资建立联合股份销售公司，不仅将当地原先各自分散的格力销售和服务网络集中起来，以统一价格对外批货，保证利润，而且通过进一步增持区域性销售公司的股份，掌控经销商。

格力因牢牢掌控渠道话语权，曾公开叫板当时的家电渠道中的巨头国美、苏宁，走自建渠道之路。但随着家电市场增长放缓，线下渠道逐渐向线上转移，格力线下渠道神话或已只是一个时代的产物。

最近几年，格力与经销商的关系开始出现裂痕。有很多经销商反映，格力为了实行多元化之路，强行向经销商推送晶弘冰箱、净水器，如果任务完不成，格力不兑现返利，有些经销商甚至面临破产，因不堪销售压力而选择退出。

据知情人士透露，经销商的不满以及格力的高额库存让格力不得不考虑通过降价来消化，2014 年年底，一向不打价格战的格力开始主动参与价格战，并在 2015 年开始与国美、苏宁"握手言和"，推出一系列针对格力空调专场的降价行动。

"家电销售渠道从线下向线上转移已是一个不争的事实。"一位家电渠道商认为，靠格力品牌本身的议价能力很难通过原有单一的自建渠道支撑空调和其他品类的发展，而一旦格力大力发展其他渠道，也就意味着格力渠道神话的破灭。

3. 多元化战略起步晚，转型步伐缓慢

董明珠曾提出格力要走多元化之路来实现 2 000 亿规模，但从格力的财报来看，2011—2015 年，空调业务仍然占据格力销售额的 80% 以上。从格力的其他品类来看，包括其成立的子品牌晶弘冰箱、大松电饭煲，以及格力手机，格力多元化扩张之路并未见起色。

面对市场的低迷，格力的竞争对手海尔、美的却早已在战略上完成布局并纷纷转型，从速度上看，早在 2011 年，海尔、美的开始采取扩张海外市场、调整渠道策略等措施来应对未来几年家电市场将出现的饱和危机。2011—2012 年，美的在渠道上进行了大刀阔斧改革，取消了各地销售公司，将各事业部进行瘦身和扁平化，经过两年的内部调整并实现美的集团的整体上市。海尔在 2010 年开始启动"人单合一"，实现零库存，2014 年通过"小微公司"的模式积极向互联网转型，开始从单一硬件公司向智能家居平台型公司跨越。从业绩来看，海尔集团 2015 年利润增长 20%，成为全球最大白电企业，上百个小微企业营收过亿。美的集团净利达 127 亿元，同比增长 21%。

目前，海尔、美的不仅在品类扩张上远远超越格力，白电地位通过智能家居平台战略将格力甩在身后。在资本运作上，海尔、美的更是通过一系列资本手段壮大自己。最近几年，海尔通过收购日本三洋电机、GE 家电、新西兰家电巨头裴雪派克逐渐扩大海外市场版图，国内则与阿里合作，阿里已入股海尔日日顺；美的则是与小米捆绑，后者 12.66 亿战略入股美的。

最近几年的格力又做了什么呢？从格力给予外界的信息来看，更多的是董明珠频频公开亮相后引发的一轮轮"口水战"，包括与小米董事长雷军的对赌，以及打出"格力手机完爆 IPhone 6S"口号等，无论是董明珠自己作为格力品牌形象代言人，还是网上近日曝光和主持人陈鲁豫的合影，董明珠除了争当"上头条"之外，外界并没有看到格力在产品和企业战略上的更多信息。

"格力与昔日竞争对手之间的差距越拉越远了。"一位家电企业 CEO 如此评价，格力该沉下心来做点事了。

资料来源：http://news.xinhuanet.com/tech/2015-02/28/c_127526701.htm

http://it.sohu.com/20160503/n447346191.shtml

思考题：

1. 格力实施"走出去"战略的成功之处是什么？

2. 格力业绩回落的原因是什么？

案例 2　海信电器发展战略

一、海信电器的新战略

"画质最清晰、操作速度最快、质量最好，从这些角度讲，海信电视是目前中国市场最好的'电视机'"。2015 年 4 月 29 日，海信电器新任总经理代慧忠在上海首次公开与媒体和投资人见面。他先是抛出了海信产品的三个"之最"，接着又给出了海信在市场上的三个"第一"：海信在中国市场占有率连续 12 年第一，中国彩电自有品牌全球市场份额第一，中国互联网电视用户量第一。

但是最引人关注的，是海信电器将要全力推进的三条产品线布局。

1. 三条产品线覆盖优质用户群

用激光电视的极致视听体验俘获高端人群，以 ULED 世界级画质吸引日益庞大的中产阶层，和极客用户一起玩耍、给他们提供更好玩的电视……代慧忠演讲中表示，海信计划用三条产品线黏住用户。

第一条是以互联网院线为内容服务的"激光影院"产品线。在硬件上，激光影院电视将侧重于 80 英寸以上的电视，围绕高品质视听需求，在全国院线下线后，新片能第一时间进入海信的"激光影院"，用户可以随时用点播的方式在家里"影院式"观影。

第二条是以互联网视频为内容服务的智能电视产品线，尺寸上主攻 50～80 英寸，是以 ULED 为核心的智能电视产品；

第三条是以极客的方式打造面向互联网年轻群体的 VIDAA 子品牌电视，尺寸上以 32～50 英寸为主，让消费者享受更好玩的电视。

这三条产品线方向引起了投资者和媒体人的高度关注。因为，激光影院被认为是将要"消灭"电影院的未来产品，在湖畔大学的讲堂上，马云也是用了一台激光电视辅助授课。ULED 则是中国唯一能和韩国巨头抗衡的高端显示技术。而"极客电视"很明显是要向乐视、小米标榜的互联网低价电视进行绞杀。

值得注意的是，三条产品线产品都将搭载 VIDAA3 智能电视系统，最新产品将在五一上市。

用代慧忠的话说，海信依托"U+X"战略主打三大产品线，终极目的是"获得优质用户数量第一，同时变现用户价值的能力第一。"

2. 海信电视成长性刚刚开始

"虽然中国国内的电视机销售增长处于增长缓慢期，但海信电视的成长性才刚刚开始，因为海信找到了新的增长极。"代慧忠预测，5 年后，内容和服务带来的利润大于或等于目前硬件销售的利润。

代慧忠说，从运营用户资源的方式和内容服务盈利的模式来看，海信已经成为互联网企业。观察人士则认为，海信从以往单纯靠硬件盈利到的未来硬件和服务并重，已经显示出了新时代科技企业的气质，海信的价值将被重估。

二、海信电视陷入战略窘境

令人意想不到的是,经过海信一年的不懈努力,中国激光电视 2015 年零售总量只有区区 1 870 台。奥维云网提供的另一组数据显示,2015 年,中国 OLED 电视零售量暴增至 43 000 台,是激光电视销量的整整 23 倍。

一个是海信不遗余力推广的产品,一个是海信想方设法狙击的产品,而市场给出了相反的选择。

有分析人士如此评论:一年不足 2 000 台的销售,等于宣告海信激光电视战略彻底失败。

来自海信耐人寻味的消息还有:2016 年 3 月上旬在上海召开的 2016AWE(中国家电与消费电子博览会)展会上,海信低调展出了大屏幕透明 OLED 电视产品。

而相似的产品在 2016 年"三星中国论坛"上刚刚出现过。

海信对三星彩电亦步亦趋,但是,在 OLED 这一课,海信却没有学好。

海信彩电终于迷途知返!只是,这一天来得有点晚了。

猛然想起 2014 年创维彩电营销总监杨孝骏和海信的赌约:"如果海信三年内不做 OLED 电视,我愿意出 1 万块钱请大家(记者)吃饭。"

海信低调进入 OLED 领域,实属不得已而为之。随着 OLED 技术与产品日趋成熟,越来越多的国内外主流彩电企业宣布进入。继中韩主流彩电企业之后,日系的松下、索尼也将推出 OLED 产品。在此大势之下,继续拒绝 OLED 已经十分不明智。

据可靠消息,在海信内部,关于"谁是电视的未来"争论颇为激烈,越来越多的有远见的人士反对将激光电视放在战略产品的位置上,他们认为,"如果继续拒绝 OLED,海信有可能丢掉已经取得的市场地位"。

三月中旬,另一大彩电巨头 TCL 的动作同样令人瞩目。据悉,TCL 多媒体高层已经参访 LGD,商讨在 OLED 领域深度合作的问题。这意味着,中国五大彩电品牌,只剩下海信一家继续游离于 OLED 之外。同行企业纷纷倒戈 OLED,海信的压力可想而知。

OLED 代表了电视的未来,已成为越来越多彩电企业共识。好比十三年前,越来越多彩电企业选择液晶而非等离子一样。

现在的问题是:作为中国五大彩电品牌之一,海信已错失进入 OLED 领域的最佳时间窗口,创维、LG、长虹、康佳差不多已经完成市场前期占位,留给海信等品牌的机会已经大大减少。掉队的海信,要想重返中国 OLED 电视三强阵营十分艰难,必须付出更多的代价。所谓"天道酬勤",当别人栽树的时候你不栽桃树,当别人摘桃子的时候你就不可能摘桃子。

这还不是最关键的。最关键的在于,此前海信说了 OLED 那么多坏话,比如"OLED 不代表电视的未来,只有激光电视和 ULED 代表电视的未来""OLED 不能频繁开关机""OLED 图像烧屏""OLED 显像质量不如激光电视"等等,对 OLED 大泼脏水,不给自己留一点后路,生生把自己逼到墙角,今天想转身了,怎么自圆其说?为什么喜欢张扬自己技术如何了得的海信在 AWE 上展出了 OLED 却不敢声张?这就是"人无远虑,必有近忧",缺乏战略远见的结果。

再看海信对三星彩电战略的追随。应该说，海信不是个好学生，因为它没有学会三星的谋略。很多人把三星视为 OLED 的反派角色，事实上，三星压根儿就不拒绝 OLED，不仅不拒绝，而且是全球布局 OLED 最好的两大企业之一（另一家当然是 LGD），三星之所以对大屏幕 OLED 按兵不动，很大程度上是玩"平衡术"——寻求液晶与 OLED 利益最大化，淘尽液晶"最后一桶金"。表面上三星对 OLED 不怎么积极，实际上在偷偷下功夫，就在 2015 年下半年，三星还大手笔投资 OLED 面板。可以这么说，三星之所以在 OLED 上不慌不忙，是因为已经建立了战略屏障，进可据，退可守，海信有什么？什么也没有，手里就两张牌，激光和 ULED（实为液晶电视），都难说是好牌。而且，三星从来不抵制 OLED，因为它知道 OLED 意味着什么。海信极力推广的激光电视，业内称之为"激光投影"，十五年前法国汤姆逊即推出该产品，后因种种原因放弃。今天，环顾全球主流彩电企业，仅海信一家在推这种产品。再说海信引以为傲的 ULED，不就是液晶电视改头换面的新叫法吗？在液晶技术已经绽放它最后的辉煌之后，液晶还能继续指望吗？当然不能。

十三年前，海信还是中国彩电第二阵营的品牌，后崛起跻身中国液晶三强之列，恰恰因为抓住了显像管电视向液晶转型的历史机遇，此可谓"成也转型"。但是，当彩电产业再次走到转型期的时候，海信却做出了相反的选择，从"新技术的追随者"一下子变成了"旧产品的保守者"，为维护液晶既得利益，不惜大泼脏水，唯恐新技术、新产品的出现威胁到自己的市场地位，哪怕全球主流彩电企业共同看好 OLED 技术，海信也要对它使用最恶毒的词汇进行攻击。媒体人士普遍担心，海信如此下去将导致自己陷入极端被动，想转身都没办法转身，此可谓"败也转型"。

资料来源：http://news.ifeng.com/a/20150429/43662519_0.shtml

　　　　　http://www.360doc.com/content/16/0329/08/476103_546171635.shtml

思考题：

1. 海信战略"窘"在何处？

2. 海信新战略能成功吗？

案例 3　海尔发展战略

青岛海尔集团是我国家电行业中规模最大、产品种类最多、规格最齐全的领航企业。从 1984 年两家濒临破产的集体小厂合并成立青岛冰箱总厂算起，海尔的成长用集团董事局主席张瑞敏的话来总结，是执行了三部曲战略，即由名牌战略到多样化战略到国际化经营战略。

一、1984—1991 年：名牌战略阶段

1984 年青岛冰箱总厂成立时，国内冰箱生产企业林立，国外产品蜂拥而入。张瑞敏经过仔细分析市场后，毅然提出"创名牌、高起点"的战略，在收集和比较国外 30 多家企业技术资料基础上，决定引进德国利勃海尔公司的现金技术和设备。为了培育

职工严格的质量意识，张瑞敏到厂不久，就责令将厂里生产的 76 台不合格的冰箱砸毁，并宣布从他到所有的管理人员全部都受罚。从此，"质量是企业的生命力""质量高于利润""只有一等品，没有二等品、三等品"，就成了海尔人贯彻名牌战略的经营理念。经过建立健全严格的质量管理制度，1985 年，以"青岛—利勃海尔"命名的电冰箱正式投放市场，很快就以高质量、高技术赢得广大消费者的信任。1987 年，海尔被全国 48 家大型商场联合推荐为最受消费者欢迎产品冰箱类第一名，名牌战略初战告捷。1989 年，在其他冰箱因滞销而纷纷降价之际，海尔却给自己的冰箱提价 12%，其销量反而上升。从此，海尔的冰箱以及其他家电产品一直突出高质量，优服务，从不低价促销。

二、1991—1998 年：多样化战略阶段

在创出名牌、实力壮大之后，张瑞敏认为有必须扩大企业规模，在市场竞争中，如有名牌而无规模，名牌将无法保持和发展。于是，海尔逐步采用兼并收购的办法执行多样化战略。1991 年 12 月，海尔兼并了青岛电冰箱总厂和空调器厂；1995 年 7 月，海尔兼并了青岛红星电器公司，进入洗衣机领域；1995 年 12 月，收购武汉希岛实业公司 60% 的股权，成立武汉海尔公司，实现首次跨地域扩张；1997 年 3 月，海尔出资 60% 与广东爱德集团合资组建顺德海尔公司；同年 8 月，合资成立莱阳海尔公司，进军小家电（如电熨斗）市场。1997 年 9 月，海尔正式宣布从"白色"家电领域跨入"黑色"家电领域，并向市场推出"探路者"系列大屏幕彩电。此后，海尔先后兼并了杭州西湖电视厂和黄山电视机厂，着力推出大屏幕、高清晰度、高附加值的彩电，并加快数字化彩电的开发步伐。1998 年. 海尔又宣布进军"米色"家电—电脑。这就跨出了家电行业而进入高科技电子行业，既执行同心多样化战略，又执行复合多样化战略。

三、1999 年至今：国际化经营战略阶段

1990 年，海尔冰箱开始出口；1995 年，洗衣机开始出口；1996 年海尔莎保罗有限公司在印度尼西亚的雅加达正式成立。这些说明海尔的国际化经营战略起步较早，但由于当时公司实力有限，海尔的主要精力仍然放在国内。随着公司市里的增强，海尔集团从 1999 年起大举向国外扩展，在亚洲、欧洲、北美洲和南美洲等设立生产厂或销售网点。海尔在国际化经营上主要采取"先难后易"战略，即首先进入欧美的发达国家和地区，取得名牌地位后，在辐射到发展中国家。据报道，截至 2001 年年底，海尔产品已出口到全球 160 多个国家和地区，并在 13 个国家设厂生产。海尔在美国南卡罗来纳州设厂生产的小型冰箱已占有同类产品 20% 的市场份额。海尔要实现国际化，要做到"3 个 1/3"，即其销售额有 1/3 来自国外生产国外销售。海尔集团正满怀信心的向世界 500 强迈进。

资料来源：王德中. 企业战略管理 ［M］. 成都：西南财经大学出版社，2002.

思考题：

1. 海尔集团三部曲战略有何启示？

2. 任何企业都有必要制定战略吗？

案例 4　康佳电器发展战略

一、康佳电视 2016 开门红，加速未来战略旗开得胜

2016 年，在人们纷纷期盼着猴年"猴塞雷"到来之时，电视行业新趋势也激发出新的市场活力。在集团 2015 年 12 月底举办的"荧光跑"活动上，刘凤喜董事长提出在"加速未来战略"的基础上，多媒体事业部通过调整产品结构，深挖县乡市场，在 1 月销量实现高增长：零售额达 13.9 亿元，销量 53 万台，环比增长 47%；1 月结算突破 13.5 亿元，销量 70 万台，环比提升 37%。通过开年一役实现 1 月销量开门红。

2016 开门红的实现，得益于多媒体事业部有的放矢、快速改善产品结构的销售策略。自事业部发出"聚变 100 天，重返第一阵营"的号召发出以来，从 2015 年第四季度起，事业部便众志成城、加速变革，向第一阵营跑步前进。事业部领导更是多次强调调整产品结构，提高中高端产品占比，每周赴分公司一线进行调研，并督促各分公司总经理到一线现场办公。在事业部领导的正确领导下，整个事业部形成了加速前进、团结拼搏的工作氛围。每年春节前夕都是彩电销售的黄金节点，需求大量增加；同时，市场竞争激烈，有来自于传统电视品牌的终端围挤，也有来自互联网品牌的线上抢攻。多媒体事业部一方面凭借着 X80 系列的"黄金曲率"卖点和 8800 系列"轻薄颜值"的外观成功匹配市场需求趋势；另一方面，在洞察到县乡市场存量巨大、家电升级换代需求旺盛的背景下，通过创新的"仓储直销模式"将真彩电视普及到全国各地。这些加快产品布局、加速带动销售的不同形式和活动使得康佳电视成功地在"加速跑"战略下"跑出"销量开门红。

在 1 月形势大好的基础上，多媒体事业部五一新品的筹备也正厉兵秣马。通过 X80 系列曲面电视以及 8800 系列的市场检验，"曲面"和"超轻薄"趋势必然，1 月销量便可见一斑，五一新品的发布势必会在这两大技术上有新的突出。伴随着"2016 体育年"的到来，多媒体将推出升级的超轻薄电视，搭配"MEMC 动态映像系统"和"真彩 HDR 技术"，即运动画质补偿技术和高动态范围技术来提升电视的响应速度和画质体验，让产品功能的提升全面跑起来。

同时，OLED 更是事业部 2016 年布局重点。有专家预测，消费者对电视新技术的接受程度越来越高，2016 年将成为 OLED 普及元年。根据奥维云网数据显示，2015 年 OLED 有机电视在国内市场的零售量达 4.3 万台，比其他新技术电视高出 20 倍之多。可见，OLED 电视在高端彩电市场的霸主地位已经形成。而作为最早推出 OLED 产品的康佳多媒体，在 2015 年 OLED 试水市场中，也积累了丰富经验，2016 年的 OLED 布局也将在技术、价格等方面有"大动作"，预计能够给目前不温不火的彩电行业注入新的活力，使彩电行业能够跑步进入"青春"。

除了让产品结构和布局能够加速跑起来，多媒体也将策划一系列吸引年轻人的时尚营销活动来让产品的推广销售也"加速开跑"。2016 年，多媒体将充分借势奥运会

等大型体育事件，结合教育电视发起关爱留守儿童的公益活动，更将跨行业联合其他业界的王者品牌开展异业合作，来响应集团"加速跑，更青春"的口号。

在视频聚媒、多屏互动等趋势的发展中，电视的需求只会愈来愈多。而伴随着多种智能设备对用户的洗礼冲击，消费者对电视的要求也今非昔比，"大、轻、薄"将是消费者在 2016 年的几个主要关注点，而多媒体事业部与专家预测和消费者关注相一致的产品布局将十分让人期待。2016 年，多媒体事业部将如虎添翼，加速奔跑。

二、康佳亏损或超十亿，合纵连横战略尚需重新审视

深康佳 A（000016.SZ）股权争夺战的后遗症依然在蔓延，市场人士称，这家老牌彩电生产巨头有可能滑入更深的谷底。2015 年 12 月 15 日，深康佳发布公告称公司副总裁万里波辞职。一直关注深康佳的世纪证券分析师张毅称，这表明公司内部动荡尚未结束。

自从 2015 年 5 月康佳董事会被中小股东夺权之后，被康佳内部戏称为"职业跳槽经理人"的刘丹执掌帅印。在部分康佳内部员工看来，刘掌权期间，对公司中高层进行大规模"清洗"，导致近半数业务骨干人心漂浮，康佳日常经营一度停摆。随着 2016 年 9 月 10 日康佳董事长刘凤喜取代刘丹，接任代理总裁，"宫斗"已告一段落，然而，历时近半年的人事动荡加上经营不善，使得康佳深陷巨亏泥潭。

生存或死亡，已经成为横在老牌彩电企业康佳面前的一道难题。记者走访该公司上下游企业后发现，是赶时髦拥抱转型热潮，采用股权激励等激烈变革手法，还是回归到制造和供应链优势？留给康佳的时间和试错的机会已然不多。

而深康佳董秘吴勇军则表示，目前公司经营情况正常，并没有应公告而未公告的内容，但吴勇军也坦承深康佳业绩下滑趋势或将持续，未来面临着不少挑战。

1. 公司停摆

在张毅看来，对任何一家企业来说，中高层的人事变动给企业带来的伤害，往往是不可估量的。深康佳 A 在 2015 年 5 月 28 日就经历了这样一幕，而且打开的还是持续半年之久的人事动荡。

在 2015 年 5 月 28 日举行的深康佳年度股东大会上，中小股东"逆袭"董事会，通过二级市场增持的方式，一举拿下 4 个董事会席位，控制了董事会，证券市场一片哗然。6 月 4 日康佳集团董事局主席选举中，没有彩电行业背景的张民被中小股东推举为董事长。

仅在 20 天后，被中小股东推到董事局主席前台的张民卸任，张民因此被称作"康佳发展史上最短命的董事局主席"。原总裁刘凤喜重新当选董事局主席，而总裁一职则由多年前因业绩不佳出走的刘丹担任。

据一位深圳私募基金管理人介绍，刘丹 2007 年离开康佳，曾任多媒体平板事业部负责人。其时，康佳的液晶平板市场占有率从 52% 降到了 27%。有人据此认为刘丹是康佳在平板时代的一大"罪人"。刘丹离开康佳后，去了京东方、宏基、惠科等多个公司任职，最长的 3 年，最短的几个月。知情者称，刘在上述公司任职期间，业绩平平。

对于康佳内部员工来说，那段时间感受最深的莫过于频繁的人事变动。据康佳集

团多媒体事业部的一位中层管理人士透露，自刘丹上任之后，人事方面剧烈动荡。在任职不到 1 个月的时间里，多次人事"大清洗"导致近半数业务骨干发生变动，公司上下风声鹤唳，离职潮汹涌一时。不仅如此，新总裁在用人风格也摇摆不定，亲自任命的多媒体事业部总经理，上任两周被调离，另一位事业部副总经理上任 1 个多月也被免职。

"那三个月是一场噩梦，日常业务完全停摆，正常的经营节奏被彻底打破。"上述中层管理人士向记者抱怨。这种局面一直持续到 9 月 10 日刘丹被暂时停职，康佳集团董事长刘凤喜兼任总裁职务为止。

据悉，离开康佳后的刘丹并未消停，2015 年 11 月 18 日，刘丹携新品牌再次亮相，这一次，他创建了一个互联网电视品牌——梦牌。而记者调查后发现，梦牌电视的经营主体梦派公司创立时间为去年 5 月，刘丹是该公司的股东。很显然，在任职上市公司总裁期间注册经营同类业务的公司，刘丹的行为有悖于高管的职业操守，也违反上市公司高管的竞业禁止准则，损害了上市公司利益。

2. 历史巨亏

董事会持续近半年的逼宫大戏终于落幕，不过，由于外部形势严峻加上人事变动带来的后遗症短时间内无法消除，康佳已然跌入巨亏的深渊，这无疑是康佳近年来遭遇的最大业绩危机。

2015 年 10 月 28 日，深康佳 A 发布三季报，公告显示前三季度净利润亏损 8.52 亿元，同比下降 1 891.14%。其中"人事震荡最频繁"的第三季度亏损尤其严重，当季亏损 5.5 亿元，同比下降 17 535.28%。

而造成巨亏的原因，吴勇军表示主要来自于两方面：一是从外部来讲，人民币贬值使康佳在几天内损失了"4 个亿"。据深康佳公告显示，三季度的亏损包括汇率变动使公司 6 亿美元的净负债产生了约 1.9 亿元的汇兑损失，以及因退回节能补贴资金事项导致前三季度合并报表中减少了约 2.22 亿元的利润总额。二是从内部而言，康佳市场占有率下降，公司销售规模大幅下降而引起了产能闲置的成本增高。

数据也印证了这一点。最新市场份额数据显示，同城"兄弟"创维以 20% 的市场份额位居家电行业榜首，海信、TCL、长虹分别以 18%、16%、11% 紧随其后，康佳则以 9% 的幅度跌出第一梯队。而根据奥维云网提供的出货量数据显示，去年上半年，康佳彩电总出货量为 230 万台。同一时期，其他主力品牌厂商的出货量均高于康佳。其中创维达到 420 万台、海信为 390 万台、TCL 为 303 万台、长虹则是 280 万台。

这也是康佳近年来最大的一次业绩危机，且短时间内难以消除。虽然持续半年已久的"逼宫大戏"终于落幕，董事会、中高层趋于稳定，但回归正常还需要一个"拨乱反正"的过程。只不过对正处于加速转型的家电企业来说，这半年的时间可能需要更激烈的举措来"挽救"。

3. 阿里概念存疑

实际上，近年来，康佳围绕着智能家居和互联网化，进行了一系列的实践和探索，还积极与互联网巨头企业"联姻"，试图踏上通往未来的新路，并确立了要做"最懂互联网的彩电品牌"的定位。这一定位不仅获得了外界的认可，并从业务层面推出了中国首个智能电视运营平台,通过纵向、横向的生态打通,吸纳服务、内容等合作伙伴,利益共享,这与互联网与传统家电业融合发展的趋势是一致的。

事实上,虽然刘丹本人表示对与阿里的合作充满期待,"多多少少能给未来带来盈利",但上述深圳私募管理人士指出,对家电企业来说,过去在硬件和技术上是轻车熟路,但一脚踏进互联网、社群和应用服务等新业务模式中,免不了要走一些弯路,或在合作模式中处于劣势地位。

2015年9月16日,康佳与阿里天猫宣布合作发展互联网电视业务,康佳负责硬件,天猫负责智能电视平台的内容及用户运营。当时康佳公告称,预计在未来3年内可获约10亿元运营收入分成和补贴。根据张毅的粗略计算,以康佳每年约300万台智能电视销量估算,对应单台ARPU超过100元,每一年有3亿多元的硬件外的额外收入。可以说,双方合作一方面有助于提高康佳电视销量,另一方面也有助于提升康佳未来预期收益。对家电业的收入模式转型有风向标意义。

根据协议,在接下来的36个月内,双方合作在康佳产销的智能电视产品中预装阿里巴巴家庭娱乐服务平台,包括YunOS操作系统、影视、教育、游戏、音乐、电商、应用商店等内容,以及账户、支付等服务。其中,康佳负责智能电视的生产、市场销售、售后服务;天猫则主要提供软件技术支持以及电商资源支持。而智能电视售出后主要由天猫联合互联网电视牌照机构进行内容、应用和服务的运营。

无疑,不仅康佳方面对此次合作抱着极高期待,这也开创了家电与互联网企业合作的一种全新模式。但看起来很美好的合作,可能暗藏着一些"玄机"。据记者深入调查后却发现,双方间的合作并非顺风顺水。据东莞康佳基地的一位人士透露,当时康佳与天猫合同签订时未深思熟虑,由于中小股东意图拉升股价,很草率地签订了合同,从接触到签订合作协议,仅仅用了10天时间。双方间的责权利并不清晰,这为接下来的运营和服务、分账等埋下了隐患。

对此,上述东莞康佳基地的人士向记者坦言,对于这样一份合作协议,康佳除了会有部分收益外,并没有占到便宜。比如内容和用户运营后台掌握在阿里手里,收入的数字又是一个黑匣子,不够透明,没有第三方的监督,很难保证收入数据的真实可信。据说自去年9月合作以来,康佳并没有分到一分钱。而且这种只卖硬件的合作方式,相当于将康佳每年的用户拱手"卖"给了阿里,对于未来康佳争夺智能家居互联网市场和完成互联网转型,是一种掣肘的效应。短期看有收入,长期则是战略上的"掏空"之举。据康佳内部人士透露,正是因为以上原因,康佳未来可能重新审视与阿里的合作模式。

资料来源:http://finance.chinanews.com/it/2015/02-03/7031117.shtml
http://money.163.com/16/0123/01/BDVRLCHB00253B0H.html

思考题:

1. 康佳亏损的根源是什么?

2. 康佳应如何进行战略调整和选择?

案例 5 国美电器转型战略

一、国美电器事件

国美电器集团作为中国最大的家电零售连锁企业，成立于 1987 年元月一日，是一家以经营电器及消费电子产品零售为主的全国性连锁企业。2009 年底，贝恩投资入股国美电器。在入股国美电器 8 个多月后，在国美电器正在走出危机恢复正增长的情况下，拥有 31.6% 股权的国美电器大股东在 2010 年 5 月 11 日的年度股东大会上突然发难，向贝恩投资提出的三位非执行董事投出了反对票。以董事局主席陈晓为首的国美电器董事会随后以"投票结果并没有真正反映大部分股东的意愿"为由，在当晚董事局召开的紧急会议上一致否决了股东投票，重新委任贝恩的三名前任董事加入国美董事会。

2009 年 1 月，陈晓替代黄光裕接任董事局主席一职，开始掌舵国美。2010 年 8 月 4 日收到黄光裕代表公司的信函，要求召开临时股东大会撤销陈晓董事局主席职务，撤销国美现任副总裁孙一丁执行董事职务。至此，黄光裕与国美现任管理层的矛盾大白天下。2009 年 8 月 5 日国美电器在港交所发布公告，宣布将对公司间接持股股东及前任执行董事黄光裕进行法律诉讼，针对其于 2008 年 1 月 2 日前后回购公司股份中被指称的违反公司董事的信托责任及信任的行为寻求赔偿。国美事件逐渐越演越烈。

国美大争主要原因之一便是国美董事局责权利严重不均势，作为大股东的黄光裕，虽然持有约 32% 的股权即出资最多，但在董事局中代言董事席位为零；而与之形成显明对比的是，在贝恩债转股之后，拥有约 10% 股份的贝恩与陈晓合作，却在 11 个董事局中直接控制了至少 5 个董事席位。不能掌控董事局，就不能掌控整个国美，董事局话语权的旁落，使得黄光裕方对自己的利益是否能够得到保障产生忧虑，因此黄光裕在五项提议中有四项是事关董事人选。

国美大争原因之二是国美董事局决定增发 20% 的股份，在此之前，黄光裕方作为大股东，其持股比例达到 32%，倘若进行股权增发，大股东股权比例有被摊薄之风险，与之对应的是大股东的影响力和控制力也势必减弱。股权的重要性在国美大争中已表现得淋漓尽致，一方面，由于黄光裕方股权比例达 32% 之多，才有权要求召开股东大会，对自己的提议进行表决；另一方面，由于黄光裕一方股权比例不足，才导致五项动议四项被否，这侧面证明了黄光裕方对股权增发的担忧不无道理。

二、国美电器转型

面对日益复杂的家电零售渠道竞争格局，上市 8 年首度出现亏损的国美电器酝酿战略转型已是必然。继不久前强势整合旗下库巴网和国美网上商城、中标中央电视台黄金时段广告后，2012 年 12 月 25 日，国美电器发布新三年规划，以及以"信"为核心的品牌理念和企业文化。

2012 年外部大环境使整个家电行业陷入前所未有的低迷，对国美电器的影响似乎更为严重。黄光裕入狱后愈发低调的国美电器，2012年出现了上市8年来的首度亏损。国美电器控股有限公司公告显示，公司2012年前三季度营业收入为360.57亿元，同比下降18.02%；亏损6.87亿元，而2011年同期盈利为17.91亿元。该公告称，集团销售收入下滑、人力成本及租金费用上升、电子商务业务亏损是造成亏损的主要原因。

事实上，在新战略发布前，国美电器已经开始调整组织架构。12月21日，国美电器宣布，为适应线上线下同步发展的新战略，对采购业务体系和营运体系进行全面调整，由高级副总裁李俊涛主管采购业务体系工作、高级副总裁何阳青主管营运体系工作。此次调整已获得董事会和大股东黄光裕认可。

获得黄光裕认可的还有此次发布的新三年规划和以"信"为核心的企业文化。国美电器表示，未来三年发展战略、品牌理念、企业文化都将以满足消费者和客户需求为导向，以多方共赢为基础，以推进线上线下协同发展为核心战略。

国美电器总裁王俊洲表示，国美电器目前遇到的问题是传统家电连锁模式共同面临的难题。家电连锁长期以北京、上海、广州、深圳等一线城市为主要根据地。统计数据显示，2012年，中国家电市场规模达到8 700亿元，其中3 600亿元来自一线市场，其余5100亿元都由二三线市场贡献，而二三线市场是包括国美在内的家电连锁的弱项。同时，电子商务的快速增长，已经给实体店经营带来巨大压力。"因此，国美电器确定了以地面店和电子商务为核心的多渠道协同发展战略。"

据了解，国美电器未来三年在不同级别市场的经营规划各有侧重。在一级市场，国美电器将优化升级体验店、旗舰店，完善网络布局，丰富产品种类，通过系列改造动作，在2013年实现一级市场单店效益提升5%的目标；在二三级市场，国美电器将重点打通一二级市场供应链，加快支撑二级市场的物流中心和售后服务网点建设，以中心大店带动卫星小店的连片开发模式，推动二级市场的快速增长，提高市场占有率，并计划2013年在二级市场新开门店200家；在电子商务业务方面，国美电器已经完成对旗下国美网上商城和库巴网两大平台的后台整合，将在此基础上继续整合现有线上、线下业务平台，拓展新业务模式，实现业务体系后台的统一管理和资源共享，2013年力争实现电子商务业务盈利。

在供应链方面，国美电器将优化与合作供应商的业务模式和业务关系，降低和供应商来往过程中的成本损耗。具体措施包括：实现库存从区域共享到全国共享的转变，以"周订单"模式加快商品库存周转；建立协同型战略合作，降低交易成本；搭建城市与区域物流网络，以物流共享提升产业链效率；开放信息系统与供应商实现网上对账与结算，并采取单品采购单品经营模式。对此，王俊洲表示，这种以采购、物流、售后、信息为核心的低成本、高效率供应链平台建设，将对国美电器线上线下的竞争和盈利起到强大的支撑作用，持续提升商品竞争力，提升公司综合毛利率。

资料来源：1. 黄旭. 战略管理［M］. 北京：机械工业出版社，2013.
　　　　　2. 于昊. 国美电器战略转型［J］. 电器，2013（1）.

思考题：

1. 国美是如何实施战略转型的？
2. 国美电器从哪些方面实现了成本的降低？

案例 6　长虹电器发展战略

一、赵勇的"三板斧"与长虹的智能化战略

2014 年 3 月 31 日，长虹集团董事长赵勇再次站在长虹智能空调 CHIQ 的新品秀会场，"赵布斯"与现场情景剧亦庄亦谐地互动让发布会现场充满了喜感。这是赵勇第三次为长虹 CHIQ 系列新品发布"站台"，从 CHIQ 电视到 CHIQ 冰箱，再到 CHIQ 空调，赵勇节奏紧凑地向智能家电砸了"三板斧"，赚足了市场的眼球，也赢得了资本市场的认可，从 2014 年的 1 月 1 日到 3 月 31 日期间上证指数上涨 -3.13%，而同期四川长虹和美菱电器分别上涨了 12.24% 和 23.75%。

作为一个老牌家电企业，获得资本市场的认可非常不易，而更难的是在当下和不远的未来去获得新兴消费群体的认可。

赵勇的"三板斧"不仅仅是砸向智能家电，更希望砸出长虹的未来。"长虹现在是一个智能终端的企业，是一个大数据的企业"，赵勇认为。

赵勇希望以"三板斧"为先导的智能化战略让长虹摆脱了传统家电制造企业的身影。在 2013 年 10 月份，长虹首次发布公司面向互联网时代的全新战略规划和产业布局。在长虹"新的三坐标战略"体系中，首次提出将智能化、网络化和协同化作为新的三坐标体系的发力方向，通过各类智能化的终端，与网络化的云服务平台和相应的大数据商业模式开发，再引入协同一体化的解决方案，最终在互联网时代激活长虹原有的家电、手机、信息等各类消费电子业务，从而在消费市场上释放新的竞争力，进而为长虹系品牌注入新的活力。

最终要让长虹的"新三坐标战略"落地，还需要有智能化的终端，或者需要有打动消费者的产品或应用，长虹 CHIQ 电视、冰箱、空调的陆续发布也被视作这一战略的执行。CHIQ 电视被视为"中国首台实现三网融合的新智能终端"，具有分类看、多屏看、带走看和随时看的功能；CHIQ 冰箱通过云图像识别技术，实现省心、省事、省钱；而刚刚发布的 CHIQ 空调基于人体感状态感知技术，主动识别人体物理、生理和心理以及周围环境状态，适时动态调节空调各项运行参数，通过多种应用场景模式而不是纯粹的功能来满足用户需求，开创了"软件+应用场景模式"的发展新方向。

长虹三个月内发布的三大品类的智能产品还是吸引了不少关注，也为长虹下一步由点到面布局家庭互联网、构建智能家居落下了重要"棋子"。从产品和应用层面来看，虽谈不上"颠覆"，也不乏一些有价值的应用创新。至少，在产品的开发思路有明显转变，以人为中心，以用户切实需求为研发原点。从行业层面看，长虹的 CHIQ 发布是家电企业在新环境下"蝶变"的尝试。从这点上，我们或许可以为赵勇鼓掌，为长虹叫好。在变革年代，积极拥抱变革，是一种"在路上"的心态，也是一种进取的态度。

二、长虹家电走向世界"一带一路"战略契合海外国家

近年来，长虹集团落实品牌国际化战略和智能战略成为经营的重中之重，随着全球首台移动互联电视 CHiQ 二代推出，长虹智能化战略再次取得重大突破。而相应的，长虹国际化战略在 2015 年也有了新动作。CHiQ 二代电视通过该公司全球首创并完全拥有自主知识产权的 DCC（Device Connection Control，设备连接及控制）协议，北京电子展实现了拥有移动芯片的终端与电视自由融合无缝对接，不仅可以极大提升电视机的运算处理性能，更重要的是，用户可以在电视上直接运行原本基于移动终端开发的音视频、游戏等应用软件，将"极速爽、大屏玩、智能推"的海量内容带到大家的眼前，抬头即可共享如此美好。

长虹将承担起落地"一带一路"战略的重要桥头堡。与国家"一带一路"战略步调一致，落实我国对外开放及国际贸易新机遇，2015 年长虹将深耕以欧洲、印尼、中东为主的根据地市场，巩固南亚、澳洲市场，力拓美国市场，探索南美、非洲等潜力市场。在印尼，经过十六年的市场拓展和精细化运营，印尼已成为长虹发力东盟市场的根据地。

早起步，深耕印尼十六年。长虹早在 20 世纪就启动了国际化战略，1999 年进入印尼市场，2002 年成立代表处。2008 年在全球金融海啸之际，长虹在印尼雅加达与印尼合作伙伴合资成立长虹印尼电器有限公司，总投资 1 000 万美元，长虹控股 88%。

以"走出去、走进去、走上去、本地化建立根据地"战略思想为指引，长虹不断将自己的产品和服务带进印尼的千家万户。

经过十六年的发展，长虹在印尼已成为中国第一家电品牌，公司业务 2009—2014 年持续增长，年平均增长率 30% 以上，连续五年被评为"TOP CHINA'S BRAND"。印尼长虹是中国企业在印尼的第一个成功申请保税库的企业，国际家电展取得了与 SAM-SUNG、LG、SHARP 等同等快捷的通关条件。目前，印尼市场已经成为长虹在东盟市场的品牌根据地市场，而印尼长虹也已定位为长虹在东盟的生产经营基地、品牌经营基地和长虹海外运营中心之一。

"一带一路"，印尼长虹迎新起点。在深度拓展市场的同时，印尼长虹也积极履行企业在当地的社会责任，将本地化进行到底。长虹在印尼本地化采购、员工本地化率已达到 98%，带动了本地就业。

据印尼长虹总经理冯辉介绍，良好的企业形象，使长虹家电成为印尼家喻户晓的中国品牌，印尼长虹也成为了中国政府、企业及印尼企业参观的标志性企业。随着国家"一带一路"战略的全面启动，印尼长虹又将迎来新的发展契机。

印尼大使苏更·拉哈尔佐最近表示，印尼的海洋强国战略和中国"一带一路"倡议高度契合，印尼将在加强海上互联互通方面扮演枢纽作用。而举世瞩目的 2015 亚非领导人会议也将在印尼召开，中尼两国在"一带一路"战略上的合作又将有新的内容。长虹即将参加国际家电展。

2014 年是长虹智能化战略的元年，推出包括 CHiQ 电视、冰箱、空调等高科技智能终端引起业界广泛关注；除了深化长虹智能战略，创新推出包括 CHiQ 二代电视在内

的一系列智能高科技终端外，更是开启了国际化战略的新篇章。冯辉介绍，结合国家"一带一路"政策，印尼长虹将进一步实施在印尼本地化生产，产品辐射到东盟其他国家。将印尼拓展品牌市场的经验复制到"一带一路"的其他目标市场国家。

资料来源：http://news.cheaa.com/2014/0402/401227.shtml

http://www.tvhome.com/article/17536.html

思考题：

1. 如何理解长虹的智能化战略？

2. 新常态下长虹如何实施"走出去"战略？

案例 7　格兰仕发展战略

如果买微波炉，用户的第一选择是什么品牌？答案是：格兰仕。到目前为止，格兰仕生产的微波炉排成一列，可以绕地球 3 圈。将微波炉做到世界第一的格兰仕，无疑可以作为中国制造业的典型代表。

从 1995 年开始，格兰仕微波炉成为中国"第一"，1998 年之后，格兰仕微波炉成为世界冠军。然而，"第一"和"冠军"似乎并没有带来相应的荣耀。20 多年来，秉持"总成本领先、摧毁产业投资价值"理念的格兰仕已经伤痕累累、身心俱疲。竭泽而渔的价格战无以为继，从价格到价值的战略转型却又步履蹒跚。始于 2005 年前后的战略转型和组织变革，目前仍阻碍重重。特别是在全球原材料上涨、人民币升值的前提下，格兰仕如何保持高速增长，已经成为其发展道路上的最大难题。格兰仕变革，路在何方？

一、低价取胜

1992 年，广东顺德桂洲镇（现在的容桂镇），时年 55 岁的梁庆德毅然关闭了效益良好的桂洲羽绒厂，他要做一件更有前途的产品——微波炉。鸡毛掸子起家的格兰仕做家电，在当时是个天大的笑话，但是梁庆德力排众议、决意为之。

当时，中国本土微波炉市场的厂商数量很少，并且规模都不大。1992 年，中国微波炉行业主要有蚬华、松下、飞跃、水仙 4 个品牌。1993 年，国内市场份额最大的是蚬华，约占 50%，但其在国内的年销量也不过 12 万台。1993 年，松下是中国市场最大的外资微波炉品牌，产品价格大多高于 3 000 元。1994 年，松下、日立相继在中国投资设立微波炉工厂，但设计产能均仅为 30 万台。1995 年，LG 在中国天津投资设立微波炉工厂，其 70% 左右的产能都用来满足国外需求。

1995 年是中国微波炉市场的一个分水岭。此前格兰仕并无任何优势可言，基本上跟着蚬华这样的知名品牌亦步亦趋，小心跟进、大胆模仿。

格兰仕这个时候选择的是做代工（OEM）。和其他 OEM 不同的是，它将国外的生产线直接搬了回来，没有花钱，跟国际公司按照比例分成，在价值链的低端参与竞争。

1995 年 5 月，俞尧昌与格兰仕董事长兼总裁梁庆德会面。双方一见如故。俞尧昌是营销策划的好手，他提出了"价格驱动、引导消费"的概念，提倡文化营销。共同的理想、共同的语言很快使两人走到了一起。

当时，市场中常见的营销方式仍是电视广告，但这需要很高的资金投入。格兰仕一方面积极与报刊合作，采取宣传微波炉使用知识的"知识营销"手段；另一方面，中国家电企业的"价格战"已经显露端倪，在"供过于求、产品过剩"的现实下，格兰仕通过大幅降价引起媒体广泛关注，以制造轰动效应。资料显示，一些年销售额与格兰仕相当的家电企业投入广告上亿元，而格兰仕早期每年的广告费用仅1 000多万元。格兰仕"取胜"的秘诀，就是"价格战"。

按照梁庆德的思路，格兰仕要做到微波炉产品的全球市场垄断："做绝、做穿、做烂，在单一产品上形成不可超越的绝对优势，这叫作铆足力气一个拳头打人。"而格兰仕副总裁俞尧昌则这样定位价格战："为什么我们要这样做？就是要使这个产业没有投资价值。"

1996年8月，格兰仕微波炉第一次降价，平均降幅达40%，当年实现产销65万台，市场占有率一举超过35%。格兰仕的"价格战"有两大特点：一是降价的频率高，每年至少降一次，1996年至2003年的7年间，共进行了9次大规模降价；二是降价的幅度大，每次降价最低降幅为25%，一般都在30%~40%。从1993年格兰仕进入微波炉行业至今，微波炉的价格由每台3 000元以上降到每台300元左右。

格兰仕的多次大规模降价，的确使微波炉利润迅速下降，规模较小的企业根本无法支撑。据三星经济研究院的研究资料，格兰仕在当生产规模达到125万台时，就把出厂价定在规模为80万台的企业的成本价以下；当规模达到300万台时，又把出厂价调到规模为200万台的企业的成本线以下。1997年、1998年，格兰仕微波炉的利润率分别为11%、9%。1999年，格兰仕主动将利润率调低到6%，此时，中国市场的微波炉企业从100家减少到了不足30家，格兰仕的市场份额达70%以上。

二、转型阵痛

2000年是格兰仕的一个拐点。当年6月，梁庆德交棒，梁昭贤成为格兰仕集团执行总裁，开始全面掌管格兰仕。

那时格兰仕微波炉已经快触到了天花板。微波炉的市场空间难以支撑格兰仕的快速发展，格兰仕也因此迎来了一个发展瓶颈，要么死守微波炉大王的荣誉慢慢走向衰落，要么开辟新的领域进行转型，以实现二次跨越发展。

当时的空调领域被誉为家电行业里的"最后一块肥肉"，空调产品的利润率达20%~30%，且当时的空调业还处于群龙无首的状态。

2000年，格兰仕宣布全面进军空调领域，并宣称要做"全球最大空调专业化制造中心"，2001年，格兰仕就实现产销量50万台。格兰仕想复制微波炉的成功模式，用价格战与规模化生产的模式切入空调领域。

但是意外发生了。2001年，空调业一下子挤进来大量的新生力量，乐华、新飞、奥克斯等。接着，长虹、TCL、小鸭三大家电企业分别收购三荣、卓越、汇丰三家空调企业。资本的大举进入使空调业迅速由暴利转入微利，而这对格兰仕无疑是迎头一击。

尽管格兰仕实现了空调的快速投产，但是其在空调领域的跑马圈地变得越来越无力。与微波炉这种小家电相比，作为大家电之一的空调产品却有着截然不同的技术、工艺、运营、销售等需求，尤其是空调领域需要的投资巨大。

格兰仕副总裁、冰洗产业群总裁陈曙明透露："微波炉的微利模式当时在空调业根本无法施展。空调不一样，我们的成本优势不明显，虽然我们的成本控制能力很强，但是由于我们的规模没有别人大，这种微弱优势很容易就被抵消了。"

2005 年格兰仕向世界宣言："我们要将空调产品做成格兰仕的第二个'世界第一'。"这句话再次掀起巨浪。

与微波炉业不同的是，2005 年，空调业巨头林立，行业产品的价格和利润已经很低了，格兰仕在这种情况下起步，去挤占别人的市场，如何能够创造性地颠覆现有空调企业的运作模式，同时又不能破坏行业的健康发展，这是个问题。

格兰仕的老对手美的电器同在顺德，与格兰仕相距不过 15 公里，却选择了一条与格兰仕完全相反的路。与梁庆德的排斥上市不同，美的创始人何享健认为，股份制改造能使企业更加规范，通过上市可以获得融资，有了资金，有了好的机制，企业何愁不能发展？

所以，在梁庆德忙着打价格战圈地之时，何享健则不断通过资本运作并购白电领域的企业，比如华凌、荣事达、小天鹅，拥有了洗衣机、冰箱、空调多品牌的全线白电产品线。

如今格兰仕从微波炉领域跨到空调领域已经 10 年了，梁昭贤多次坦言，在空调市场曾经走过不少弯路，对国内市场的复杂程度估计不足。截至目前，格兰仕空调仍旧在国内第四、第五的名次上徘徊。

三、一年新政

2004 年 7 月，梁庆德与曾和平在美国邂逅。在梁三顾茅庐的诚意邀请下，曾和平"空降"格兰仕担任副总裁兼新闻发言人。2006 年，以"价格屠夫"著称的俞尧昌以休假的名义暂时退出格兰仕的管理层。

曾和平曾是广东省外贸集团总经理，与梁庆德邂逅时，他刚刚结束在美国的 MBA 学习。总结其人的特点为：对企业管理非常在行，对经济学理论也深知其道，然而其为人耿直，言语经常一针见血。

在此之前，格兰仕的经营出现了困难：2004 年 9 月，格兰仕出口亏损 2.19 亿元。在曾和平看来，格兰仕遭遇的困难表面看是外部环境的恶化，实质上是企业多年粗放式管理弊端的总爆发；过去十多年格兰仕实行的是一种高度中央集权的管理模式。随着企业组织规模的不断扩大和经营品种的不断增多，这种高度集权的管理模式使得集团高层领导天天忙于事务性工作，无暇考虑企业的发展战略，问题就来了。

曾和平"空降"后做的第一件事就是提价。在他看来，低价策略意味着自杀，他希望通过"技术创新与价值提升"让格兰仕告别"价格屠夫"的形象，这被认为是格兰仕从价格战向价值战的转型。

"当时格兰仕的体系一直停留在以 OEM 和 ODM 为主的生产经营方式，一直处于低端参与国际的分工合作。"曾和平说，"基于这些考虑，整个集团痛定思痛，开始了一系列的大刀阔斧改革创新。"格兰仕终于做出从"世界工厂"向"世界品牌"转型的决定。同时为了防止仅靠微波炉市场的薄利无以为继，决定成立中国的空调基地，并大力发展小家电，以平衡只有一条腿的桌子，用微波炉、空调和小家电形成"三个支点的一个面"。

格兰仕的战略转型收获了成果。2005—2006 年，在原材料价格上涨和人民币升值的双重压力下，格兰仕没有重蹈 2004 年的覆辙：2005 年销售额同比增长了 30.95%，利税总额同比增长了 67.88%；2006 年销售额同比增长了 12%，利税总额同比增长了 37.5%，并创下了格兰仕 29 年来最好的经营业绩。

四、被迫上市

2007 年 9 月 7 日，时任格兰仕副总裁的曾和平在央视《对话》栏目"对话格兰仕谋变"中，指出了格兰仕的诸多危机，包括价格摧毁政策增加销量却迎来亏损；企业内部管理混乱；员工酝酿大逃亡，现金流管理也一塌糊涂。曾和平其实是想传递"新的格兰仕正在破茧而出"的信息，以期在谋划上市之际赢得资本市场的信心。然而，曾和平无意中道出了格兰仕的家丑。

颇具意味的是，"对话事件"不久，曾和平意外离开格兰仕，俞尧昌重新回来。在实施变革一年多之后，此举是否意味着格兰仕将重回"价格屠夫"的轨道？俞尧昌回归之后，对此予以了否认："格兰仕不会进行简单的价格战，而是向高附加值的价值领域挺进。"

而接下来的时间，格兰仕坚持逐步转型，开始走多元化道路。2010 年 3 月 28 日，格兰仕在 2010 年中国市场年会上，之前历年年会中的"微波炉"三个字已经不见了，由此，格兰仕开始向世人宣布：格兰仕涉足多元化的时代真正来临了，生活电器、日用电器和厨房电器等品类都成了格兰仕意欲瓜分的蛋糕。

2009 年 9 月，格兰仕在逆境中扩建白电新厂区，增加冰箱、洗衣机、洗碗机的配套、研发、制造能力，"这个新厂区建成之后，将成为亚洲最具规模的单体冰箱、洗衣机制造基地。目前，格兰仕基本上实现了以微波炉、生活电器、空调、日用电器为支柱的白电产业布局。"梁庆德在年会上说。这被看作格兰仕的又一次转型。

然而，在微波炉领域"不差钱"的格兰仕，在转型到空调领域 10 年后，开始家电产业多元化，它的资金也开始捉襟见肘。

"近年来虽然空调的销售市场良好，但尚未给公司带来明显的利润支持。此外，这两年公司仍在小家电方面持续加大投入，这两大业务板块都需要强大的现金流支持。"格兰仕一位内部人士称。

某投资银行资深投资经理分析："格兰仕作为一家民营家族企业，在与银行接触时，不如上市公司信用高，这给格兰仕圈到巨额资金设置了一个障碍。"

"格兰仕要想持续发展、更大规模地增长，就需要借助资本的力量。"梁昭贤表示，欧、美、日、韩的家电企业已经完成洗牌，只剩下了几个巨头企业。在资本力量的推动下，中国未来也会有这样一个大洗牌的过程。最终能在这个洗牌中继续立足的企业，其规模将会达到千亿元之巨，少于千亿元的企业将很难生存。届时，中国大型家电企业可能只有五六家。格兰仕不成为胜利者就沦为失败者，不做洗牌者就会成为被洗牌的对象。

"我们正在全力推动公司上市。"梁昭贤 2011 年 1 月公开表示，"目前还没有清晰的时间表，不过有一点可以肯定，那就是我们会选择合适的时机尽快上市。"

"格兰仕很可能将微波炉等优质资产提前上市，一来可以缓解资金压力，二来可以助力格兰仕向白电多元化转型。"中国家电网 CEO 吕盛华分析。

格兰仕助理总裁、新闻发言人陆骥烈也公开表示，未来 5 年格兰仕会在资本运营上有充分表现，争取能够上市。"对于上市，格兰仕关注的不是简单的融资方法，而是坚持低负债高增长的方式，让更多的投资者看到稳健发展的格兰仕。"

把微波炉产业做到没有投资价值的格兰仕，迷茫中最终选择了走多元化的道路。在这条路上，上市则成了其必然要走的一步棋，这步棋早走比晚走好，晚走比不走好。

资料来源：http://tech.hexun.com/2011-09-21/133621728.html

思考题：

1. 格兰仕在总体发展上采用了哪些战略？
2. 格兰仕采用了何种竞争战略？该竞争战略要求企业应具备什么条件？

案例 8　TCL 与苏宁强强联合战略

在 2016 年 1 月 23 日的南京，虽然室外天寒地冻，但在苏宁总部却温暖如春，TCL 集团董事长李东生带领的 TCL 高管团队与苏宁董事长张近东及其高管团队就 2016 年双方开展全面战略合作事宜进行了热烈讨论，并制订 2016 年的全年战略合作目标。2016 年 TCL、苏宁将在渠道覆盖和建设、单品定制、精准营销、市场推广等多方面展开深度合作。为了将双方合作的成果与用户共享，1 月 28 日 TCL 特携手苏宁举办"曲面贺新春，欢乐过新年"的春节钜惠活动，从而打响双方战略合作头炮，也为广大消费者带来新春换新机的最佳购买契机。

"2015 年，TCL 在苏宁的线上增速已接近 140%。2016 年，TCL 还将继续与苏宁展开很多合作。"李东生表示，2016 年，双方合作的目的，不仅仅是要把规模做上去，还要借助苏宁互联网零售运营的优势，扩大 TCL 中高端产品和新品类的市场份额，进一步推动品质化发展；通过数据开放，围绕用户需求，在彩电、手机等领域打造更多差异化的明星产品。TCL 不断扩大与苏宁、国美等渠道商的合作，正是源于以用户为核心的理念，持续为用户提供更极致的产品服务体验。过去一年得益于广大消费者认可与支持，TCL 在市场疲软、经济下滑的情况下持续保持营收增长，TCL 多媒体累计实现液晶电视销量达到 1 734.3 万台，同比增长了 4.64%。此次曲面贺新春活动，TCL 正是为了回馈新老用户而举办，打造岁末最强让利行动。

据悉，此次活动由 TCL 与苏宁两大巨头强强联手，以巨大的价格惊喜优惠强势让利消费者。其中今年在电视市场中热销的曲面爆款在原本优惠的价格基础上再降500元。此次活动产品以年度爆款55英寸高色域曲面为主打，量子曲面H8800将领衔全线曲面产品大幅度直降让利。

"TCL将在节前引爆一波曲面选购的小高潮。"业内观察人士表示，2015年曲面电视接连迎来大爆发，此次节前让利更将点燃消费者的选购热情。奥维云网数据显示，截止到2015年底，曲面电视在北上广深渗透率达到市场总规模的25.6%，65英寸及以上渗透率更超过50%，并且2016年仍将呈现逐步扩大的趋势，曲面电视已经成为行业高端电视的代表。

可以说2015年是曲面电视的爆发元年，以TCL为代表的曲面厂商通过一系列举措推动曲面市场实现爆发。2015年7月，TCL以一场痛快淋漓的曲面价格战，撕开了曲面大普及的帷幕，让消费者首次体验到曲面电视的惊艳临场感；在纪念抗战70周年大阅兵上，TCL曲面电视成功登陆阅兵前线指挥车，让曲面概念火遍大江南北；而在同年9月德国IFA上，TCL H8800更一举斩获了年度产品创新奖，向全世界展示了中国制造的大实力与大魅力，TCL已然成为曲面电视的代名词。

而作为曲面市场的引爆者，TCL同时成为了消费者首选的曲面电视品牌。据中怡康监测数据显示，受益于2016年1月16日品牌日活动的拉动，2016年第三周，TCL曲面电视以35.4%的零售量份额，位列市场第一，高出第二位13%，持续领跑曲面电视市场。TCL曲面电视获得了市场的极大认可，而此次带来春节前最后一波钜惠让利，正是TCL回馈消费者最直接、最走心的体现。

据悉，此次活动不仅让利幅度巨大，产品阵营更是史无前例，涵盖TCL最新最全的曲面电视产品。其中，以选择丰富、性价比高著称的TCL曲面H8800系列，最为吸引消费者的关注。H8800系列曲面电视，配备4000R黄金曲率屏幕，具备与人眼球同弧度的曲率特征，除了带来真实呈现的临场感，更确保健康舒适的观看体验，是春节期间一家大小收看跨年晚会、春节联欢晚会等大型现场类电视节目的首选神器。同时，H8800具备最高达110%NTSC（量子版）的色域覆盖率，并搭载世界顶级音响哈曼卡顿S级曲面音响，在色彩及听觉临场感真正满足消费者的观看需求。

"2016年TCL将会与苏宁展开深度合作，将给消费者带来更优质的服务。"TCL多媒体相关负责人表示，此次曲面贺新春活动就是双方合作的大练兵，TCL全线曲面产品都将在苏宁全国1000多家连锁店同步让利销售，实现一到四线城市全覆盖。苏宁强大的全国售后网络，也将为全国用户带来更为专业、更为优质的服务，让全国消费者齐享岁末大回馈。据悉，此次活动将是TCL联手苏宁的节前最后一波曲面攻势，机会难得，是消费者入手曲面、紧跟潮流的最佳时机。

资料来源：http://it.sohu.com/20160126/n435863631.shtml

思考题：

TCL与苏宁强强联合成功的关键是什么？

案例 9　LG 发展战略

一、LG 战略调整

LG 电子（中国）高层管理层于 2002 年初做了较大调整，在华的众多跨国公司也选择了这个年度换帅易人，而紧随人事变动的是在华策略的调整，比如西门子、日立等等。LG 电子在中国发展的大方向不会变，只是加快速度，加强力度。

速度调整：首先体现在产品上，以微波炉为例，去年年产 300 万台，今年可能就是 400 万~500 万台，这体现了速度的变化。另外，LG 并非将在韩国制造的产品拿到中国来卖，而是将在中国制造的产品销往全世界，天津生产的微波炉 80% 用来出口，惠州产的 CDROM 出口比例达到 90%。因此 LG 的战略是，不仅在中国争做第一，而是在全世界争做第一，利用中国的优势做到世界第一。

此外，速度还体现于产品研发上，以前 LG 在中国的众多工厂有各自的研发中心，现在要成立统管各个工厂的整体研发中心；人才本土化方面也有速度的变化，负责营业方面的分公司长已基本实现本土化，而 LG 当初的计划是，到 2003 年才会出现一个本土化的分公司负责人。

LG 电子的策略是，鱼和熊掌兼得。新的高端产品，取信少部分高收入者，普及性产品为普通百姓服务。双管齐下，新品快速研发、快速入市；已普及的产品快速降低本，把降低成本做到世界第一，就可以将产品做到世界第一了。

相比于日本企业，韩国晚进入中国，而日本没有成功与它在中国没有全身心地投入做市场有关。有一点需要强调，LG 进入中国从未将中国作为国外市场来做，而是对其重视度远远超过了对国内市场的重视。如果不是这样，大概也不会取得今天的成功。

此外，LG 电子当初是"全身心投入"的。企业经营最关键的三大因素是人、技术、资本。LG 进入中国市场时，将最优秀人才派遣到中国；资金上，只要对在中国今后的发展有利的，都毫不犹豫地投入；技术领域，将国内前端技术以最短的时间投入中国，等离子彩电就是个例子，目前在中国市场大批量销售的，LG 是跨国公司第一家。

二、LG 家电高端战略在中国市场的"迷失"

作为全球消费电子行业的巨头，LG 电子的一举一动备受关注。这家在中国市场上被誉为"本土化"战略最成功外资企业，在遭遇 2004 年中国业绩低谷后，力推"蓝海"战略试图转型高端，在一系列品牌战略和产品策略的推进中，又进展如何？

2004 年，LG 电子全球的销售收入为 24.659 万亿韩元（约合 238.5 亿美元），同比增长了 22.2%；一直被 LG 看作无法替代的最重要的海外市场的 LG 电子中国，2004 年仅实现了 5% 的年增长率。这家韩国电子巨头在中国市场遭遇"滑铁卢"，这与 LG 电子近些年在全球树立的"黑马"形象极不匹配。在中国市场连续多年的高速增长无疑遇到了一个"增长的瓶颈"。

当时有市场分析家们对 LG 的中国市场策略提出了批评，"LG 刚进入中国时还很有特色的设计和技术优势已经在越来越多本土对手的追赶下日渐消弭，却没有及时反应。"

韩国企业是善于学习和变化的，"我们不能总甘当二流厂商，而应该争当顶级企业。"2005 年时任 LG 电子 CEO 的金双秀面对市场的变化发出这样的豪言。

从 2005 年开始，LG 电子相继中国推出了"蓝海战略""一等战略"，LG 希望告别过去的大众化路线，转向高端挺进，以帮助 LG 摆脱和本土低价格的家电产品的正面交锋，获得更高的利润，同时，借助高端产品可以在消费者心中确立 LG 的品牌地位。

在战略层面调整的同时，在产品策略上，LG 也积极加强了"高端"产品的投放，2006 年 4 月，LG 推出数千元的"巧克力"手机；8 月，推出具有"左右时间"功能的平板电视，平均售价要比一般功能的平板电视高出 2 000 元以上；9 月，"气质"洗衣机上市，系列产品售价在 1.2 万至 1.8 万元；11 月推出的 2in1 空调，售价范围也在 1.2 万至 2 万元之间。2007 年 3 月，LG 电子在上海召开年冰箱新品发布会，推出一款售价高达 4.6 万元豪门对开门冰箱，昂贵的价格令人望尘莫及。

华丽的外观、考究的工业设计成了 LG 电子"高端"战略的发力点，高昂的价格是其"高端"品牌的价值体现，市场对这个"最像中国品牌的洋品牌"的高端转型是否认可？

据国家信息中心零售监测数据显示，我国高端冰箱（多门、对开门）销售呈现大幅增长趋势，2008 年 1~5 月份，对开门冰箱销量同比增长 69.4%，而 LG 对开门冰箱的市场份额出现了大幅下滑，由去年同期的 31.1% 降到 22.9%，让海尔和三星反超而跌至第三位。在畅销的 10 款高端产品中也由过去的三款缩减至两款。

对于这种企业品牌战略与市场表现的背离，业内分析人士认为，LG 自从进入中国以来，一直采取大众化策略，通过收购、与国产品牌合作等方式快速适应市场，取抢占了不少的市场份额，但同时，LG 产品也给消费者留下了"最像中国品牌的洋品牌"的大众印象。LG 电子也被认为是在中国市场本土化最成功的外资企业之一。而在实际市场运作中，LG 的"一等战略"与"中国本土化"战略之间缺乏有机的衔接和整合，出现了两个战略目标间的差异，一边是只求利润不求规模，一边是追求规模背后的利增，两者之间的差异，造成了企业在市场营销、网络布局、推广手段等方面缺乏融合，转型所要耗费的时间和资源投入相当大，最终使得 LG 在中国市场上的转型颇为尴尬。

国家信息中心市场处处长蔡莹认为，近两年，国内本土企业随着实力的增强，也纷纷加大高端产品的研发和推广，进一步增加 LG 电子向高端转型的难度。

"LG 这两年的高端转型战略有所气色，但不明显，其品牌地位依然尴尬，不高不低。"某知名连锁企业的一位不愿透露姓名的人士也表示。"要真正实现战略转型，LG 电子需要更长时间，也需要真功夫。"

三、LG 战略失误，索尼或迎来发展良机

虽然已经投入了数十亿美元开发新型显示技术，但由于产品开发进度缓慢，加之

单价接近 1 万美元，迫使三星电子和 LG 电子相继调整高端电视机战略。

这两家韩国企业的失误为日本的索尼、夏普以及中国的创维创造了难得的机遇。这些公司都在推出采用传统液晶面板的电视机，并以大约一半的价格提供足以与新技术媲美的分辨率。

作为全球最大的两家电视机制造商，三星和 LG 迟迟未能通过 OLED 电视盈利。相比于多数采用液晶面板的电视机，这种技术的亮度更高，画面也更加锐利。虽然这两家公司去年就曾表示将量产 OLED 电视，但 LG 的首款机型直到今年才正式在韩国上架，而且售价高达 1 100 万韩元（约合 9 900 美元），而三星的产品仍未上市。

三星和 LG 正在调整战略，计划加大液晶电视机的出货量，以保持行业的领导地位。与此同时，索尼却准备通过扩大液晶电视产品范围，在超高清电视机市场夺取更大的份额。

"三星和 LG 都误判了超高清市场。"美国证券公司 E-Trade 驻韩国分析师 Joen Byung Ki 说，"他们现在认为，可能仍要坚持发展一段时间的液晶技术。"三星和 LG 发言人均表示，他们的公司将继续开发 OLED 产品，但也会扩大超高清液晶电视的产量。

据美国市场研究公司 DisplaySearch 测算，全球超高清液晶电视面板（4K）出货量可能会从去年的 6.3 万片增长到今年的 260 万片。

索尼正在凭借所谓的 4K 技术拓展介入传统液晶技术和 OLED 技术之间的领域。这家全球第三大电视机制造商上月宣布以 5 000 美元的价格出售一台 55 英寸电视机，今年 11 月还推出售价 2.5 万美元的 84 英寸机型。

索尼的电视机业务在过去的几年里一直处于亏损状态。该公司 CEO 平井一夫于 2013 年 1 月曾表示，超高清电视机是为了取悦消费者，并给他们带来惊喜。

索尼董事会讨论过美国对冲基金经理丹尼尔·勒布（Daniel Loeb）的一份提案。勒布建议索尼出售 20% 娱乐业务并专注于电子产品。平井一夫曾经承诺，将在截至 2014 年 3 月的财年内带领电视机业务扭亏为盈，并出售 1 600 万台电视机。三星 2012 年的全球平板电视机销量为 5 100 万台，LG 约为 3 000 万台。

凭借着娱乐业务的支持，索尼将为该公司的电视机买家提供电影。该公司正在转换《阿拉伯的劳伦斯》和《出租车司机》等老电影，并将从 2013 年开始为 4K Bravia 电视机用户提供下载。

"索尼正在刺激 4K 电视机的需求。"DisplaySearch 驻日本分析师 Hisakazu Torii 说，"这两家韩国厂商也必须推出 4K 电视机来利用这一趋势，他们可能还要快速行动。"

三星和 LG 都将赌注压在 OLED 技术上，原因是这种屏幕耗电更少，比传统液晶面板更薄，且画质更加优秀。这两家公司都在 2012 拉斯维加斯国际消费电子展（CES）上展示了 55 英寸的 OLED 电视原型机，机身甚至比苹果 iPad 还薄。

但这两家公司却未能提升足够的产能来实现与液晶面板相同的规模效益。这也意味着销量的增加也将十分缓慢。

E-Trade 预计，OLED 将占 2016 年全球电视机出货量的 10%。

索尼 2007 年推出了全球首款 OLED 电视机，但由于尺寸仅为 11 英寸，但售价高达 2500 美元，导致需求受阻。索尼和松下去年宣布合作生产更多 OLED 电视机。

三星早在 2006 年就开始投资 OLED 生产设施，主要用于该公司旗下的 Galaxy 系列智能手机。三星过去两个财年已经投入 7.9 万亿韩元开发 OLED 技术，针对的目标包括电视机和移动设备。LG 去年和今年也投入了 1.1 万亿韩元开发 OLED 电视机面板。

投资公司 HI Investment & Securities 分析师 Chung Won Suk 表示，这两家韩国公司之所以逐步放弃液晶技术，是因为这种产品的利润自 2004 年便开始萎缩，而且他们需要寻找新的增长领域。

今年第一财季，电视机所在的三星消费电子部门利润已经萎缩过半，至 2 300 亿韩元。LG 今年 4 月称，该公司的电视机业务利润也已经从一年前的 1 640 亿韩元骤降至 300 亿韩元。

"OLED 在价格和分辨率上并不具备太大优势，仍然有待进步。"Chung Won Suk 说，"现在商业化可能还为时尚早，所以这两家韩国公司才需要超高清电视机。"

资料来源：1.http://info.1688.com/detail/1002343447.html

2.http://www.people.com.cn/GB/it/49/151/20020621/758330.html

3.http://tech.sina.com.cn/e/2013-05-23/10308370507.shtml

思考题：

1. LG 是如何进行战略调整的？
2. LG 战略的得与失是什么？

案例 10　创维电器发展战略

一、五大升级战略推动创维白电发展

作为彩电行业的主力军，近年来创维集团在做强彩电主业使其飞速发展的同时，也将目光投向白电市场，开启白电版图的扩张。为快速扩大白电的市场份额，创维集团更是提出产品升级、品质升级、制造升级、市场升级、品牌升级的五大升级战略，令白电产品的结构与影响力迅速提升，目前创维白电产品已取得优异成绩，成为白电市场的一股新势力。

1. 产品品质升级加速高端化发展

自 2015 年开始，创维的品牌战略由原来的专注"电视"向构筑"智慧家庭"发展，开启了多元化的品牌战略，冰洗产品将成为集团多元化战略的主要成员。创维电器总经理吴启楠认为，创维要发展就要从其他品牌手中夺取份额，因此，向高端化、智能化转型升级势在必行，为此，创维相继推出多款高端冰洗产品。

其中，创维"风冷+"冰箱，搭载自主研发的 i-health 智能控制系统，可合理匹配冷控系统，实现多点感温和精确控温；"风冷加湿养鲜系统"具有化霜保湿、送风加湿功能，从水源彻底解决风冷冰箱需要补水的技术难关。"i-DD"变频滚筒洗衣机，采用 DD 直驱变频电机，利用磁悬浮原理，搭配 LED 触控高清屏，实现广域网下的人机互动，手动或 PAD 完美操控洗衣机；多维传感装置可精准检测衣物，实现感知洗衣信息，自动匹配用水和洗涤剂。在"五大升级"战略思想指导下，创维白电高端产品占比显著提升。

2. 技术制造双升级打造创维精品

然而提速白电制造，不只是单纯追求产量提速，产品质量的提速更是不容忽视。创维负责人指出，"重规划、高效率、系统致胜、团队保证"是创维电器的制造战略，从而实现精益规模制造。此前，创维集团新增风冷冰箱开发部、滚筒洗衣机开发部与软件部，白电研发中心目前共 7 个部门，获得技术专利近 30 项。据了解，创维冰箱根据公司的规划合理配置设备、模具、工装、器具、人力资源等软硬件设施，在设备方面引进进口设备，如意大利 COMI 吸塑机、日本自动化 U 壳线等。另外，创维通过设计先进合理的工艺流程、物流路线，从生产设备与工艺流程方面，保障效率的提升。先进的自动化生产系统及智能化生产管理，不但提升了生产效率，也大大节约了人力占用。

为了改善冰洗产品的档次及技术，创维选择跟东芝合作，从而推出滚筒洗衣机、高档冰箱等产品。与东芝展开合作，是创维针对旗下冰箱、洗衣机产业所做的重要战略布局，创维白电在中国市场将实现双品牌运作，这将极大地加快创维白电的高端化转型步伐，实现创维白电的高端化、智能化和国际化，推动技术、制造双升级。

3. 市场品牌升级助推百亿销售目标

创维白电产品在品质、技术、制造不断升级的同时，市场及品牌升级也在持续推进。借助"黑+白"特有的整合优势，在白家电营销上，创维集团实行农村包围城市的营销策略，推动白家电向城市市场、专业大卖场升级，向一、二级市场扩张，并利用彩电现有的市场终端和强大的市场推广资源，强化国内白家电市场。同时，为进一步推动白家电业务的销售，实现电商平台全覆盖，创维集团已经在全国建立 41 个专属物流仓库，以及遍布全国的服务网络，积极拓展电商渠道，希望让白电有更大的销售渠道和发展空间，从而助力突破百亿销售目标。

据了解，创维在全国的终端销售网点数量超过 25 000 家，包括 5 000 家专卖店、3 200 家县城店和 17 000 家乡镇店。2015 年，在集团多元化战略的支持下，创维营销总部在全国构建了 5 000 家全品类专卖店，助力创维冰洗销售全面爆发。实现 2016 年冰洗销售 300 万台、2020 年销售 500 万台的目标，跻身行业一线品牌，创维与东芝宣布将在白电产品的国内外市场销售、产品开发、供应链及精益制造等领域展开长期合作。创维电器将实施创维东芝双品牌运作，借助日本品质优势开拓高端市场。创维集团总裁杨东文更透露，2016 年，创维集团将配置 3 000 万资源支持创维电器对冰洗产品的品牌推广，加上创维电器自身的投入，全年品牌推广费用将突破 1 亿元。

五大升级战略推动创维白电加速发展，在"专注健康科技"的整体品牌定位基础上，创维白电将聚合集团的渠道和推广资源优势，为冰洗产品打通"国际化""智能化"的大产业通道。

二、创维智慧家庭战略落地

2015 年 3 月 11 日，创维智慧家庭战略落地发布会在上海举行的中国家电博览会

（AWE）期间盛大举行。中国电子视像行业协会常务副会长白为民、创维集团总裁杨东文、创维集团彩电事业本部总裁刘棠枝、创维电器公司总经理吴启楠、创维酷开公司董事长王志国、创维空调公司总裁肖友元等悉数出席，并参加了创维智慧家庭战略落地发布仪式，共同见证创维集团战略布局及取得的阶段性成果。

此次创维智慧家庭战略发布会与其他企业同类发布会有所不同，自始至终强调"落地"二字。据杨东文总裁介绍，创维在智慧家庭战略布局已久，选择这个时机对外发声是做好了准备，胸有成竹地进入该领域。

1. 智慧梦想，源于专注

专注才能做到极致！创维就是这样一家企业，27 年来主动迎击彩电的每一次技术变革，始终将电视带给用户的极致体验放在研发和生产的第一位。正是绝佳的体验和服务赢得了用户口碑，奠定了创维多年在黑电行业的领先地位。

由于对电视的专注，创维人对这块屏的未来寄托着梦想。创维集团总裁杨东文先生深情地回忆起四年前的场景，在同研发和市场人员探讨智能电视的发展趋势时，他们坚信电视这块智慧屏幕将成为未来智慧家庭的服务入口和内容引擎，承载着无可估量的价值。从那时起，智慧家庭就成了创维人心中一粒珍贵的梦想种子，由此萌生了一个伟大梦想——通过智慧屏幕将各项生活服务送达亿万家庭，让全球共享物联网给生活带来的美妙、便捷和自由。

四年前，创维的产业还比较单一，创维意识到，单独的智慧屏幕势必无力承载全球智慧家庭之梦，且这个伟大梦想需建立平台和活跃软硬件开发者生态，才能提供家庭环境所必需的丰富服务。任何一家公司靠单打独斗都做不了这件事情，"家有梧桐树才能引得凤凰来"，想要引来合作伙伴共筑梦想，首先需自己搭好平台，并有切实的落地效果。

2. 布局四年，稳扎稳打

创维怀着全球智慧家庭伟梦，四年前正式启动多元化、国际化、智能化和团队培养的战略布局，一步一个脚印踏上了梦想征程。首先，创维发挥自身在品牌、销售、售后、仓储等方面的资源优势，在机顶盒、冰洗、空调、照明、安防、家用电器等多元化产业发力；同时，携优势产品大举进军东南亚、非洲、欧洲和北美市场。创维尤其重视对互联网人才的引进和培养，设立专项资金预算鼓励内部各互联网团队创新和试错，待新业务发展明晰便给予空间、独立单飞。

据杨东文总裁介绍，四年来创维人励精图治，多元化产业在各领域崭露头角甚至独领风骚。创维数字分拆上市，市值已过百亿；创维电器进入市场仅三年，产能就突破 600 万台，销售增速 55% 以上，实现行业逆袭；创维节能空调即将进入 7 000 家专卖店。创维的国际化战略也颇具成效，已成功占领东南亚和非洲市场，欧洲和北美市场也在稳步推进。目前，创维的联网智能电视已达 1 000 万台以上，日活跃智能电视达 500 万台以上，且新增激活量以每天 2 万~3 万的量稳步提升；截至目前，创维多元化产品已成功覆盖 2 亿家庭，辐射接近 7 亿用户，整体呈持续上升态势。

值得关注的是，创维研发中心内部培养了酷开操作系统、指尖遥控、电视派、应用圈等十几个战斗力超强的互联网团队，成员以 80、90 后为主，孵化和推出的产品服务多是围绕智能电视这块屏幕，目前已在市场大力推广，最小的产品用户量也在 50 万以上；创维不局限于自己培养互联网创业团队，其战略投资部也对外投资了十几家与智慧屏幕服务相关的互联网公司，且取得了不错的投资回报。

3. 厚积薄发，率先落地

在物联网的推动下，智能化是传统家电行业不容质疑的发展方向，这在业内已达共识。智能化首先是一场技术变革，这场变革掀起的浪潮必将带来巨大的发展空间和商业前景。2014 年越来越多的巨头意识到结盟才能弥补各自劣势，无论是硅谷的科技巨头谷歌、苹果，还是国内的海尔、美的，亦或联想、腾讯、阿里，甚至包括万科、花样年、龙湖地产等房地产和物业公司也加入了这场混战。

尽管各大公司都从自身优势出发，互相结盟，对行业历经各种探索，但仍没有哪一家公司找到打开智慧家庭大门的金钥匙。创维智慧家庭战略的落地，有望改变这一状况，让这一梦想不再可望不可及。

创维酷开公司董事长王志国介绍，创维智慧家庭发展思路是基于对家庭用户的研究和对云端数据的支持，并结合创维线上线下优势，实现了率先落地：

第一，铺开智慧家庭入口。从智能电视操作系统入手，全球首款完美支持智慧家庭的创维智能电视操作系统 5.0 在底层植入智慧家庭模块后，通过全网系统升级，可快速让数千万用户进入家中电视的智慧家庭入口。

第二，用软硬件连通的服务吸引用户。创维智能电视不是将各种设备冷冰冰的信息显示和控制功能带给用户，而是基于软硬件连通的服务来吸引用户。比如用户在观看影视服务模块提供的探险影片时，家中灯光、音箱、空调、加湿器等会依据影片场景的变化工作起来，亲历 4D 影院都无法提供的身临其境的乐趣。

第三，购买流程引导。用户在开启创维智慧家庭的各种服务时，会有对应的场景微电影引导和所需设备的购买入口。倘若场景成功打动了用户，可在界面一键支付购买设备。创维多元化产业对智慧家庭战略具有强大的价格倾斜和支撑，用户在服务界面会发现异常心动的销售价格，易产生购买冲动。

第四，送货安装优势。创维专业的线下仓储、物流、安装服务团队有良好的口碑，用户线上购买设备可实现快速送货上门，创维将通过标准化流程快速安装和调试各种设备。

第五，Kiss 协议一秒吻连。创维智慧家庭产品走 Air Kiss 协议，所有创维多元化设备和深度合作伙伴设备，均可跟电视一秒自动连接，无须通过 AP 进行 Wifi 的繁琐设置。

第六，售后服务互联网化。未来创维智慧家庭生态的所有产品均可通过电子保修卡实现售后咨询和维修，维修诊断和进程标准化、可视化、透明化，解决用户维修产品联络繁琐、价格不透明、流程冗长等问题，让售后服务更便捷、可信、高效。

4. 携手伙伴，共筑梦想

杨东文总裁介绍说，2015 年 3 月 1 日，创维正式成立智慧家庭战略发展部，大胆启用 80 后团队组建这支战队，旨在打造以智慧屏幕为核心的智慧家庭开放平台，携手上下游伙伴共存共赢，共建生态。

落地发布会上，杨东文总裁代表创维宣布开放智慧屏幕，搭建智能硬件平台，发布标准协议，积极邀请上下游合作伙伴共享智能电视屏幕，共同开发智慧家庭相关的丰富服务。创维坚信，在行业的携手努力下，必将在不久的将来建立一个良性的智慧家庭生态系统，为全球用户提供更高品质的家庭服务。

资料来源：http://science.china.com.cn/2016-03/19/content_8649128.htm

http://www.hea.cn/2015/0319/224843.shtml

思考题：

1. 创维智慧家庭战略成功落地的原因是什么？

2. 创维是如何实施五大升级战略的？

参考文献

［1］周三多，邹统钎. 战略管理思想史［M］. 上海：复旦大学出版社，2003.

［2］李福海，揭筱纹，张黎明. 战略管理学［M］. 成都：四川大学出版社，2004.

［3］揭筱纹，杨斌，宋宝莉. 战略管理——概论、案例与分析［M］. 北京：清华大学出版社，2009.

［4］揭筱纹，张黎明. 创业战略管理［M］. 北京：清华大学出版社，2006.

［5］方欣. 企业战略管理［M］. 北京：科学出版社，2010.

［6］文理. 企业战略管理：原理・实例・分析［M］. 合肥：中国科学技术大学出版社，2009.

［7］黄旭. 战略管理——思维与要径［M］. 北京：机械工业出版社，2011.

［8］陈忠卫. 战略管理［M］. 大连：东北财经大学出版社，2011.

［9］顾天辉，杨立峰，张文昌. 企业战略管理［M］. 北京：科学出版社，2004.

［10］王方华，吕巍. 企业战略管理［M］. 上海：复旦大学出版社，2001.

［11］王德忠. 企业战略管理［M］. 成都：西南财经大学出版社，2002.

［12］希尔，琼斯，周长辉. 战略管理：中国版［M］. 刘忠，译. 6 版. 北京：中国市场出版社，2007.

［13］徐飞，黄丹. 企业战略管理［M］. 2 版. 北京：北京大学出版社，2014.

［14］托马斯・卡明斯，克里斯托弗・沃里. 组织发展与变革精要［M］. 北京，清华大学出版社，2003.

［15］张秀玉. 企业战略管理［M］. 北京：北京大学出版社，2002.

［16］理查德・林奇. 公司战略［M］. 李晓阳，彭云蕾，译. 6 版. 北京：清华大学出版社，2014.

［17］乔治・S. 戴伊，等. 动态竞争战略［M］. 孟立慧，等，译. 上海：上海交通大学出版社，2003.

［18］金占明. 战略管理——超竞争环境下的选择［M］. 北京：清华大学出版社，2002.

［19］董大海. 战略管理［M］. 大连：大连理工大学出版社，2000.

［20］弗雷德・R. 戴维. 战略管理［M］. 李克宁，译. 6 版. 北京：经济科学出版社，1998.

［21］迈克尔・波特. 竞争优势［M］. 陈小悦，译. 北京：华夏出版社，1997.

［22］迈克尔・波特. 国家竞争优势［M］. 李明轩，邱如美，译. 北京：华夏出版社，2002.

［23］亨利·明茨伯格，等. 战略历程——纵览战略管理学派［M］. 刘瑞红，等，译. 北京：机械工业出版社，2002.

［24］王璞. 战略管理咨询实务［M］. 北京：机械工业出版社，2003.

［25］王革非. 战略管理方法［M］. 北京：经济管理出版社，2002.

［26］周三多. 归核化战略［M］. 上海：复旦大学出版社，2002.

［27］张运和，商界杂志社. 中国企业赢利模式［M］. 成都：四川人民出版社，2002.

［28］弗雷德·R. 戴维. 战略管理［M］. 7 版. 北京：经济科学出版社，2000.

［29］李剑锋，王珺之. 战略管理十大误区［M］. 北京：中国经济出版社，2004.

［30］顾桥，马麟. 企业战略管理［M］. 北京：北京大学出版社，2014.

［31］朱伟民，李玉辉，牛树海. 战略管理［M］. 大连：东北财经大学出版社，2013.

［32］李玉刚. 战略管理［M］. 北京：科学出版社，2009.

［33］王相平. 企业战略管理案例［M］. 成都：西南财经大学出版社，2014.

［34］宋宝莉. 企业战略管理［M］. 成都：西南财经大学出版社，2015.